자기주도학습
체크리스트

- ✓ 선생님의 친절한 강의로 여러분의 예습·복습을 도와 드릴게요.
- ✓ 공부를 마친 후에 확인란에 체크하면서 스스로를 칭찬해 주세요.
- ✓ 강의를 듣는 데에는 30분이면 충분합니다.

날짜	강의명	확인	날짜	강의명	확인
	강			강	
	강			강	
	강			강	
	강			강	
	강			강	
	강			강	
	강			강	
	강			강	
	강			강	
	강			강	
	강			강	
	강			강	
	강			강	
	강			강	
	강			강	
	강			강	
	강			강	
	강			강	
	강			강	
	강			강	
	강			강	
	강			강	
	강			강	
	강			강	

자기주도학습 체크리스트로 공부의 기쁨이 차곡차곡 쌓일 것입니다.

수학

꽉 잡아

예습, 복습, 숙제까지 해결되는

교과서 완전 학습서

만점왕

인터넷·모바일·TV

BOOK 1
개념책

사회 5-1

개념책

BOOK 1 개념책으로
교과서에 담긴 **학습 개념**을
꼼꼼하게 공부하세요!

⬇ 해설책은 EBS 초등사이트(primary.ebs.co.kr)에서 다운로드 받으실 수 있습니다.

교 재 내 용 문 의	교재 내용 문의는 EBS 초등사이트 (primary.ebs.co.kr)의 교재 Q&A 서비스를 활용하시기 바랍니다.	교 재 정오표 공 지	발행 이후 발견된 정오 사항을 EBS 초등사이트 정오표 코너에서 알려 드립니다. 교재 검색 ▶ 교재 선택 ▶ 정오표	교 재 정 정 신 청	공지된 정오 내용 외에 발견된 정오 사항이 있다면 EBS 초등사이트를 통해 알려 주세요. 교재 검색 ▶ 교재 선택 ▶ 교재 Q&A

BOOK 1
개념책

만점왕 사회 5-1

이 책의 구성과 특징

BOOK 1

개념책

1 | 단원 도입

단원을 시작할 때마다 도입 그림을 눈으로 확인하며 안내 글을 읽으면, 공부할 내용에 대해 흥미를 갖게 됩니다.

2 | 교과서 내용 학습

본격적인 학습을 시작하는 단계입니다. 자세한 개념 설명과 그림을 통해 핵심 개념을 분명하게 파악할 수 있습니다.

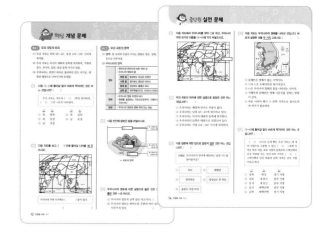

3 | 핵심 개념 + 실전 문제

[핵심 개념 문제 / 중단원 실전 문제]
개념별 문제, 실전 문제를 통해 교과서에 실린 내용을 하나하나 꼼꼼하게 살펴보며 빈틈없이 학습할 수 있습니다.

4 | 서술형 평가 돋보기

단원의 주요 개념과 관련된 서술형 문항을 심층적으로 학습하는 단계로, 강화될 서술형 평가에 대비할 수 있습니다.

5 | 대단원 정리 학습

학습한 내용을 정리하는 단계입니다. 학습 내용을 보다 명확하게 정리할 수 있습니다.

6 | 사고력 문제 엿보기

다양한 자료로 창의적인 활동을 하면서 생각하는 힘을 기를 수 있습니다.

7 | 대단원 마무리

평가를 통해 단원 학습을 마무리하고, 자신이 보완해야 할 점을 파악할 수 있습니다.

8 | 수행 평가 미리 보기

학생들이 고민하는 수행 평가를 대단원별로 구성하였습니다. 선생님께서 직접 출제하신 문제를 통해 수행 평가를 꼼꼼히 준비할 수 있습니다.

BOOK **2** 실전책

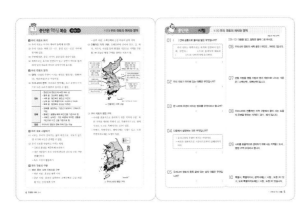

1 | 핵심 복습 + 쪽지 시험

핵심 정리를 통해 학습한 내용을 복습하고, 간단한 쪽지 시험을 통해 자신의 학습 상태를 확인할 수 있습니다.

2 | 중단원 + 대단원 평가

[중단원 확인 평가 / 학교 시험 만점왕]
앞서 학습한 내용을 바탕으로 보다 다양한 문제를 경험하여 단원별 평가를 대비할 수 있습니다.

3 | 서술형 평가

단원의 주요 개념과 관련된 서술형 문항을 심층적으로 학습하는 단계로, 강화될 서술형 평가에 대비할 수 있습니다.

자기 주도 활용 방법

BOOK 1
__개념책__

평상 시 진도 공부는

교재(북1 개념책)로 공부하기

만점왕 북1 개념책으로 진도에 따라 공부해 보세요.

개념책에는 학습 개념이 자세히 설명되어 있어요.

따라서 학교 진도에 맞춰 만점왕을 풀어 보면

혼자서도 쉽게 공부할 수 있습니다.

TV(인터넷) 강의로 공부하기

개념책으로 혼자 공부했는데, 잘 모르는 부분이 있나요?

더 알고 싶은 부분도 있다고요?

만점왕 강의가 있으니 걱정 마세요.

만점왕 강의는 TV를 통해 방송됩니다.

방송 강의를 보지 못했거나 다시 듣고 싶은 부분이 있다면

인터넷(EBS 초등 사이트)을 이용하면 됩니다.

이 부분은 잘 모르겠으니 인터넷으로 다시 봐야겠어.

만점왕 방송 시간: EBS홈페이지 편성표 참조

EBS 초등 사이트: http://primary.ebs.co.kr

시험 대비 공부는 북2 실전책으로! (북2 2쪽 자기 주도 활용 방법을 읽어 보세요.)

이 책의 **차례**

BOOK
1
개념책

1 단원

국토와 우리 생활

'국토'라는 낱말을 들으면 어떤 것들이 떠오르나요? 우리가 살아가는 삶의 터전인 우리 국토는 어떤 특징들을 가지고 있을까요? 이번 단원에서는 우리 국토의 위치와 영역에 대해 이해하고, 우리 국토의 자연환경과 인문환경 특징에 대해 알아볼 거예요. 인문환경의 영향을 받으며 달라진 우리 국토의 변화 모습도 함께 살펴보며, 국토를 사랑하는 마음을 길러 봅시다.

단원 학습 목표

1. 우리 국토의 위치와 영역을 알아보고, 우리 국토를 사랑하는 마음을 기를 수 있습니다.
2. 우리 국토의 자연환경 특징을 이해하고, 우리나라에 발생하는 자연재해에 대해 알 수 있습니다.
3. 우리 국토의 인문환경 특징을 이해하고, 인구, 도시, 산업, 교통의 변화에 따라 달라진 우리 국토의 모습을 알 수 있습니다.

단원 진도 체크

회차	학습 내용		진도 체크
1차	(1) 우리 국토의 위치와 영역	교과서 내용 학습 + 핵심 개념 문제	✓
2차		중단원 실전 문제 + 서술형 평가 돋보기	✓
3차	(2) 우리 국토의 자연환경	교과서 내용 학습 + 핵심 개념 문제	✓
4차		중단원 실전 문제 + 서술형 평가 돋보기	✓
5차	(3) 우리 국토의 인문환경	교과서 내용 학습 + 핵심 개념 문제	✓
6차		중단원 실전 문제 + 서술형 평가 돋보기	✓
7차	대단원 정리 학습, 사고력 문제 엿보기, 대단원 마무리, 수행 평가 미리 보기		✓

해당 부분을 공부한 후 ✓표를 하세요.

(1) 우리 국토의 위치와 영역

1 우리 국토의 위치

▶ 국토의 위치는?
국토의 위치에 따라 기후, 시간대, 이웃 나라와의 관계, 역사, 문화 등 여러 가지 요소가 달라집니다.

(1) 경도와 위도를 이용하여 국토의 위치를 나타내는 방법

　① 위도와 경도: 지도에 표시하는 위선(가로선)과 경선(세로선)의 값을 각각 위도와 경도라고 하며, 위도와 경도는 숫자로 나타냅니다.

　② 위도와 경도를 이용하면 국토의 위치를 정확하게 나타낼 수 있습니다.

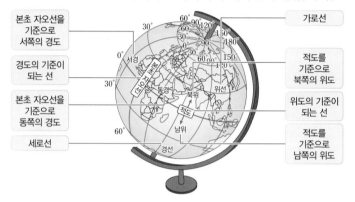

▶ 위도와 경도는?
위도는 적도를 기준으로 북쪽과 남쪽으로 얼마나 떨어져 있는지를 나타내며, 적도(0°)를 기준으로 북쪽은 북위 0°~90°, 남쪽은 남위 0°~90°로 표현합니다. 경도는 본초 자오선을 기준으로 동쪽과 서쪽으로 얼마나 떨어져 있는지를 나타내며, 본초 자오선(0°)을 기준으로 동쪽은 동경 0°~180°, 서쪽은 서경 0°~180°로 표현합니다.

　③ 우리 국토의 위치

　　• 우리 국토는 적도의 북쪽(북위)에 위치하고, 본초 자오선의 동쪽(동경)에 위치합니다.

　　• 우리 국토는 북위 33°~43°, 동경 124°~132° 사이에 위치합니다.

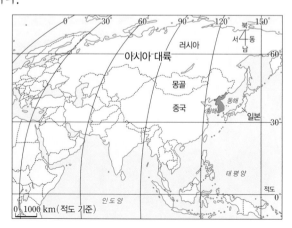

(2) 우리 국토의 위치 특징

　① 우리 국토는 아시아 **대륙**의 동쪽에 위치하고 있습니다.

　② 우리나라의 주변에는 중국, 러시아, 일본, 몽골 등의 국가가 있습니다.

　③ 우리나라는 북쪽이 육지와 연결되어 있고, 삼면이 바다로 둘러싸인 **반도** 국가입니다.

　④ 우리나라는 아시아 대륙과 태평양이 만나는 곳에 위치하여 대륙과 해양으로 나아가기에 유리합니다.

🎓 낱말 사전

대륙 큰 땅덩어리로, 거대한 면적을 가진 육지
반도 대륙에서 바다 쪽으로 길게 뻗어 나온 땅으로, 삼면이 바다로 둘러싸여 있고 한 면은 육지에 이어진 땅

2 우리 국토의 영역

(1) 영역의 의미

① 영역: 한 나라의 **주권**이 미치는 범위를 말하며, 영토, 영해, 영공으로 이루어집니다.

② 영역의 중요성: 국가를 이루는 기본 요소로, 한 나라의 사람들이 살아가는 터전이 되기 때문에 중요합니다.

한 나라의 영역에 다른 나라의 배나 비행기, 외국인 등이 들어오려면 허가를 받아야 합니다.

영공 ─ 주권이 미치는 하늘 (영토와 영해 위에 있는 하늘)

영토 ─ 주권이 미치는 땅

12해리 영해 ─ 주권이 미치는 바다 (영토 주변의 바다)

▲ 국토의 영역

(2) 우리나라의 영역

① 우리나라의 영토: **한반도**와 한반도에 속한 여러 섬을 포함합니다.
- 북쪽 끝: 함경북도 온성군 유원진
- 서쪽 끝: 평안북도 용천군 마안도
- 동쪽 끝: 경상북도 울릉군 독도
- 남쪽 끝: 제주특별자치도 서귀포시 마라도

② 우리나라의 영해: 동해, 황해, 남해에 걸쳐 있으며, 영해를 설정하는 기준선으로부터 12**해리**(약 22km)까지입니다.

③ 우리나라의 영공: 우리나라의 영토와 영해 위에 있는 하늘입니다.

[출처: 「대한민국 국가지도집」, 2019]

── 영해선

북쪽 끝 함경북도 온성군 유원진

서쪽 끝 평안북도 용천군 마안도

동 해

대한민국

울릉도 독도

동쪽 끝 경상북도 울릉군 독도

황 해

남쪽 끝 제주특별자치도 서귀포시 마라도

이어도

남 해

0   100 km

▲ 우리나라의 영역

3 우리 국토 사랑하기

(1) 우리 국토를 소중히 여겨야 하는 까닭

① 국토는 우리가 살아가는 곳이며, 국가를 이루는 기본 요소입니다.

② 우리 국토는 후손에게 물려주어야 할 소중한 삶의 터전입니다.

➡ 국토가 없으면 국가와 국민이 존재하기 어렵기 때문에 우리 국토를 소중하게 생각하고 아껴야 합니다.

(2) 우리 국토를 사랑하고 아끼는 방법

① 우리 국토의 다양한 장소에 관심을 가지고 사랑하는 마음을 가집니다.

② 우리 국토를 가꾸고 지키는 다양한 활동을 실천합니다.

▲ 국토 환경을 깨끗하게 보호하기

▲ 국토 사랑 캠페인하기

▲ 독도 지킴이 활동하기

▲ 국토 사랑 글짓기, 그림 그리기

▶ 우리나라의 영해를 정하는 기준은?

영해는 육지의 끝 또는 영해를 설정하는 기준선으로부터 일정 거리(일반적으로 12해리)까지를 말합니다. 우리나라 영해는 바다에 따라 영해 기준선을 정하는 방법이 다릅니다. 해안선이 단조로운 동해안, 울릉도, 독도, 제주도는 썰물일 때의 해안선을 기준으로 하고, 섬이 많고 해안선이 복잡한 서해안과 남해안은 가장 바깥에 위치한 섬들을 직선으로 이은 선을 기준으로 하여 12해리까지를 영해로 정합니다.

── 영해선

동 해

12해리

▲ 동해안의 영해 설정 기준

── 영해 기준선
── 영해선

12해리

황 해

▲ 서해안, 남해안의 영해 설정 기준

4 우리 국토의 구분

(1) 북부, 중부, 남부 지방으로 구분

① 남북으로 긴 모양인 우리 국토는 북부, 중부, 남부 지방으로 나눌 수 있습니다.

② 북부 지방은 **휴전선** 북쪽의 지역, 중부 지방은 휴전선 남쪽부터 소백**산맥**과 금강 **하류**를 잇는 선의 북쪽 지역, 남부 지방은 소백산맥과 금강 하류의 남쪽 지역을 의미합니다.

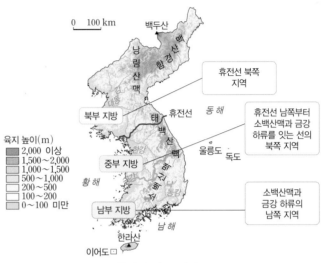

▲ 환경에 따른 지역 구분

(2) 전통적인 지역 구분

① 우리 국토는 오래전부터 8개의 지역으로 구분하였습니다(관북 지방, 관서 지방, 관동 지방, 해서 지방, 경기 지방, 호서 지방, 호남 지방, 영남 지방).

② 산맥, 고개, 호수, 강, 바다, 저수지, 시설물 등 환경은 지역을 나누는 기준이 되었습니다.

③ 전통적인 지역 구분의 기준: 태백산맥(산맥), 조령(고개), 금강(강), 의림지(저수지), 철령관(시설물) 등

▲ 전통적인 지역 구분

▶ **지역 구분은?**
일정한 범위의 땅을 기준으로 정하여 나누고 각 지역에 이름을 붙이는 것을 지역 구분이라고 합니다. 자연환경, 인문환경의 특징에 따라 나누기도 하고, 행정 구역을 기준으로 나누기도 합니다.

▶ **북부, 중부, 남부 지방을 나눈 기준은?**
남북으로 긴 형태의 우리 국토를 위, 가운데, 아래의 3개 지역으로 구분한 것으로, 휴전선, 산맥, 강 등을 기준으로 하여 나누었습니다.

▶ **철령관은?**
철령관은 '철령'이라는 고개에 적을 막기 위해 만든 방어 시설로 관북, 관서, 관동 지방을 나누는 기준이 되었습니다.

▶ **경기 지방은?**
'경기'는 '왕도'를 둘러싸고 있는 지역을 말하며, '왕도'는 왕이 사는 곳을 뜻합니다. 왕이 살던 지역의 주변을 경기 지방이라고 불렀습니다.

🍊 **낱말 사전**

휴전선 6·25 전쟁이 멈춘 후 만들어진 경계선. 휴전선 위쪽은 북한, 아래쪽은 남한으로 구분함.
산맥 산지의 여러 산들이 이어진 지형
하류 강줄기 중 바다에 보다 가까운 아래쪽 부분

(3) 우리나라의 행정 구역

① 우리나라는 **행정 구역**에 따라 지역을 나눌 수 있습니다.

② 우리나라의 행정 구역은 특별시, 특별자치시, 광역시, 도, 특별자치도 등이 있습니다.

- 특별시, 특별자치시, 광역시에는 **시청**이 있고, 도와 특별자치도에는 **도청**이 있습니다.
- 행정 구역에는 여러 개의 시·군·구 등이 속해 있습니다.

▲ 우리나라의 행정 구역

행정 구역	수	지역 이름
특별시	1	서울특별시
특별자치시	1	세종특별자치시
광역시	6	인천광역시, 대전광역시, 대구광역시, 울산광역시, 광주광역시, 부산광역시
도	6	경기도, 충청남도, 충청북도, 전라남도, 경상북도, 경상남도
특별자치도	3	제주특별자치도, 강원특별자치도, 전북특별자치도

▲ 우리나라의 행정 구역(남한 지역)

더 알아보기 전통적인 지역 구분과 오늘날 행정 구역의 비교

환경에 따라 지역을 구분한 전통적인 지역 구분은 오늘날 행정 구역 구분에도 많은 영향을 주었습니다.

▲ 전통적인 지역 구분

▲ 오늘날 행정 구역

내가 살고 있는 지역은 전통적인 지역 구분으로 볼 때 호서 지방에 속하고, 행정 구역은 충청남도에 속하는구나.

내가 살고 있는 지역은 영남 지방과 경상남도에 속하는구나.

▶ 조선 시대의 행정 구역은?

조선 시대에는 전국을 8개 지역으로 나누어 나라를 다스렸습니다. 경기도를 제외한 각 도의 이름은 그 지역에 속한 중요한 도시의 이름을 따서 정하였습니다.

조선 시대 행정 구역	지역에 속한 중요한 도시
경기도	한성
평안도	평양, 안주
함경도	함흥, 경성
황해도	황주, 해주
강원도	강릉, 원주
충청도	충주, 청주
전라도	전주, 나주
경상도	경주, 상주

▶ 특별자치도는?

도와 기능적으로 거의 같지만, 스스로 행정적인 것을 결정하고 운영할 수 있는 권한을 가진 행정 구역으로, 우리나라는 강원특별자치도, 전북특별자치도, 제주특별자치도가 특별자치도에 해당합니다.

▶ 우리나라 도청 소재지는?

행정 구역	도청 소재지
경기도	수원, 의정부
강원특별자치도	춘천
충청북도	청주
충청남도	홍성/예산
전북특별자치도	전주
전라남도	무안
경상북도	안동
경상남도	창원, 진주
제주특별자치도	제주

낱말 사전

행정 구역 행정 기관의 권한이 미치는 일정한 범위로, 나라를 효율적으로 관리하기 위해 나눈 지역
시청 시의 행정 업무를 맡아 처리하는 기관
도청 도의 행정 업무를 맡아 처리하는 기관

개념 1 · 우리 국토의 위치

(1) 우리 국토는 북위 33°~43°, 동경 124°~132° 사이에 위치함.

(2) 우리 국토는 아시아 대륙의 동쪽에 위치하며, 주변에 중국, 러시아, 일본, 몽골 등의 국가가 있음.

(3) 우리나라는 삼면이 바다로 둘러싸인 반도 국가로, 대륙과 해양으로 나아가기에 유리함.

01 다음 ㉠, ㉡에 들어갈 말이 바르게 짝지어진 것은 어느 것입니까? ( )

> 우리 국토는 적도의 (㉠)쪽에 위치하며, (㉡) 33°~43°로 나타낸다.

	㉠	㉡		㉠	㉡
①	북	북위	②	북	남위
③	북	동경	④	남	동경
⑤	남	서경			

02 다음 지도를 보고, ( ) 안에 들어갈 나라를 세 곳 쓰시오.

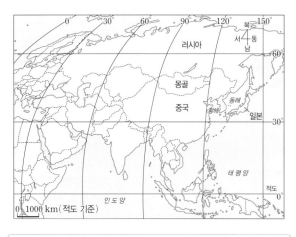

> 우리나라 주변 국가에는 ( ) 등이 있다.

( )

개념 2 · 우리 국토의 영역

(1) 영역: 한 나라의 주권이 미치는 범위로 영토, 영해, 영공으로 이루어짐.

(2) 우리나라의 영역

	• 한반도와 한반도에 속한 여러 섬 • 우리나라 영토의 끝	
영토	북쪽 끝	함경북도 온성군 유원진
	서쪽 끝	평안북도 용천군 마안도
	동쪽 끝	경상북도 울릉군 독도
	남쪽 끝	제주특별자치도 서귀포시 마라도
영해	• 우리나라 영토 주변의 바다 • 영해를 설정하는 기준선으로부터 12해리까지의 바다	
영공	• 우리나라 영토와 영해 위에 있는 하늘	

03 다음 빈칸에 알맞은 말을 써넣으시오.

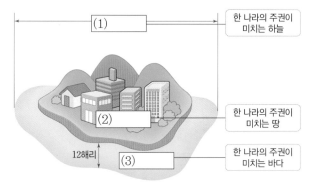

(1) □ — 한 나라의 주권이 미치는 하늘

(2) □ — 한 나라의 주권이 미치는 땅

12해리 (3) □ — 한 나라의 주권이 미치는 바다

▲ 국토의 영역

04 우리나라의 영토에 대한 설명으로 옳은 것은 ○표, 틀린 것은 ×표 하시오.

(1) 우리나라 영토의 남쪽 끝은 독도이다. ( )

(2) 우리나라 영토는 한반도와 주변의 여러 섬으로 이루어져 있다. ( )

개념 3 • 우리 국토의 구분

(1) 북부, 중부, 남부 지방으로 구분

북부 지방	휴전선 북쪽 지역
중부 지방	휴전선 남쪽부터 소백산맥과 금강 하류를 잇는 선의 북쪽 지역
남부 지방	소백산맥과 금강 하류의 남쪽 지역

(2) 전통적인 지역 구분: 산맥, 고개, 호수, 강, 바다, 저수지, 시설물 등을 기준으로 8개의 지역으로 구분함.
➡ 관북 지방, 관서 지방, 관동 지방, 해서 지방, 경기 지방, 호서 지방, 호남 지방, 영남 지방

05 다음과 같이 우리 국토를 세 부분으로 구분할 때, ㉠~㉢에 들어갈 알맞은 말을 쓰시오.

㉠: ( )
㉡: ( )
㉢: ( )

06 다음과 같은 우리나라의 전통적인 지역 구분에 대한 설명으로 알맞은 것은 어느 것입니까? ( )

[출처: 「대한민국 국가 지도집」]

① 북한 지역만 구분한 것이다.
② 4개의 지역으로 구분하였다.
③ 금강의 서쪽 지역은 해서 지방이다.
④ 왕이 사는 수도의 주변은 호서 지방이라 하였다.
⑤ 산맥, 고개, 강 등을 기준으로 하여 지역을 구분하였다.

개념 4 • 우리나라의 행정 구역

(1) 행정 구역: 행정 기관의 권한이 미치는 일정한 범위로, 나라를 효율적으로 관리하기 위해 지역을 나눔.

(2) 우리나라의 행정 구역

특별시(1)	서울특별시
특별자치시(1)	세종특별자치시
광역시(6)	인천광역시, 대전광역시, 대구광역시, 울산광역시, 광주광역시, 부산광역시
도(6)	경기도, 충청남도, 충청북도, 전라남도, 경상북도, 경상남도
특별자치도(3)	강원특별자치도, 전북특별자치도, 제주특별자치도

07 우리나라의 행정 구역 이름으로 알맞지 않은 것은 어느 것입니까? ( )

① 경기도　　　　② 충청북도
③ 남부 지방　　　④ 인천광역시
⑤ 제주특별자치도

08 다음과 같은 국토 구분에 대한 설명으로 알맞은 것은 어느 것입니까? ( )

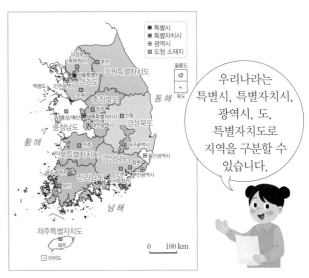

우리나라는 특별시, 특별자치시, 광역시, 도, 특별자치도로 지역을 구분할 수 있습니다.

① 북한 지역도 포함된다.
② 국토를 행정 구역으로 나눈 것이다.
③ 우리나라를 3개의 구역으로 나누었다.
④ 산, 강 등의 지명을 이용해 지역 이름을 정하였다.
⑤ 오늘날 국토 구분은 조선 시대 지역 구분과 같다.

01 다음 지도에서 우리나라를 찾아 ○표 하고, 우리나라 주변 국가의 이름을 ㉠~㉢에 각각 써넣으시오.

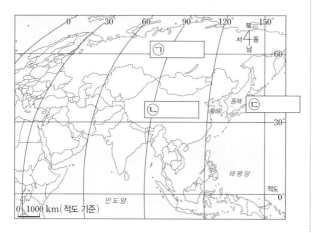

02 우리 국토의 위치에 대한 설명으로 알맞은 것은 어느 것입니까? ( )

① 우리나라는 해양과 만나는 부분이 없다.
② 우리나라는 남위 33°~43°에 위치하고 있다.
③ 우리나라는 아시아 대륙의 동쪽에 위치한다.
④ 우리나라의 남쪽은 대륙으로 연결되어 있다.
⑤ 우리나라는 서경 124°~132° 사이에 위치한다.

03 다음 질문에 대한 답으로 알맞지 않은 것은 어느 것입니까? ( )

> 선생님: 우리나라의 영역에 해당하는 낱말 카드를 찾아볼까요?

① 독도
② 태평양
③ 전북특별자치도
④ 경상남도 위 하늘
⑤ 울릉도 주변 바다

04 다음 지도는 우리나라의 영해를 나타낸 것입니다. 바르게 설명한 것을 두 가지 고르시오. (,)

[출처: 「대한민국 국가지도집」, 2019]

① 동해안은 영해가 없는 지역이다.
② ㉠과 ㉡은 10해리만큼 떨어져 있다.
③ ㉡은 우리나라 영해의 끝을 나타내는 선이다.
④ 서해안과 남해안은 영해 기준선을 정하는 방법이 같다.
⑤ 다른 나라의 배가 ㉠ 안쪽 지역으로 들어오려면 허가가 필요하다.

05 ㉠~㉢에 들어갈 말이 바르게 짝지어진 것은 어느 것입니까? ( )

> (㉠)(으)로 길게 뻗은 우리 국토는 세 개의 지방으로 구분할 수 있다. (㉡) 북쪽 지역은 북부 지방, 북부 지방의 남쪽부터 소백산맥과 금강 하류를 잇는 선의 북쪽 지역은 (㉢), 소백산맥과 금강 하류의 남쪽 지역은 남부 지방이라고 한다.

	㉠	㉡	㉢
①	남북	한강	경기 지방
②	남북	휴전선	중부 지방
③	동서	휴전선	중부 지방
④	동서	태백산맥	중부 지방
⑤	남북	태백산맥	경기 지방

06 우리나라의 전통적인 지역 구분 중, 금강(옛 이름 호강)의 남쪽 지역을 부르는 명칭은 무엇입니까? (　　　)

① 관북 지방　　　　② 관동 지방
③ 경기 지방　　　　④ 호남 지방
⑤ 호서 지방

07 우리나라의 행정 구역에 대한 설명으로 알맞은 것은 어느 것입니까? (　　　)

① 특별시는 1곳이다.
② 광역시에는 도청이 있다.
③ 도는 9곳, 광역시는 3곳이다.
④ 특별자치도에는 시청이 있다.
⑤ 한반도 전체를 8개로 구분한다.

08 다음 주제에 대해 잘못 이야기한 사람은 누구입니까?
(　　　)

주제: 국토를 아끼고 사랑하는 마음을 실천하기 위해 우리가 할 수 있는 일

① 민서: 아름다운 지역을 찾아 관광지로 직접 개발해야겠어.
② 재현: 가족과 함께 국토 사랑 걷기 행사에 참여해 보고 싶어.
③ 수영: 주변의 환경을 깨끗하게 하기 위해 쓰레기를 줍는 활동에 참여할래.
④ 자현: 아름다운 우리 국토를 여행다니며 사진을 찍어 사람들에게 공유할 거야.
⑤ 희수: 국토 사랑 그림 그리기 행사에 참여하여 국토를 사랑하는 마음을 키워야겠어.

[09~10] 다음 지도를 보고, 물음에 답하시오.

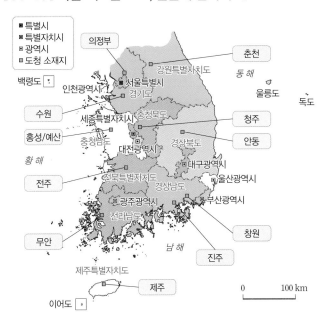

09 다음은 민준이 집으로 도착한 택배 상자입니다. 민준이가 사는 지역에 대한 설명으로 알맞은 것을 <u>두 가지</u> 고르시오. (　　,　　)

① 특별자치도이다.
② 도청이 있는 행정 구역이다.
③ 우리 국토의 가장 북쪽 지역이다.
④ 경상북도의 남쪽에 위치하고 있다.
⑤ 전북특별자치도와 전라남도의 서쪽에 위치한다.

10 다음에서 설명하는 행정 구역의 이름을 위 지도에서 찾아 쓰시오.

전통적인 지역 구분으로는 중부 지방에 속하며 홍성/예산에 도청이 위치한다.

(　　　　　　　　)

서술형 평가 돋보기

학교에서 출제되는 서술형 평가를 미리 준비하세요.

연습 문제

[1~3] 다음 지도를 보고, 물음에 답하시오.

▲ 우리 국토의 위치

🔍 문제 해결 전략

1 단계	제시된 지도에서 우리 국 토의 위치 찾기

↓

2 단계	우리나라 주변에 있는 대륙 과 바다 찾기

↓

3 단계	우리 국토의 위치 특징 파 악하기

1 우리 국토는 아시아 대륙의 어느 쪽에 위치하는지 쓰시오.

(   )쪽

🔍 핵심 키워드
• 우리 국토의 위치 특징
 – 아시아 대륙의 동쪽에 위치함.
 – 북쪽은 육지와 연결, 삼면은 바다로 둘러싸인 반도 국가임.
 – 대륙 및 해양 진출에 유리함.

2 위 지도를 보고, 우리 국토의 위치 특징을 다음과 같이 정리하였습니다. ( ) 안에 알맞은 말을 써넣으시오.

(1) 우리 국토는 ( )해, ( )해, ( )해 바다로 둘러싸 여 있습니다.

(2) 우리 국토의 ( )쪽은 육지와 연결되어 있습니다.

(3) 우리나라는 삼면이 바다로 둘러싸여 있고, 한 면은 육지에 이어진 ( ) 국가입니다.

> 빈칸을 채우며 서술형 문제의 답안을 작성하는 연습을 해 보세요!

3 우리나라가 삼면이 바다로 열려 있기 때문에 얻을 수 있는 장점은 무엇인지 쓰 시오.

_____

_____

실전 문제

[1~3] 다음 지도를 보고, 물음에 답하시오.

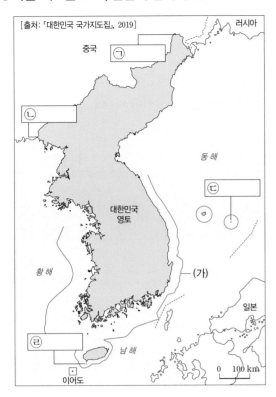

1 우리나라 영토의 동쪽, 서쪽, 남쪽, 북쪽의 끝은 어디 인지 **보기** 에서 골라 지도의 ㉠~㉣에 써넣으시오.

> **보기**
>
> • 독도   • 유원진   • 마안도   • 마라도

2 위 지도의 ㈎ 안쪽의 바다를 무엇이라고 하는지 쓰고, 어떤 의미를 지니는지 ( ) 안에 알맞은 말을 써넣 으시오.

(1) ㈎ 안쪽의 바다: (   )

(2) 의미: 우리나라의 영역으로 (   )이/가 미치는 바다

3 영공을 정하는 기준은 무엇인지 쓰시오.

_____

_____

[4~5] 다음은 우리나라의 전통적인 지역 구분을 나타낸 지 도입니다. 물음에 답하시오.

[출처: 「대한민국 국가지도집」]

4 각 지방의 이름을 위 지도에서 찾아 쓰시오.

	지역	지역의 이름
(1)	철령관의 북쪽 지방	
(2)	철령관의 서쪽 지방	
(3)	금강(호강)의 서쪽 지방	
(4)	금강(호강)의 남쪽 지방	

5 다음 내용을 참고하여 우리나라의 전통적인 지역 구 분의 기준은 무엇인지 쓰시오.

> • 철령관: 철령이라는 고개에 만든 방어 시설로 관북, 관서, 관동 지방을 나누는 기준이 됨.
> • 금강: 금강의 옛 이름이 호강이었으며, 호서 지 방과 호남 지방을 나누는 기준이 됨.
> • 조령: 문경새재라고도 하는 고개로, 조령의 남 쪽을 영남 지방으로 구분함.

_____

_____

(2) 우리 국토의 자연환경

1 우리나라의 지형

(1) 지형

① 지형이란 산지, 하천, 평야, 해안 등과 같은 땅의 생김새를 말합니다.

② 우리나라는 산지, 하천, 평야 등의 지형이 있고, 삼면이 바다로 둘러싸여 있어 해안, 섬 등의 지형도 발달하였습니다.

산지	하천	평야	해안	섬
여러 산이 모여 있는 지형	빗물과 지하수가 낮은 곳으로 흘러가며 만든 크고 작은 물줄기	넓고 평탄한 땅	바다와 맞닿은 육지 부분	물로 둘러싸인 땅

(2) 우리나라 지형의 특징

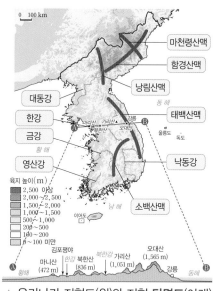

▲ 우리나라 지형도(위)와 지형 **단면도**(아래)

▲ 우리나라 주요 하천과 주변의 평야

- 높은 산지는 주로 북동쪽에 분포함.
- 동쪽이 높고 서쪽이 낮음.

- 주요 하천이 남서쪽으로 흘러감.
- 평야는 주로 남서쪽에 분포함.

① 우리나라의 국토는 산지가 많은 편이며, 산들이 이어져 산맥을 이룬 곳도 있습니다.

② 높고 험한 산지는 주로 북쪽과 동쪽에 많고, 남쪽과 서쪽으로 갈수록 땅의 높이가 낮아집니다.

③ 큰 하천은 대부분 남쪽과 서쪽으로 흘러갑니다. ─ 북동쪽이 높고 남서쪽이 낮은 지형이기 때문임.

④ 하천 주변에는 평야가 나타납니다(우리나라의 평야는 주로 남쪽과 서쪽에 분포).

▶ 해안 지형과 섬 지형은?

지형은 땅의 생김새로 지구 표면의 특징적인 형태를 말합니다. 그중 육지와 바다가 만나는 부분을 해안이라고 하며 바닷가라고도 합니다. 해안에는 반도, 만, 갯벌, 모래사장 등 다양한 지형이 나타납니다. 섬은 육지와 이어져 있지 않고 사면이 물(바다, 강, 호수 등)로 둘러싸인 작은 육지를 말합니다. 우리나라는 특히 서해안과 남해안에 많은 섬이 있습니다.

▶ 지도의 색은 무엇을 나타낼까?

지형을 나타낸 지도에서는 등고선과 색을 통해 땅의 높낮이를 나타냅니다. 초록색은 땅의 높이가 낮고 평평한 곳을 나타낸 것이며, 색의 진하기가 진해져서 갈색(고동색)이 될수록 땅의 높이가 높아짐을 나타냅니다.

▶ 산맥은?

여러 산이 모여 있는 지형을 산지라고 하고, 산지의 산봉우리들이 길게 연속적으로 이어진 지형을 산맥이라고 표현합니다. 우리 국토는 북쪽에 마천령산맥, 함경산맥, 낭림산맥 등이 있고, 남쪽에 태백산맥, 소백산맥 등의 산맥이 있습니다.

▶ 우리나라의 지형 모형을 만드는 방법은?

1. 우리나라의 산지와 평야 분포를 생각하며 지점토로 지형을 만듭니다.
2. 산맥, 산, 평야, 바다 등을 색칠하고 사인펜으로 주요 하천을 그립니다.
3. 주요 지형의 이름을 쓰고 모형을 완성합니다.

 낱말 사전

단면도 물체를 평면으로 자른 구조를 나타낸 그림

(3) 우리나라 해안의 특징

① 우리나라는 동해, 황해, 남해로 둘러싸여 있어 세 개의 해안이 나타납니다(동해안, 서해안, 남해안).

② 동해안, 서해안, 남해안의 모습이 서로 다르고 발달한 지형도 다릅니다.

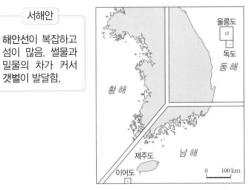

서해안
해안선이 복잡하고 섬이 많음. 썰물과 밀물의 차가 커서 갯벌이 발달함.

동해안
해안선이 단조롭고 섬이 적음. 모래사장이 넓어 해수욕장이 발달함.

남해안
해안선이 복잡하고 섬이 많음. 수심이 깊지 않고 파도가 잔잔함.

▲ 우리나라 해안의 특징

(4) 지형을 이용하는 모습

① 하천 주변의 평야에는 농사지을 땅이 넓게 나타나 일찍부터 농사가 발달하였고, 사람이 많이 모여 사는 도시가 발달하였습니다.

② 사람들은 산지, 하천, 평야 등의 지형을 이용하여 살아가거나 지형을 개발하기도 합니다.

산지	산을 이용한 스키장, 휴양 시설, 목장 등을 만들어 이용함.
하천과 평야	하천 상류에 댐을 건설하여 홍수나 가뭄에 대비하고, 중·하류 주변에 발달한 평야에서 농사를 지음.
해안	갯벌에서 해산물 등을 얻거나 관광지로 개발하거나 간척 사업을 하여 산업 단지 등을 만들기도 함.

바다나 호수의 일부를 둑으로 막고, 그 자리를 흙으로 메워 육지로 만드는 것

2 우리나라의 기후
— 오랜 기간 한 지역에서 나타나는 평균적인 날씨

(1) 우리나라 기후의 특징

① 우리나라는 사계절이 나타나며 계절에 따라 기후가 다릅니다.
— 초봄이 지나 따뜻해지고 꽃이 필 때 쯤 다시 날씨가 일시적으로 추워지는 현상

봄	여름	가을	겨울
날씨가 온화한 편이고, 꽃샘추위, 황사 등이 발생함.	덥고 습하며, 비가 많이 오고, 장마가 나타남.	주로 맑은 날이 많고, 서늘한 날씨가 나타남.	춥고 건조하며 눈이 내림.

② 계절별로 다른 기후의 영향을 받아 사람들의 생활 모습도 계절에 따라 달라집니다.

▶ 우리나라의 평야가 주로 남쪽과 서쪽에 발달한 이유는?
우리나라는 북쪽과 동쪽이 높고, 남쪽과 서쪽이 낮은 지형이기 때문에 대부분의 하천들이 남쪽과 서쪽으로 흘러갑니다. 넓고 평평한 땅인 평야는 하천의 하류에 발달하게 되므로 큰 하천이 흘러가는 남쪽과 서쪽 지역에 평야가 발달하게 되었습니다.

▲ 하천 주변에 평야가 발달한 모습

▶ 갯벌이 발달한 서해안은?
밀물과 썰물의 차가 큰 곳은 갯벌이 발달하고, 사람들은 이러한 지형을 이용하여 해산물(조개, 게 등)이나 소금을 채취하기도 합니다.

▶ 섬이 많은 남해안은?
남해안은 크고 작은 섬이 많아 '다도해'라고 불리며, 수심이 깊지 않고 파도가 잔잔해서 김, 굴 등의 다양한 양식업이 발달하였습니다.

▶ 날씨와 기후의 차이는?
날씨는 특정 지역에서 일정한 시간에 나타나는 기상 현상으로, 짧은 기간의 대기 상태를 말합니다. 기후는 어느 지역에서 오랜 기간 동안 나타나는 평균적인 대기 상태를 말합니다.

낱말 사전

해안선 바다와 육지가 맞닿은 선
갯벌 밀물과 썰물이 드나드는 해안에 밀물 때는 물에 잠기고 썰물 때는 드러나는 넓고 평평한 땅
밀물 바닷물이 육지 쪽으로 들어오는 현상
썰물 바닷물이 바다 쪽으로 빠지는 현상
황사 중국이나 몽골의 사막에서 발생한 미세한 모래가 바람을 타고 우리나라로 날아오는 현상

▶ 바람이 계절의 날씨에 미치는 영향은?
여름에는 우리나라보다 더 기온이 높은 남동쪽의 바다(태평양)로부터 수증기를 많이 포함한 바람이 불어오기 때문에 우리나라의 여름은 습하고 덥습니다. 반대로 겨울은 우리나라보다 더 기온이 낮은 북서쪽의 대륙에서 차갑고 건조한 바람이 불어오기 때문에 우리나라의 겨울은 춥고 건조합니다.

▶ 동해안이 서해안보다 겨울에 따뜻한 까닭은?
비슷한 위도일 경우 동해안의 평균 기온이 서해안의 평균 기온보다 더 높게 나타납니다. 이것은 동해안 근처의 태백산맥이 북서쪽에서 불어오는 차가운 바람을 막아 주며, 동해의 수심이 황해보다 깊고, 수온이 더 높기 때문입니다. 바다의 수심이 깊으면 여름에는 천천히 데워지고, 겨울에는 천천히 식습니다.

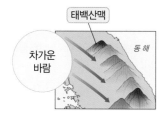

낱말 사전
기온 대기의 온도
내륙 바다에서 멀리 떨어져 있는 육지
등온선 기온이 같은 곳을 연결한 선

(2) 우리나라 바람의 특징
우리나라는 계절에 따라 불어오는 바람의 방향이 다릅니다.

▲ 여름에 불어오는 바람: 남동쪽 바다에서 덥고 습한 바람이 불어옴.

▲ 겨울에 불어오는 바람: 북서쪽 대륙에서 차갑고 건조한 바람이 불어옴.

(3) 우리나라 **기온**의 특징 ┌ 대체로 1월에 기온이 가장 낮고, 8월에 가장 높음.

① 우리나라의 기온은 계절 간 차이가 큰 편입니다.

② 남북으로 긴 우리나라는 남쪽 지역과 북쪽 지역의 기온 차이가 큽니다.

③ 북쪽으로 갈수록 평균 기온이 낮아져 춥고, 남쪽으로 갈수록 평균 기온이 높아져 더 따뜻해집니다.

④ 비슷한 위도일 경우 바다의 영향을 많이 받는 해안 지역이 **내륙** 지역보다 여름에 더 시원하고 겨울에 더 따뜻합니다.

⑤ 비슷한 위도일 경우 겨울에는 동해안이 서해안보다 따뜻합니다. ── 태백산맥과 동해의 영향을 받기 때문임.

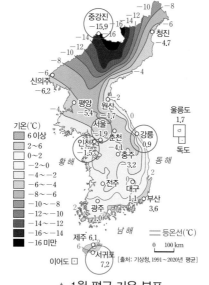

▲ 1월 평균 기온 분포

▲ 8월 평균 기온 분포

구분	중강진	서울	서귀포
1월	-15.9℃	-1.9℃	7.2℃
8월	21.8℃	26.1℃	27.2℃

구분	인천(서쪽 지역)	강릉(동쪽 지역)
1월	-1.5℃	0.9℃
8월	25.6℃	25℃

⬇

- 북쪽으로 갈수록 기온이 낮아지고, 남쪽으로 갈수록 기온이 높아짐.
- 남북으로 길어 기온 차이가 많이 남.

⬇

겨울철에는 동쪽이 서쪽보다 기온이 높은 편이고, 여름철에는 동쪽이 서쪽보다 기온이 낮은 편임(태백산맥과 바다의 영향).

(4) 우리나라 강수량의 특징

① 지역에 따라 **강수량**의 차이가 큽니다.
- 대체로 북쪽에서 남쪽으로 갈수록 강수량이 많아집니다.
- 남부 지방 중 낙동강 중상류 지역은 강수량이 적은 편입니다.
- 제주도, 울릉도 등의 지역은 눈이 많이 내려 겨울에도 강수량이 많습니다.

② 계절에 따라 강수량의 차이가 큽니다. ┌ 여름에 우리나라 연 강수량의 절반 이상이
                                          내림(**장마**, 태풍 등의 영향).

③ 강수량에 따라 다양한 생활 모습이 나타납니다. ㉔ 저수지, 터돋움집, 우데기, 설피 등

3 우리나라의 자연재해

(1) 우리나라에서 발생하는 자연재해

① 자연재해는 피할 수 없는 자연 현상으로 일어나는 피해를 말합니다.

② 자연재해의 종류와 피해

황사	가뭄	폭염	홍수
중국이나 몽골의 사막에서 발생한 미세한 모래가 바람을 타고 우리나라로 날아오는 현상. 주로 봄에 발생하며 피부, 눈, 호흡기 질환 등을 일으킬 수 있음.	오랫동안 비가 오지 않거나 적게 오는 기간이 지속되는 현상. 농작물 피해, 식수 부족 등이 나타나며, 주로 늦은 봄이나 초여름에 주로 발생함.	여름철에 하루 최고 기온이 33°C 이상으로 올라가는 매우 심한 더위. 일사병, 열사병 등에 걸릴 수 있음.	장마, 태풍 등으로 인해 비가 많이 내려 도로, 건물 등이 물에 잠기는 현상. 주로 강수량이 집중되는 여름에 발생함.

태풍	한파	폭설	지진
강한 바람과 함께 많은 비가 내리는 현상. 강풍과 폭우로 시설물이 파손되며 주로 여름, 초가을에 발생함.	겨울철에 갑자기 기온이 내려가면서 발생하는 강한 추위. 수도관 등이 얼어서 파손되거나, 동상에 걸릴 수 있음.	한꺼번에 많은 눈이 내리는 현상. 도로 위 이동이 어려워지고, 시설물이 무너질 수 있음.	땅이 흔들리고 갈라지는 현상. 건물과 도로 등이 부서지며 사람이 다칠 수 있음.

(2) 자연재해의 피해를 줄이기 위한 노력 ┌ 자연재해 발생 시 신속한 대처를 위해 국민안전
                                        처에서 휴대폰으로 보내는 긴급 문자

① 자연재해 정보를 빠르게 알려 주는 경보 체계(긴급 재난 문자 등)를 마련합니다.

② 기상 특보 등의 정보를 살피면서 각 재해 상황에 맞는 행동 요령을 실천합니다.

③ 자연재해가 발생하는 경우를 대비하여 대피소 및 생활 안전 수칙을 미리 알아 둡니다.

자연재해	자연재해 대응 및 행동 요령	자연재해	자연재해 대응 및 행동 요령
황사	• 황사 주의보, 경보 발령 • 마스크 착용	태풍	• 태풍 진로 예측 및 대비 • 창문, 시설물 등 점검하기
가뭄	• 저수지 및 댐 건설, 숲 만들기 • 물 아껴 쓰기	한파	• 추위 대피소, 온열 의자 설치 • 방한용품 착용
폭염	• 야외 활동 자제 • 물 자주 마시기	폭설	• 눈이 쌓인 지붕이 있는 곳 등은 가지 않기
홍수	• 하천 주변에 제방 쌓기 • 높은 곳으로 이동하여 구조 기 다리기	지진	• 대피소 지정 및 파악 • 책상 밑으로 대피하기, 계단을 이용하여 건물 밖의 넓은 곳으로 대피하기

▶ 강수량의 특징이 생활 모습에 끼친 영향은?

우리나라는 여름에 강수량이 집중되어 사람들은 이를 대비하기 위해 저수지를 만들거나 집이 물에 잠기지 않도록 터돋움집(집터를 높게 올려 지은 집) 등을 만들었습니다. 또한 겨울에 눈이 많이 내리는 울릉도에서는 눈이 많이 쌓여도 집 안에서 생활이 가능하도록 우데기(외벽)를 설치하여 통로를 확보하기도 하였습니다.

▲ 우데기를 설치한 울릉도 전통 가옥

▶ 태풍은 어떤 피해를 줄까?

태풍은 강한 비바람으로 우리나라에 큰 피해를 주는 자연재해 중 하나입니다. 우리나라는 주로 여름부터 초가을까지 매년 태풍이 찾아오며, 태풍이 우리나라를 관통하거나 근처를 지날 때, 많은 비와 바람으로 인해 사람이 다치거나 건물이 부서지는 등 큰 피해를 입을 수 있습니다.

🍃 낱말 사전

강수량 일정 기간 동안 일정한 지역에 내린 물(비, 눈, 우박, 안개 등)의 총량
장마 여름철에 여러 날을 계속해서 비가 내리는 현상이나 날씨
제방 물이 넘쳐 들어오지 못하도록 물가에 흙이나 돌, 콘크리트 등으로 쌓은 둑

핵심 개념 문제

개념1 • **우리나라의 지형**

(1) 산지, 하천, 평야, 해안, 섬 등의 다양한 지형이 있음.

(2) 산지가 많은 편이며, 북쪽과 동쪽이 높고 남쪽과 서쪽으로 갈수록 땅의 높이가 낮아짐. ➡ 큰 하천은 주로 남쪽과 서쪽으로 흐르고, 하천 주변에 평야가 분포함.

(3) 우리나라는 삼면이 바다로 둘러싸여 있고, 각 해안의 모습과 특징이 다름.
- 동해안: 해안선이 단조롭고, 모래사장이 발달함.
- 서해안: 해안선이 복잡하고, 섬과 갯벌이 많음.
- 남해안: 해안선이 복잡하고, 섬이 많음.

(4) 사람들은 산지, 하천, 평야, 해안 등의 지형을 이용하여 살아감.

01 다음에서 설명하는 지형은 무엇입니까? (　　)

> 넓고 평탄한 땅으로, 사람들이 많이 모여 살고 도시가 발달하기도 한다.

① 섬　② 평야　③ 산지　④ 하천　⑤ 해안

02 다음에서 설명하는 해안은 어디인지 지도에서 찾아 기호를 쓰시오.

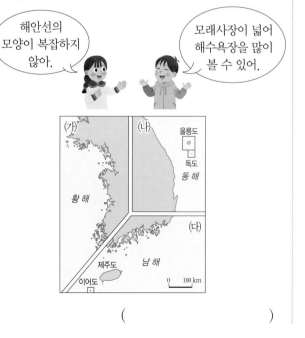

해안선의 모양이 복잡하지 않아.

모래사장이 넓어 해수욕장을 많이 볼 수 있어.

(　　　　　)

개념2 • **우리나라의 기후**

(1) 봄, 여름, 가을, 겨울의 사계절이 나타나며, 계절에 따라 기후가 다름.
- 봄, 가을: 날씨가 온화함.
- 여름: 습하며 덥고 비가 많이 옴.
- 겨울: 춥고 건조하며 눈이 내림.

(2) 계절에 따라 불어오는 바람이 다름.
- 여름: 남동쪽 바다에서 덥고 습한 바람이 불어옴.
- 겨울: 북서쪽 대륙에서 차갑고 건조한 바람이 불어옴.

(3) 계절별로 다른 기후의 영향을 받아 계절마다 생활 모습이 달라짐.

03 다음과 같은 기후가 나타나는 우리나라의 계절을 쓰시오.

> 기온이 높아 덥고, 장마가 나타나며 비가 많이 내린다.

(　　　　　)

04 다음을 통해 알 수 있는 우리나라 기후의 특징을 보기 에서 골라 기호를 쓰시오.

이번 주는 북서쪽에서 차가운 바람이 불어와 계속 춥겠습니다.

이번 주는 남동쪽에서 다가오는 습한 공기의 영향으로 비가 계속 내리겠습니다.

▲ 1월　　　　　▲ 7월

보기
> ㉠ 사계절의 평균 기온이 거의 비슷하다.
> ㉡ 지역별로 강수량의 차이가 많이 난다.
> ㉢ 계절별로 불어오는 바람의 방향이 다르다.

(　　　　　)

개념3 우리나라의 기온과 강수량

(1) **우리나라 기온의 특징**: 우리나라는 계절과 지역에 따라 기온 차이가 큼.
- 1월의 기온이 가장 낮고, 8월의 기온이 가장 높음.
- 남쪽 지역과 북쪽 지역의 기온 차이가 큼(남쪽으로 갈수록 기온이 높아짐).
- 비슷한 위도일 경우 해안 지역이 내륙 지역보다 여름에 시원하고 겨울에 따뜻하며, 겨울에는 동해안이 서해안보다 따뜻함.

(2) **우리나라 강수량의 특징**: 우리나라는 계절과 지역에 따라 강수량의 차이가 큰 편임.
- 여름에 연 강수량의 절반 이상이 내림.
- 대체로 북쪽에서 남쪽으로 갈수록 강수량이 많아짐.

05 다음 우리나라의 연평균 기온을 보고, 우리나라 기온의 특징으로 옳은 것은 ○표, 틀린 것은 ×표 하시오.

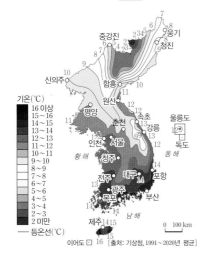

(1) 남쪽으로 갈수록 기온이 높아진다. (   )
(2) 서울과 중강진은 연평균 기온이 비슷하다. (   )

06 (   ) 안에 공통으로 들어갈 알맞은 말을 쓰시오.

> 우리나라는 계절에 따른 (   )의 차이가 크다. 장마와 태풍의 영향으로 여름에는 우리나라 연 (   )의 절반 이상이 집중된다.

(   )

개념4 우리나라의 자연재해

(1) **자연재해**: 피할 수 없는 자연 현상으로 일어나는 피해
(2) **우리나라에서 발생하는 자연재해의 종류**: 황사, 가뭄, 폭염, 홍수, 태풍, 한파, 폭설, 지진 등
(3) **자연재해의 피해를 줄이기 위한 노력**: 기상 특보, 자연재해에 대한 정보, 알림 서비스 등을 제공하며, 생활 속에서 자연재해 대비 안전 수칙 등을 익히고 실천함.

07 다음에서 설명하는 자연재해를 바르게 연결하시오.

(1) 강한 바람과 함께 많은 비가 내리는 현상   •   • ㉠ 폭설

(2) 한꺼번에 많은 눈이 내리는 현상   •   • ㉡ 황사

(3) 미세한 모래가 우리나라로 날아오는 현상   •   • ㉢ 태풍

08 다음과 같은 대응 및 행동 요령과 관련 있는 자연재해는 무엇인지 쓰시오.

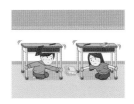

- 탁자 아래로 들어가 머리와 몸을 보호한다.
- 승강기를 이용하지 않고 계단을 이용하여 건물 밖으로 대피한다.
- 대피소를 미리 파악해 둔다.

(   )

01 다음 지형의 특징을 선으로 연결하시오.

(1)  •

(2)  •

(3)  •

• ㉠ 물로 둘러싸인 땅

• ㉡ 바다와 맞닿은 육지 부분

• ㉢ 빗물과 지하수가 흘러가며 만들어진 크고 작은 물줄기

02 다음 지도에서 ●로 표시된 지역의 공통적인 특징으로 알맞은 것은 어느 것입니까? (   )

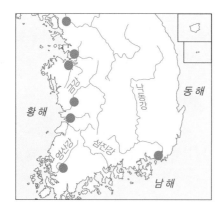

① 섬 지형이다.
② 바다로 둘러싸인 땅이다.
③ 해안선이 단조롭고 모래사장이 있다.
④ 경사가 심하고 산들이 모여 있는 지형이다.
⑤ 농사를 짓기에 알맞은 넓고 평탄한 땅이다.

03 우리나라 지형의 모형을 만드는 방법에 대해 바르게 말한 사람의 이름을 쓰시오.

서연: 북동쪽보다 남서쪽의 땅의 높이를 더 높게 만들어야 해.
준우: 금강, 한강 등의 주요 강이 남서쪽으로 흘러가도록 사인펜으로 표시하자.

(   )

04 다음과 같은 생활 모습을 볼 수 있는 지형의 특징으로 알맞은 것은 어느 것입니까? (   )

갯벌에서 조개와 같은 해산물을 채취하거나 바다를 이용하여 소금을 얻는다.

① 경사가 심하고 나무가 많다.
② 바다와 육지가 만나는 곳이다.
③ 스키장, 휴양림 등으로 활용한다.
④ 도시가 발달하기에 알맞은 지형이다.
⑤ 주로 하천 주변에서 볼 수 있는 지형이다.

05 다음과 관련된 설명으로 알맞은 것은 어느 것입니까?

(   )

우리나라는 남북으로 긴 형태의 국토이기 때문에 지역별로 기온 차이가 크다.

① 여름에 비가 많이 내린다.
② 산지가 바다보다 더 따뜻하다.
③ 내륙 지역에 눈이 많이 내린다.
④ 봄과 여름이 길고, 가을과 겨울이 짧다.
⑤ 대체로 남쪽으로 갈수록 기온이 높아진다.

06 우리나라의 지역별 1월 평균 기온을 비교한 내용으로 알맞은 것은 어느 것입니까? (   )

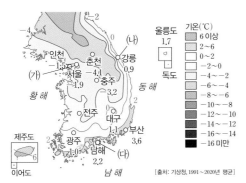

▲ 우리나라의 1월 평균 기온

① 북쪽으로 갈수록 기온이 높아진다.
② (나) 지역의 평균 기온이 (가) 지역보다 높다.
③ (다) 지역의 평균 기온이 (가) 지역보다 낮다.
④ 서울과 광주의 평균 기온은 거의 비슷하다.
⑤ 해안 지역의 평균 기온이 내륙 지역보다 낮다.

07 다음 지도를 통해 알 수 있는 우리나라 기후의 특징으로 알맞은 것은 어느 것입니까? (   )

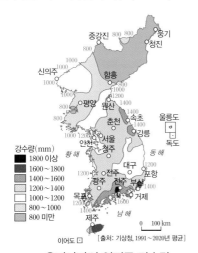

▲ 우리나라의 연평균 강수량

① 낙동강 중상류 지역의 강수량이 많다.
② 우리나라는 여름에 강수량이 집중된다.
③ 해안 지역보다 내륙 지역의 강수량이 많다.
④ 우리나라는 대체로 지역별 강수량이 비슷한 편이다.
⑤ 대체로 북부 지방보다 남부 지방의 강수량이 더 많다.

08 다음 두 지역 강수량의 특징을 바르게 설명한 것은 어느 것입니까? (   )

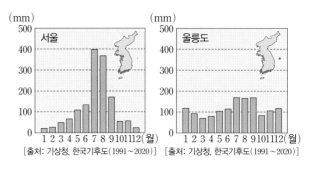

① 두 지역의 여름철 강수량은 비슷하다.
② 서울은 여름철에 강수량이 집중된다.
③ 울릉도는 봄, 가을에 강수량이 집중된다.
④ 서울은 울릉도보다 겨울에 강수량이 많다.
⑤ 두 지역 모두 겨울에 강수량이 매우 많은 편이다.

09 우리나라에서 발생하는 자연재해에 대한 설명으로 알맞은 것은 어느 것입니까? (   )

① 홍수는 주로 겨울에 발생한다.
② 폭설은 주로 폭염과 함께 발생한다.
③ 한파는 높은 기온으로 발생하는 자연재해이다.
④ 가뭄은 우리나라에서 거의 발생하지 않는 자연재해이다.
⑤ 태풍은 강한 바람과 함께 많은 비가 내리기 때문에 큰 피해를 준다.

10 우리나라에서 발생하는 자연재해와 그로 인한 피해를 바르게 연결한 것은 어느 것입니까? (   )

① 가뭄－농작물이 말라 죽는다.
② 지진－건물과 도로가 물에 잠긴다.
③ 홍수－호흡기 질환이 생길 수 있다.
④ 황사－수도가 얼거나 건축물이 붕괴된다.
⑤ 폭염－저체온증, 동상 등에 걸릴 수 있다.

서술형 평가 돋보기

학교에서 출제되는 서술형 평가를 미리 준비하세요.

연습 문제

문제 해결 전략

1 단계	제시된 자료가 무엇인지 파악하기

↓

2 단계	지도에 나타난 땅의 높낮이와 단면도의 특징 파악하기

↓

3 단계	하천이 흐르는 방향과 하천 주변에 발달한 지형 탐구하기

핵심 키워드

• 우리나라 지형의 종류
  − 산지, 하천, 평야, 해안, 섬 등 다양함.
• 우리나라 지형의 특징
  − 북동쪽이 남서쪽에 비해 땅의 높이가 높음.
  − 대부분의 큰 하천은 남쪽과 서쪽으로 흐름.
  − 남서쪽에 평야가 발달함.

빈칸을 채우며 서술형 문제의 답안을 작성하는 연습을 해 보세요!

[1~3] 다음은 우리나라의 지형도와 그 단면도를 나타낸 것입니다. 물음에 답하시오.

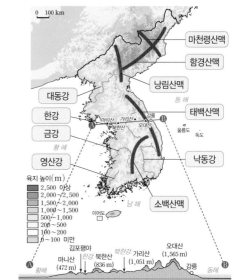

▲ 우리나라 지형도(위)와 지형 단면도(아래)

1 위 지도를 보고 동쪽과 서쪽 중 땅의 높이가 더 높은 쪽을 쓰시오.

(   )

2 위 자료를 참고하여 우리나라 대부분의 큰 하천이 흘러가는 방향에 대해 정리하였습니다. (   ) 안에 알맞은 말을 써넣으시오.

우리나라는 대체로 (   )쪽이 높고, (   )쪽이 낮은 지형이 나타나며, 하천의 물은 높은 곳에서 낮은 곳으로 흐르기 때문에 우리나라 대부분의 큰 하천은 남쪽과 서쪽으로 흐릅니다.

3 위 2번을 참고하여 우리나라의 남쪽과 서쪽의 하천 하류에서 주로 볼 수 있는 지형은 무엇인지 쓰고, 그러한 지형이 나타나는 까닭을 쓰시오.

(1) 주로 볼 수 있는 지형: _____

(2) 까닭: _____

_____

실전 문제

[1~3] 다음은 계절에 따라 우리나라로 불어오는 바람의 방향을 나타낸 것입니다. 물음에 답하시오.

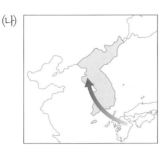

1 우리나라로 불어오는 바람의 방향을 보고, (가), (나)의 계절을 쓰시오.

(가): (   )

(나): (   )

2 여름과 겨울에 우리나라로 불어오는 바람의 방향과 특징에 대해 정리하였습니다. (   ) 안에 알맞은 말을 써넣으시오.

(가): 우리나라의 계절 중 (   )에는 (   ) 쪽의 대륙에서 차갑고 건조한 바람이 불어옵니다.

(나): 우리나라의 계절 중 (   )에는 (   ) 쪽의 바다에서 덥고 습한 바람이 불어옵니다.

3 위 (나)와 같은 바람이 불어오는 시기에 우리나라에 나타나는 기후의 특징을 쓰시오.

_____

_____

[4~5] 다음은 우리나라에서 발생하는 자연재해의 모습입니다. 물음에 답하시오.

▲ 기온이 높이 올라가고 매우 심한 더위가 나타남.

▲ 미세한 모래가 날아옴.

▲ 도로, 건물 등이 물에 잠김.

▲ 갑자기 기온이 많이 내려가 강한 추위가 나타남.

4 각 자연재해의 이름을 쓰고, 주로 발생하는 계절을 쓰시오.

구분	자연재해의 종류	주로 발생하는 계절
(가)		
(나)		
(다)		
(라)		

5 위와 같은 자연재해가 발생했을 때 다음과 같이 사람들에게 알리는 이유는 무엇인지 쓰시오.

안전 안내 문자
[행정안전부] 황사 경보, 노약자 실외 활동 자제, 마스크 착용, 창문 닫기 등을 준수하십시오.

긴급 재난 문자
[국민안전처] 09:00 서울 지역 호우 경보, 산사태 상습 침수 등 위험 지역 대피, 외출 자제 등 안전에 주의하십시오.

_____

_____

교과서 내용 학습

(3) 우리 국토의 인문환경

1 우리나라 인구의 변화

(1) 우리나라 인구 분포의 변화

① 1960년대 이전

• 자연환경의 영향을 많이 받아 남서쪽 지역에 인구가 많이 모여 살았습니다.

• 농사짓기에 알맞은 땅인 평야가 발달한 남서쪽 지역에 인구가 많이 분포하고, 산지가 많은 북동쪽 지역은 상대적으로 인구가 적었습니다.

② 1960년대 이후

• 산업이 발달하면서 사람들이 일자리를 찾아 도시로 모이게 되어 인구 분포가 달라졌습니다.

• 도시의 수가 증가하면서 도시 지역의 **인구 밀도**가 높아졌습니다.

▶ 1960년대 이전의 인구 분포는?
1960년대까지 우리나라는 벼농사를 주로 짓는 농업 사회였기 때문에 사람들은 벼농사를 짓기에 적당한 평야 지역에 많이 모여 살았습니다. 산이 많아 농사를 짓기 어려운 북동쪽보다 평평한 땅이 많은 남서쪽의 평야 주변에 사람들이 많이 모여 살았습니다.

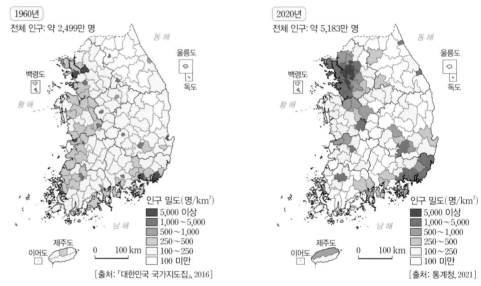

▲ 1960년과 2020년의 인구 분포도

▶ 사람들이 도시로 모이게 된 이유는?
1960년대 이후, 도시를 중심으로 산업화가 되면서 사람들은 일자리를 찾아 도시로 이동하게 되었습니다. 도시는 촌락보다 다양한 편의 시설이 모여 있고, 교육 시설도 많기 때문에 촌락보다는 도시에 많은 사람들이 모여 살고 있습니다. 현재 우리나라는 전체 인구의 약 90% 이상이 수도권을 비롯한 도시에 모여 살고 있습니다.

(2) 오늘날 우리나라 인구 분포의 특징 ── 수도와 수도 주변 지역, 즉 서울특별시, 인천광역시, 경기도가 해당됨.

① 우리나라 인구의 절반 이상이 <u>수도권</u>에 살고 있습니다.

② 부산, 대구, 광주 등의 대도시 및 남동쪽 해안 지역 일대에 사람이 많이 모여 살고 있습니다.

③ 산지 지역, 농어촌 지역 등의 촌락 지역은 도시에 비해 살고 있는 사람 수가 적습니다.

낱말 사전

인구 분포 일정한 범위의 땅에 사람들이 얼마나 모여 살고 있는가를 나타낸 것
인구 밀도 일정한 면적(1km²) 안에 사는 인구수로 인구가 모여 있는 정도를 나타냄.

▲ 인구 밀도가 높은 지역(예 수도권)

▲ 인구 밀도가 낮은 지역(예 농촌 지역)

(3) 우리나라 **인구 구조의 변화**

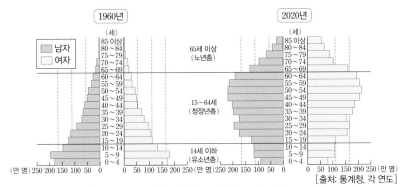

▲ 우리나라 인구 피라미드의 변화

① 1960년대: 출산율과 사망률이 높아 **유소년층**의 인구 비율이 높고, **노년층**의 인구 비율은 낮았습니다.

② 1990년대 이후: 출산율이 낮아지면서 유소년층의 인구 비율은 낮아지고 있고, 평균 수명이 늘어나 노년층의 인구 비율은 점점 높아지고 있습니다(저출산·고령화 현상).

2 우리나라 도시의 발달

(1) 우리나라 도시 발달 과정의 특징

① 1960년대 이후 산업이 발달하면서 사람들이 일자리를 찾아 도시로 이동하게 되었고, 대도시(서울, 인천, 대구, 부산 등)가 발달하게 되었습니다.

② 1970년대에는 대도시가 계속 성장하고, 남동쪽 해안 지역에 공업 도시가 성장하면서 도시 인구가 크게 늘어났습니다.

③ 산업의 발전과 함께 도시의 크기가 계속 커지고 도시의 수도 많이 늘어났습니다.

④ 오늘날은 산업이 발전한 곳을 중심으로 도시가 형성되어 있으며, 많은 사람들이 도시에서 살아가고 있습니다.

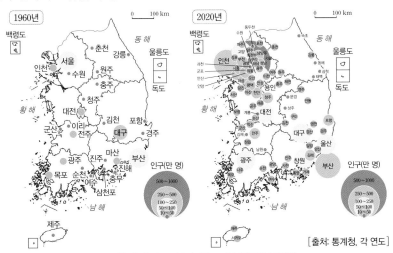

▲ 우리나라 도시 수와 도시 인구의 변화

(2) 도시 인구 집중의 문제점

① 도시에 많은 사람들이 모여 살면서 교통 혼잡, 주택 부족, 환경 오염 등의 문제가 나타나게 되었습니다.

② 촌락 지역은 인구가 줄어들면서 일손 부족, 교육 및 의료 시설 부족 등의 문제가 발생하고 있습니다.

▶ **인구 피라미드 읽는 방법은?**
인구 피라미드는 한 나라 또는 일정한 지역의 인구를 남녀별, 연령별로 나누어 그 비율을 피라미드 모양으로 나타낸 그래프입니다. 인구 피라미드에서 세로축은 연령을 나타내고, 가로축의 왼쪽은 남자, 오른쪽은 여자의 인구를 나타냅니다. 세로축의 연령대(나이)를 찾은 후, 남자와 여자의 수가 얼마인지 가로축에서 찾으면 해당 연령대(나이)의 사람이 몇 명인지를 알 수 있습니다.

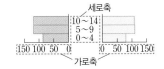

▶ **오늘날 우리나라의 인구 구조는?**
총인구에서 65세 이상 인구의 비율이 7%를 넘으면 고령화 사회, 14%를 넘으면 고령 사회, 20%를 넘으면 초고령 사회라고 합니다. 현재 우리나라는 고령 사회에 해당하고, 앞으로도 꾸준히 노년층 인구의 비율이 높아질 것으로 예상하고 있습니다.

▶ **우리나라에서 인구가 가장 많은 곳은?**
서울특별시는 우리나라의 수도로서, 인구가 가장 많이 살고 있는 최대 도시입니다. 또한 서울특별시 근처에는 수많은 도시들이 모여 있는데, 이 수도권 지역에 우리나라 인구의 절반 이상이 모여 삽니다.

낱말 사전

인구 구조 인구 집단의 성별, 연령 등을 기준으로 나눈 인구 집단의 구성 상태
유소년층 0~14세 인구의 나이대를 일컫는 말
노년층 사회 구성원 가운데 노년기에 있는 사람을 통틀어 이르는 말로 65세 이상으로 구분함.

(3) 국토를 균형 있게 발전시키려는 노력
① 대도시 인구 집중 문제를 해결하기 위해 1980년대부터 대도시 주변 지역에 **신도시**를 건설하였습니다(일산, 분당 등).
② 수도권에 집중된 공공 기관을 지방으로 옮기고(세종특별자치시 등), 수도권의 연구소, 기업 등을 옮겨 새로운 도시를 건설하기도 합니다.

3 **우리나라 산업의 발달**

(1) 우리나라 **산업 구조**의 변화 ── 한 나라나 지역에서 농림어업, 광공업, 서비스업이 차지하는 비율

① 우리나라의 산업 구조는 농림어업 중심이었으나, 1960년대 이후 점차 광공업, 서비스업 중심으로 크게 변화하였습니다.

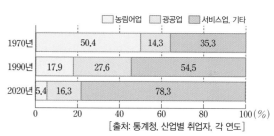

	농림어업	광공업	서비스업, 기타
1970년	50.4	14.3	35.3
1990년	17.9	27.6	54.5
2020년	5.4	16.3	78.3

[출처: 통계청, 산업별 취업자, 각 연도]

▲ 우리나라의 산업에 따른 인구 비율 변화

② 1960년대에는 섬유, 신발 등의 **경공업**이, 1970년대부터는 조선, 제철 등의 **중화학 공업**이 발달하였습니다.
③ 1990년대 이후 **서비스업**이 꾸준히 발달하였습니다.
④ 오늘날에는 첨단 산업, 문화 예술 산업, 관광 산업 등 다양한 종류의 산업이 함께 발달하고 있습니다.

(2) 우리나라 **공업 지역**의 발달 ── 공업이 집중적으로 발달한 지역을 말하며 일반적으로 입지 조건이 좋은 곳에 공장이 집중되면서 공업 지역이 형성됨.

① 공업의 발달로 여러 공업 지역이 생겼고, 우리 국토의 모습도 크게 달라졌습니다.
② 우리나라의 여러 지역은 각 지역의 특징, 입지 조건에 따라 다양한 산업이 발전하였습니다. ── 자연환경, 인문환경 등 지역 특성의 차이에 따라 다른 산업이 발전함.

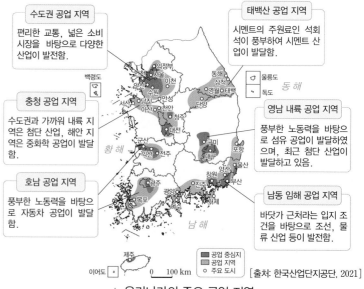

수도권 공업 지역
편리한 교통, 넓은 소비 시장을 바탕으로 다양한 산업이 발전함.

태백산 공업 지역
시멘트의 주원료인 석회석이 풍부하여 시멘트 산업이 발달함.

충청 공업 지역
수도권과 가까워 내륙 지역은 첨단 산업, 해안 지역은 중화학 공업이 발달함.

영남 내륙 공업 지역
풍부한 노동력을 바탕으로 섬유 공업이 발달하였으며, 최근 첨단 산업이 발달하고 있음.

호남 공업 지역
풍부한 노동력을 바탕으로 자동차 공업이 발달함.

남동 임해 공업 지역
바닷가 근처라는 입지 조건을 바탕으로 조선, 물류 산업 등이 발전함.

[출처: 한국산업단지공단, 2021]

▲ 우리나라의 주요 공업 지역

4 우리나라 교통의 발달

(1) 우리나라 교통 발달의 모습

① 산업 구조가 변화하고 도시가 성장하면서 교통이 크게 발달하였습니다.

② 고속 국도가 건설되고, 도로, 철도, 공항, 항구 등의 교통 시설이 늘어나면서 사람과 물건의 이동이 활발하게 이루어지게 되었습니다.

③ 고속 철도의 등장(2004년)으로 이동 시간이 더 줄어들게 되었습니다.

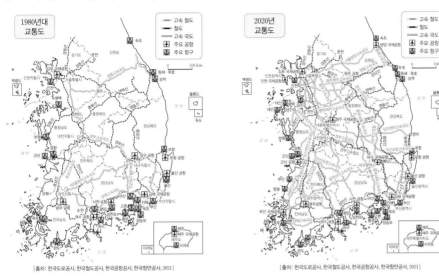

▲ 1980년대와 2020년 교통도

(2) 교통 발달로 달라진 생활 모습

① 교통이 발전하면서 지역 간의 이동 시간이 줄어들었고, 사람들의 **생활권**이 넓어지게 되었습니다.

② 제품 생산과 관련된 물품 등을 쉽고 빠르게 이동할 수 있어 산업이 더욱 발전하게 되었습니다.

5 인문환경의 변화에 따라 달라진 우리 국토의 모습

(1) 인문환경의 변화

① 인구, 도시, 산업, 교통은 서로 영향을 주고받으며 변화합니다.

② 인구, 도시, 산업, 교통 등 다양한 인문환경의 변화에 따라 우리 국토의 모습도 달라졌습니다.

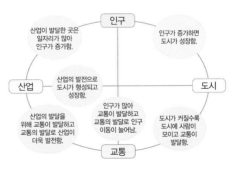

(2) 인문환경의 변화에 따라 달라진 우리 국토의 모습

① 산업의 발달로 교통이 발달하고, 일자리가 늘어나게 되었습니다.

② 산업이 발달한 곳에 모여 사는 인구가 증가하였고, 도시가 형성되었습니다.

③ 교통이 편리한 곳에 도시가 성장하게 되었습니다.

④ 교통이 발달하면서 사람과 물자의 교류가 더욱 활발해지고 산업이 더욱 발전하게 되었습니다.

▶ 우리나라의 고속 철도는 언제 등장했을까?

2004년 우리나라의 고속 철도인 KTX가 처음 등장하였습니다. 일반 열차보다 속도가 빠른 고속 철도를 이용하면서 사람들은 더 빠르게 다른 지역으로 이동할 수 있게 되었습니다.

▲ 고속 철도(KTX)

▶ 산업 시설이 들어서면서 달라진 국토의 모습은?

1960년대 이전 거제, 포항, 울산 등은 어촌 마을이었으나 제철소, 조선소 등이 들어오면서 국토의 모습이 많이 바뀌게 되었습니다. 산업 발달로 회사, 공장 등이 세워지고, 일자리가 많아지면서 사람들이 많이 모여 살게 되면서 도시가 형성되었습니다.

🐤 낱말 사전

교통도 여러 가지 교통 현상을 지도로 나타낸 주제도
생활권 출퇴근, 통학, 쇼핑, 여가 등 사람들이 일상생활을 하는 범위

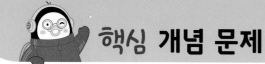

개념1 ▸ 우리나라 인구 분포의 변화와 특징

(1) 우리나라 인구 분포의 변화
  • 1960년대 이전: 농사짓기에 알맞은 지역인 남서쪽 평야 지역에 인구가 많이 모여 살았음.
  • 1960년대 이후: 산업이 발달하면서 사람들이 일자리를 찾아 도시로 이동 ➡ 도시를 중심으로 모여 살게 됨.

(2) 우리나라 인구 분포의 특징
  • 인구의 절반 이상이 수도권에 살고 있으며, 대도시 및 남동쪽 해안 지역 일대에 사람이 많이 모여 삶.
  • 도시의 인구 밀도는 높고, 촌락 지역의 인구 밀도는 낮음.

01 다음 ( ) 안에 들어갈 알맞은 말은 무엇입니까?
( )

> 1960년대까지 우리나라는 벼농사를 중심으로 하는 농업 사회였기 때문에 농사를 짓기 유리한 남서부 ( ) 지역에 사람들이 많이 모여 살았다.

① 섬　　　　② 해안　　　　③ 평야
④ 산지　　　　⑤ 도시

02 우리나라 인구 분포의 특징으로 옳은 것은 ○표, 틀린 것은 ×표 하시오.
(1) 우리나라 인구는 주로 도시를 중심으로 분포한다. ( )
(2) 1960년대 이후 우리나라의 인구 분포는 자연 환경의 영향을 많이 받았다. ( )

개념2 ▸ 우리나라 인구 구조의 변화

(1) 1960년대: 유소년층의 인구 비율이 높고 노년층의 인구 비율이 낮았음.
(2) 1990년대 이후: 유소년층의 인구 비율이 낮아지고, 노년층 인구의 비율이 점점 높아짐. ➡ 저출산·고령화 현상이 나타남.

03 다음 ( ) 안에 들어갈 알맞은 말을 쓰시오.

> 우리나라는 출산율이 낮아지고 평균 수명이 늘어나면서 노년층 인구 비율이 꾸준히 높아지는 저출산·( ) 현상이 나타나고 있다.

( )

04 다음과 같은 현상으로 인해 나타난 오늘날 우리나라 인구 구조의 특징으로 알맞은 것은 어느 것입니까?
( )

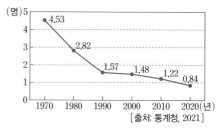
▲ 우리나라의 합계 출산율 변화

① 남자보다 여자의 비율이 높다.
② 노인 인구가 빠르게 감소하고 있다.
③ 옛날과 오늘날 인구 구조가 거의 비슷하다.
④ 전체 인구 중 노년층의 인구 비율이 줄어들고 있다.
⑤ 전체 인구 중 유소년층의 인구 비율이 줄어들고 있다.

개념 3 우리나라 도시의 발달과 국토의 균형 발전 노력

(1) 우리나라 도시의 발달
- 1960년대 이후 산업 발달과 함께 사람들이 일자리를 찾아 도시로 모이면서 도시가 발달함. ➡ 서울, 인천, 부산, 대구 등의 대도시에 인구가 집중됨.
- 1970년대 남동쪽 해안 지역에 공업 도시가 성장하면서 도시 인구가 크게 증가함.
- 산업의 발전과 함께 도시의 크기가 커지고 도시의 수도 많이 늘어남.

(2) 국토를 균형 있게 발전시키려는 노력
- 대도시의 인구 집중을 해결하기 위해 주변에 신도시를 건설함. 예 일산, 분당
- 수도권에 집중된 기능을 지방으로 옮김. 예 세종특별자치시

05 우리나라 도시 발달 과정에서 나타난 특징으로 알맞은 것을 보기 에서 찾아 기호를 쓰시오.

보기
- ㉠ 인구가 적은 곳에 도시가 만들어졌다.
- ㉡ 산업이 발전하면서 도시의 수가 줄어들었다.
- ㉢ 일자리가 많아진 지역은 인구가 증가하였다.

(   )

06 다음 ( ) 안에 들어갈 알맞은 말을 쓰시오.

▲ 일산

대도시에 인구가 집중되면서 발생하는 다양한 문제를 해결하기 위해 계획에 따라 ( )을/를 만들었다.

(   )

개념 4 우리나라 산업의 발달

(1) 우리나라 산업 구조의 변화
- 1960년대 이전은 농림어업이 주로 발달함.
- 1960년대 이후부터 공업이 발달함(경공업 → 중화학 공업).
- 서비스업은 오늘날 우리나라 산업의 가장 큰 부분을 차지하고 있음.
- 오늘날은 첨단 산업, 문화 예술 산업 등 다양한 종류의 산업이 발전하고 있음.

(2) 우리나라 공업 지역의 발달: 공업이 발달하면서 여러 공업 지역이 생겨남. 예 수도권 공업 지역, 남동 임해 공업 지역, 태백산 공업 지역, 영남 내륙 공업 지역 등

07 다음 그래프를 보고, 오늘날 우리나라에서 가장 큰 부분을 차지하는 산업은 무엇인지 쓰시오.

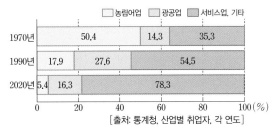

▲ 우리나라의 산업에 따른 일하는 인구 비율 변화

(   )

08 다음 ( ) 안에 공통으로 들어갈 알맞은 말을 보기 에서 골라 쓰시오.

우리나라는 1960년대 이후 ( )이 발달하면서 수도권과 남동쪽 해안가를 중심으로 ( ) 지역이 발달하였다.

보기
- 농업
- 어업
- 임업
- 공업

(   )

핵심 개념 문제

개념 5 ▸ 우리나라 교통의 발달

(1) 산업 구조가 변화하고 도시가 성장하면서 교통이 크게 발달함.

(2) 다양한 교통수단과 교통 시설의 등장 ➡ 사람과 물건의 이동이 활발하게 이루어짐.

(3) 교통의 발전으로 지역 간 이동 시간이 줄어듦. ➡ 사람들의 생활권이 넓어지게 됨.

09 다음을 보고, 알맞은 말에 ○표 하시오.

▲ 부산에서 서울까지 가는 데 걸리는 시간

(1) 교통의 발달로 지역 간 이동 시간이 (늘어났다 , 줄어들었다).

(2) 교통수단이 (늘어나면서 , 줄어들면서) 교통이 더욱 발달하였다.

10 다음 (   ) 안에 들어갈 알맞은 말을 쓰시오.

아침에 광주로 출장을 갔다 저녁에 서울로 돌아왔어요.

⬇

교통의 발달로 사람들이 일상생활에서 활동하는 범위인 (   )이/가 넓어졌다.

(   )

개념 6 ▸ 인문환경의 변화에 따라 달라진 국토의 모습

(1) 산업의 발달로 인구가 증가하며, 도시가 형성됨.

(2) 도시가 성장하면서 교통이 발달하고, 교통의 발달은 산업 발달에도 영향을 줌.

(3) 인구, 도시, 산업, 교통 등은 서로 영향을 주고받으며 변화함. ➡ 우리 국토의 모습 변화에도 영향을 줌.

11 산업이 발달하면서 달라진 우리나라의 모습으로 알맞은 것은 어느 것입니까? (   )

① 인구가 줄어들었다.

② 도시의 수가 줄어들었다.

③ 공업 지역이 형성되었다.

④ 도시의 인구 밀도가 낮아졌다.

⑤ 사람들이 도시에서 촌락으로 이동하였다.

12 다음과 같은 산업 발달로 인해 지역에 나타난 변화를 추측한 내용으로 알맞은 것을 보기 에서 모두 골라 기호를 쓰시오.

> 거제는 옛날 작은 어촌 마을이었지만 오늘날에는 조선소가 세워지며 산업이 발달한 도시로 성장하였다.

보기

㉠ 지역에 사는 인구가 늘어났다.

㉡ 지역에 공장과 주택이 늘어났다.

㉢ 교통 시설의 종류가 줄어들었다.

㉣ 옛날에는 주로 어업 중심이었으나, 오늘날은 농업 중심으로 바뀌었다.

(   )

[01~03] 다음 지도를 보고, 물음에 답하시오.

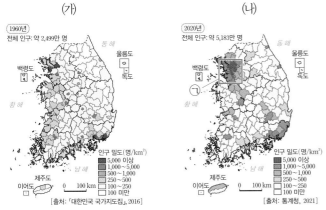

(가)
1960년
전체 인구: 약 2,499만 명

동 해
울릉도
백령도
독도
황 해

제주도
이어도
0   100 km

인구 밀도(명/km²)
5,000 이상
1,000~5,000
500~1,000
250~500
100~250
100 미만
[출처: 「대한민국 국가지도집」, 2016]

(나)
2020년
전체 인구: 약 5,183만 명

동 해
울릉도
백령도
독도
㉠
황 해

남 해
제주도
이어도
0   100 km

인구 밀도(명/km²)
5,000 이상
1,000~5,000
500~1,000
250~500
100~250
100 미만
[출처: 통계청, 2021]

▲ 1960년과 2020년의 인구 분포도

01 (가)에서 인구가 주로 남서쪽에 분포한 까닭으로 알맞은 것은 어느 것입니까? (   )

① 공업이 발달한 지역이었기 때문에
② 바다를 이용한 산업이 발달했었기 때문에
③ 농사를 짓기 유리한 평야 지역이었기 때문에
④ 사람들이 많이 모여 도시가 형성된 곳이기 때문에
⑤ 산지가 많아 산업이 발달하기 적당한 곳이었기 때문에

02 (나)에 나타난 우리나라 인구 분포의 특징으로 알맞은 것을 **보기**에서 **모두** 고른 것은 어느 것입니까?
(   )

보기

㉠ 1960년에 비해 인구 분포가 고르게 나타난다.
㉡ 우리나라의 인구는 북동부 지역에 주로 분포하고 있다.
㉢ 빨간색, 주황색 등으로 표시된 도시를 중심으로 인구가 밀집되어 있다.

① ㉠   ② ㉡
③ ㉢   ④ ㉠, ㉡
⑤ ㉡, ㉢

03 (나)에 표시된 ㉠ 지역에 대한 설명으로 알맞은 것은 어느 것입니까? (   )

① 인구수가 적은 지역이다.
② 농림어업이 발달한 지역이다.
③ 1960년에 비해 인구가 감소한 지역이다.
④ 청장년층 인구 비율이 다른 지역보다 낮다.
⑤ 우리나라에서 인구 밀도가 가장 높은 지역이다.

[04~05] 다음 그래프를 보고, 물음에 답하시오.

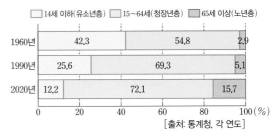

☐ 14세 이하(유소년층) ☐ 15~64세(청장년층) ☐ 65세 이상(노년층)

1960년	42.3	54.8	2.9
1990년	25.6	69.3	5.1
2020년	12.2	72.1	15.7

0   20   40   60   80   100(%)
[출처: 통계청, 각 연도]

▲ 우리나라의 연령별 인구 비율 변화

04 위 그래프에서 인구 비율이 점점 줄어든 연령층을 찾아 쓰시오.

(   )층

05 위와 같은 현상이 나타나는 까닭으로 알맞은 것은 어느 것입니까? (   )

① 도시에 주택이 부족하기 때문에
② 촌락으로 사람들이 많이 이동했기 때문에
③ 지역 간의 교류가 활발하게 이루어졌기 때문에
④ 출산율이 낮아지고 평균 수명이 늘어났기 때문에
⑤ 도시를 중심으로 여러 공업 지역이 생겨났기 때문에

06 다음 도시들의 공통점으로 알맞지 <u>않은</u> 것은 어느 것입니까? ( )

① 대도시이다.
② 산업이 발달한 지역이다.
③ 교통이 발달한 지역이다.
④ 인구 밀도가 낮은 지역이다.
⑤ 인구가 많이 분포하는 지역이다.

07 우리나라의 도시 발달 과정에서 나타난 특징으로 알맞은 것을 두 가지 고르시오. (,)

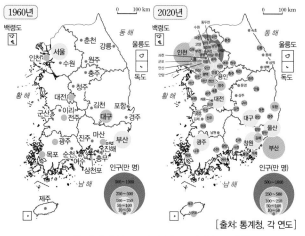

▲ 우리나라의 도시 수와 도시 인구 변화

① 수도권 주변에 도시의 수가 크게 증가하였다.
② 부산 주변에 크고 작은 도시들이 형성되었다.
③ 우리나라는 주로 해안가에만 도시가 발달하였다.
④ 1960년과 비교했을 때 2020년에 도시의 크기가 줄어들었다.
⑤ 1960년과 비교했을 때 2020년에 전국의 도시 수가 줄어들었다.

08 다음과 같은 도시의 인구 비율 변화로 나타난 국토 변화 모습으로 옳은 것은 ○표, 틀린 것은 ×표 하시오.

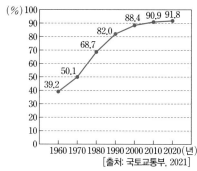

▲ 우리나라 도시 지역의 인구 비율 변화

(1) 일자리를 찾아 도시에서 촌락으로 많은 사람이 이동하였다. ( )
(2) 인구가 집중된 지역은 주택 부족, 교통 혼잡 등의 문제가 늘어났다. ( )

09 다음과 같은 노력을 통해 얻을 수 있는 효과로 알맞은 것은 어느 것입니까? ( )

① 일자리가 줄어들게 된다.
② 도시의 수가 줄어들게 된다.
③ 국토가 균형 있게 발전하게 된다.
④ 서울의 인구가 더욱 늘어나게 된다.
⑤ 촌락 지역의 노년층 인구 비율이 줄어들게 된다.

10 우리나라의 산업 발달 과정에 대한 퀴즈의 답을 잘못 기록한 것은 어느 것입니까? ( )

	퀴즈	답
①	공업이 발달하면서 공업 지역들이 형성되었다.	○
②	산업이 발전하면서 산업의 종류가 줄어들었다.	×
③	공업이 발달하기 이전에는 서비스업 중심의 산업이 발전하였다.	×
④	1960년대 이전까지 우리나라는 광공업 중심의 산업이 발달하였다.	○
⑤	1960년대 이후 옷, 신발과 같이 가벼운 물건을 만드는 공업이 발전하기 시작하였다.	○

11 ㉠~㉢에 들어갈 공업 지역을 보기 에서 골라 쓰시오.

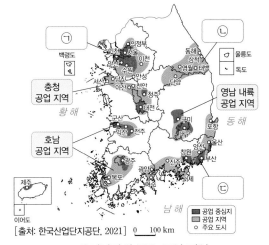

▲ 우리나라의 주요 공업 지역

보기

• 태백산 공업 지역   • 남동 임해 공업 지역
• 수도권 공업 지역

㉠ ( ) ㉡ ( ) ㉢ ( )

12 다음 ( ) 안에 들어갈 내용으로 적절하지 <u>않은</u> 것은 어느 것입니까? ( )

> 우찬: 지역별로 발달한 공업이 다른 까닭은 무엇일까?
> 은아: 지역마다 ( )이/가 다르기 때문이야.

① 위치   ② 지명   ③ 자원
④ 자연환경   ⑤ 입지 조건

13 교통이 발달할수록 나타나는 국토의 변화 모습으로 알맞은 것을 찾아 ○표 하시오.

(1) 사람들의 생활권이 좁아진다.
(2) 지역 간 교류가 줄어든다.
(3) 산업이 더욱 발달한다.

( )   ( )   ( )

14 도시에 일자리가 많아질수록 나타나는 현상으로 알맞지 <u>않은</u> 것은 어느 것입니까? ( )

① 도시의 인구가 줄어든다.
② 도시의 산업이 더욱 발전한다.
③ 도시에 공장, 회사 등의 시설이 늘어난다.
④ 도시의 인구 이동이 늘어 교통이 발달한다.
⑤ 다른 지역으로부터 도시에 사람들이 모이게 된다.

15 인구, 교통, 산업, 도시의 관계에 대해 바르게 말한 사람을 <u>두 명</u> 고르시오. (,)

① 희연: 산업이 발달한 곳은 인구가 적게 분포해.
② 재우: 교통이 발달하면 산업이 발달하기 어려워져.
③ 서윤: 인구가 늘어나면 도시의 크기가 줄어들게 돼.
④ 성준: 산업이 발달한 곳에 도시가 만들어질 수 있어.
⑤ 연서: 인구, 도시, 산업, 교통은 서로 영향을 주고받으면서 변해.

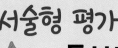

학교에서 출제되는 서술형 평가를 미리 준비하세요.

연습 문제

🔍 문제 해결 전략

1단계	제시된 자료가 무엇인지 파악하기
2단계	합계 출산율과 65세 이상 인구 비율의 변화 특징 찾아내기
3단계	인구 비율 변화를 통해 나타난 우리나라 인구 구조의 변화 특징 생각하기

🔍 핵심 키워드
• 우리나라의 인구 구조 변화
  – 저출산, 고령화 현상
• 우리나라의 시기별 인구 피라미드
  – 1960년: 유소년층의 비율이 높았음.
  – 2020년: 유소년층의 비율이 낮아짐.

빈칸을 채우며 서술형 문제의 답안을 작성하는 연습을 해 보세요!

[1~3] 다음 자료를 보고, 물음에 답하시오.

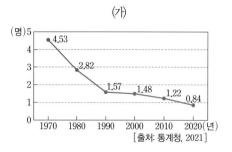
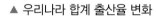

▲ 우리나라 합계 출산율 변화

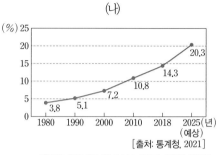

▲ 우리나라 65세 이상 인구 비율 변화

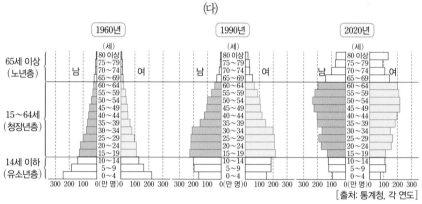

▲ 우리나라의 시기별 인구 피라미드

1 우리나라의 인구 구조 변화와 관련하여 위 (가), (나) 그래프를 통해 알 수 있는 현상은 무엇인지 각각 쓰시오.

(가): (   ) 현상

(나): (   ) 현상

2 다음은 (가)~(다)를 참고하여 우리나라 인구 구조 변화를 정리한 것입니다. (   ) 안에 알맞은 말을 써넣으시오.

1960년대에는 (   )의 인구 비율이 높았고, (   )의 인구 비율이 낮았습니다. 그러나 1990년대 이후 (   )이/가 낮아지고, 평균 수명이 늘어나면서 (   )의 인구 비율은 낮아지고, (   )의 인구 비율이 높아졌습니다.

3 위 (다)를 참고하여, 2050년의 우리나라 인구 구조를 예상하여 쓰시오.

_____

_____

실전 문제

[1~3] 다음을 보고, 물음에 답하시오.

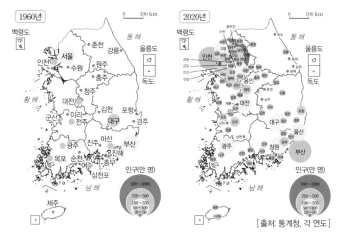

▲ 우리나라의 도시 수와 도시 인구의 변화

1 위 지도에서 원의 크기는 무엇을 나타내는지 쓰시오.

(   )

2 1960년과 비교하였을 때 2020년의 지도에서 달라진 점을 정리하였습니다. (   ) 안에 알맞은 말을 써넣으시오.

(1) 원의 개수가 많은 것으로 보아 (   )이/가 늘어났습니다.

(2) 서울, 부산, 인천 등의 원 크기가 큰 것으로 보아 이 지역의 (   )이/가 많이 늘어났습니다.

3 우리나라의 도시 발달 과정에서 나타난 특징은 무엇인지 쓰시오.

_____

_____

[4~5] 다음을 보고, 물음에 답하시오.

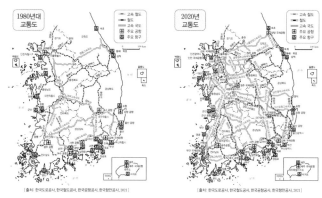

▲ 1980년대와 2020년 교통도

4 1980년대와 비교하였을 때, 2020년 교통 시설은 어떻게 변화하였는지 쓰시오.

(1) 고속 국도: _____

(2) 항구와 공항: _____

5 위 교통도와 다음 우리나라 공업 지역 지도를 참고하여, 교통과 산업은 어떤 관계가 있는지 쓰시오.

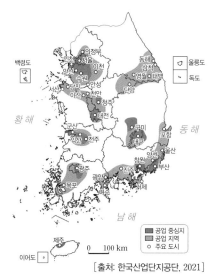

[출처: 한국산업단지공단, 2021]

▲ 우리나라의 주요 공업 지역

_____

_____

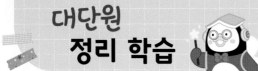
국토와 우리 생활

우리 국토의 위치와 영역

① 우리 국토의 위치와 영역
- 우리 국토는 (❶   ) 33°~43°, 동경 124°~132° 사이에 위치함.
- 우리 국토는 아시아 대륙의 동쪽에 위치한 반도 국가임. ➡ 대륙과 해양으로의 진출에 유리함.
- (❷   ): 한 나라의 주권이 미치는 범위로, 영토, 영해, 영공으로 이루어짐.

② 우리 국토의 구분
- 북부, 중부, 남부 지방으로 구분: 북부 지방은 휴전선 북쪽 지역, 중부 지방은 휴전선 남쪽부터 소백산맥과 금강 하류를 잇는 선의 북쪽 지역, 남부 지방은 소백산맥과 금강 하류의 남쪽 지역을 말함.
- 전통적인 지역 구분: 관북, 관서, 관동, 해서, 경기, 호서, 호남, 영남 지방으로 구분함.
- 오늘날 우리나라 행정 구역: 특별시, 특별자치시, 광역시, 도, 특별자치도 등으로 구분함.

우리 국토의 자연환경

① 우리나라의 지형
- 산지, 하천, 평야, 해안, 섬 등의 다양한 지형이 있음.
- 대체로 북동쪽이 높고 남서쪽이 낮은 지형이며, 큰 하천은 대부분 (❸   )쪽과 서쪽으로 흘러감.
- (❹   )은 해안선이 단조롭고, 서해안과 남해안은 해안선이 복잡하며 섬이 많음.

② 우리나라의 기후
- 사계절이 있고, 계절별로 기후가 다름.
- 계절에 따라 불어오는 바람의 방향이 다름.
- 계절별 기온의 차이가 크고, 지역별로도 기온의 차이가 남.
- 연 강수량의 절반 이상이 여름철에 집중되며, 지역별로 강수량의 차이가 남.

③ **우리나라의 자연재해**: 황사, 가뭄, 폭염, 홍수, 태풍, 한파, 폭설, 지진 등이 발생함.

우리 국토의 인문환경

① 우리나라 인구의 변화
- 1960년대 이전에는 평야가 발달한 남서쪽 지역에 인구가 많이 분포하였으나, 1960년대 이후 산업이 발달한 도시에 인구가 많이 분포함.
- 우리나라는 수도권과 대도시에 인구가 밀집해 있음.
- 유소년층의 비율이 낮아지고 노년층의 비율이 높아지는 (❺   )·고령화 현상이 나타남.

② 우리나라 도시의 발달
- 산업이 발달하면서 사람들이 일자리를 찾아 이동하면서 (❻   )이/가 형성됨(서울, 부산 등).
- 도시의 수와 인구가 증가함.

③ 우리나라 산업의 발달
- 농림어업 중심에서 광공업, 서비스업 중심으로 발달함.
- 산업의 발달로 공업 지역이 형성됨.

④ **우리나라 교통의 발달**: 교통의 발달로 지역 간 교류가 늘어나고 사람들의 (❼   )이/가 확대됨.

⑤ 인구, 도시, 산업, 교통 등은 서로 영향을 주고받으며 변화하며, 이에 따라 국토의 모습도 달라짐.

정답 ❶ 북위 ❷ 영역 ❸ 남 ❹ 동해안 ❺ 저출산 ❻ 대도시(도시) ❼ 생활권

사고력 문제 **엿보기**

자연환경의 영향을 받은 생활 모습

우리나라 자연환경의 특징에 따른 생활 모습

우리나라는 지역에 따라 다양한 지형이 나타나며, 계절에 따라 기온, 강수량 등의 기후가 달라집니다. 이러한 자연환경의 특징에 따라 사람들은 다양한 방법으로 지형을 이용하기도 하고, 기후에 적응하며 살아갑니다. 자연환경의 영향을 받아 달라지는 우리나라 사람들의 생활 모습을 알아봅시다.

지형에 따라 달라지는 다양한 생활 모습		기후에 따라 달라지는 다양한 생활 모습	
산지	하천	봄	여름
(개) _____	하천 상류에서 래프팅 즐겨요.	꽃구경을 가고, 황사가 있을 때 마스크를 써요.	(다) 선풍기, 제습기 등을 사용하고 짧은 옷을 입어요.
평야	해안	가을	겨울
농사를 지어요.	(나) _____	단풍 구경을 가고, 곡식을 수확해요.	(라) 보일러, 가습기 등을 사용하고 두꺼운 옷을 입어요.

1 (개), (나)에 들어갈 알맞은 생활 모습을 써 봅시다.

(개): _____　　(나): _____

> **예시 답안** (개): 스키장이나 휴양림을 만들어 여가 생활을 즐겨요. / (나): 바닷가에서 물놀이를 해요.

2 (다), (라)와 같은 생활 모습이 나타나는 까닭을 각각 써 봅시다.

(다): _____　　(라): _____

> **예시 답안** (다): 기온이 높고 습한 기후가 나타나기 때문이다. / (라): 기온이 낮고 건조한 기후가 나타나기 때문이다.

3 우리 가족의 생활 모습 중 지형이나 기후의 영향을 받았던 경험을 써 봅시다.

> **예시 답안** 해수욕장을 이용하기 위해 해안으로 여행을 갔다. / 갯벌 체험을 하기 위해 해안으로 여행을 갔다. / 장마철에 제습기를 사용하여 빨래를 말렸다.

대단원 마무리

1. 국토와 우리 생활

01 우리나라 국토의 위치에 대한 설명으로 알맞은 것은 어느 것입니까? (　　　)

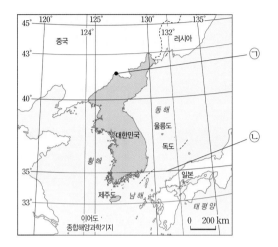

① ㉠은 우리나라의 북쪽 끝이다.
② 우리나라의 북쪽에 일본이 위치한다.
③ 우리나라는 북위 33°~35°에 위치한다.
④ 우리나라는 동경 124°~132°에 위치한다.
⑤ ㉡은 우리나라를 지나는 경도를 나타낸다.

02 다음 ㉠, ㉡에 들어갈 알맞은 말을 쓰시오.

> 우리나라는 (㉠) 대륙의 동쪽에 위치하고 있으며, 삼면이 바다로 둘러싸인 (㉡) 국가이기 때문에 바다로 진출하기에 유리한 장점을 가지고 있다.

㉠: (　　　　　　), ㉡: (　　　　　　)

⊏서술형⊐
03 다음과 같은 상황이 나타나는 이유는 무엇인지 국토의 영역과 관련하여 쓰시오.

여기는 대한민국의 영해입니다. 허가 없이 들어오면 안 됩니다.

_____

04 다음 밑줄 친 '남부 지방'에 대한 설명으로 알맞은 것은 어느 것입니까? (　　　)

일요일에 남부 지방에 비가 내리겠습니다.

① 휴전선 북쪽 지역은 모두 해당한다.
② 서울은 남부 지방에 위치한 대표 도시이다.
③ 우리 국토를 행정 구역에 따라 나눈 것이다.
④ 소백산맥과 금강 하류의 남쪽 지역을 말한다.
⑤ 전통적인 지역 구분의 8개 중 한 곳에 해당한다.

05 밑줄 친 ㉠에 해당하지 <u>않는</u> 것은 어느 것입니까?

(　　　)

> 우리나라는 전통적으로 ㉠ 환경을 이용하여 지역을 구분하였다.

① 경도　　　　　　② 산맥
③ 하천　　　　　　④ 고개
⑤ 저수지

06 우리나라의 전통적인 지역 구분 중 지우가 설명하는 지역은 어디입니까? (　　　)

이곳은 태백산맥을 기준으로 영서 지방과 영동 지방으로도 구분할 수 있는 지역으로 동해와 가깝습니다.

지우

① 관동 지방　　　　② 경기 지방
③ 호남 지방　　　　④ 영남 지방
⑤ 해서 지방

07 해영이가 설명하는 우리나라의 행정 구역은 어디입니까? (　　　)

> 해영: 우리나라의 여러 행정 구역 중 세종시가 이 행정 구역에 해당되는구나.

① 도
② 광역시
③ 특별시
④ 특별자치시
⑤ 특별자치도

08 다음 중 지형에 해당하지 <u>않는</u> 것은 어느 것입니까? (　　　)

① 섬
② 해안
③ 평야
④ 산지
⑤ 도시

09 서준이가 발표하며 사용할 수 있는 지형 사진으로 알맞은 것을 찾아 ○표 하시오.

> 서준: 저는 여름 방학에 가족과 함께 갯벌에 다녀왔습니다. 갯벌에서 조개도 캐고 물놀이도 하였습니다.

(1)　　　　　(2)　　　　　(3)

(　　)　　　(　　)　　　(　　)

10 다음을 통해 알 수 있는 우리나라 지형의 특징으로 알맞은 것은 어느 것입니까? (　　　)

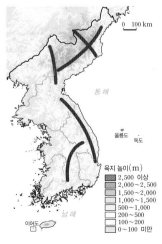

① 섬이 없다.
② 산지가 많다.
③ 북쪽은 주로 평야가 나타난다.
④ 동쪽과 서쪽의 땅의 높이가 비슷하다.
⑤ 동서남북 모두 해안 지형이 나타난다.

11 우리나라 대부분의 하천이 남서쪽으로 흘러가는 이유로 알맞은 것은 어느 것입니까? (　　　)

① 동쪽에 해안이 있기 때문에
② 북동쪽에 평야가 있기 때문에
③ 우리나라 지형에 섬이 많기 때문에
④ 국토가 남북으로 긴 형태이기 때문에
⑤ 북동쪽보다 남서쪽의 땅의 높이가 낮기 때문에

12 우리나라의 기후에 대한 설명으로 알맞은 것을 보기에서 <u>모두</u> 고른 것은 어느 것입니까? (　　　)

> 보기
> ㉠ 봄에는 꽃샘추위가 나타난다.
> ㉡ 계절에 따라 강수량의 차이가 큰 편이다.
> ㉢ 여름에는 남쪽에서 건조한 바람이 불어온다.
> ㉣ 봄, 여름, 가을, 겨울 사계절의 기온이 비슷하다.

① ㉠, ㉡
② ㉠, ㉢
③ ㉡, ㉢
④ ㉡, ㉣
⑤ ㉢, ㉣

13 다음과 같은 바람이 불어오는 우리나라 계절의 특징으로 알맞은 것은 어느 것입니까? (　　　)

① 장마가 나타난다.
② 무더위가 계속된다.
③ 태풍이 자주 발생한다.
④ 춥고 건조하며 눈이 내린다.
⑤ 기온이 온화하지만 날씨의 변화가 심하다.

[14~15] 다음 기후 분포도를 보고, 물음에 답하시오.

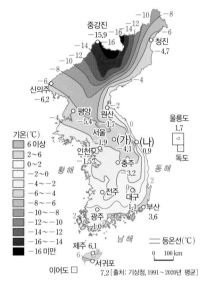

▲ 우리나라의 1월 평균 기온 분포

14 위 기후 분포도를 보고 우리나라 기온에 대한 설명으로 알맞은 것은 어느 것입니까? ( )

① 계절별 기온의 차이가 작다.
② 남쪽으로 갈수록 기온이 낮아진다.
③ 1월 평균 기온은 모두 0℃보다 높게 나타난다.
④ 1월 평균 기온이 가장 높은 지역은 중강진이다.
⑤ 비슷한 위도일 경우 내륙보다 해안의 기온이 높은 편이다.

⊂서술형⊃
15 (가), (나) 지역의 1월 평균 기온을 비교하고, 기온 차이가 나는 까닭을 쓰시오.

_____

_____

16 다음과 같은 시설이 만들어지는 데 영향을 준 것은 무엇입니까? ( )

• 저수지	• 우데기

① 기온 　② 지형 　③ 해안선
④ 강수량 　⑤ 바람의 방향

17 우리나라에 발생하는 자연재해의 종류와 피해의 원인이 바르게 짝지어진 것은 어느 것입니까? ( )

① 폭설 – 강한 바람
② 가뭄 – 높은 기온
③ 태풍 – 많은 양의 눈
④ 지진 – 짧은 시간 안에 내리는 많은 양의 비
⑤ 황사 – 중국, 몽골의 사막에서 불어오는 모래 바람

18 다음 대응 및 행동 요령과 관련 있는 자연재해는 무엇인지 쓰시오.

> • 하천 주변에 제방을 쌓는다.
> • 하천, 계곡의 주변에서 높은 곳으로 대피한다.

( )

⊂서술형⊃
19 다음 두 지도를 보고, 오늘날 우리나라 인구 분포의 특징을 쓰시오.

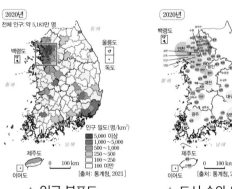

▲ 인구 분포도 　　▲ 도시 수와 도시 인구

_____

_____

20 우리나라의 인구 구조 변화에 대한 설명으로 알맞은 것은 어느 것입니까? ( )

① 출산율이 높아지고 있다.
② 노년층의 비율이 낮아지고 있다.
③ 청장년층의 비율이 낮아지고 있다.
④ 유소년층의 비율이 낮아지고 있다.
⑤ 노년층과 유소년층의 비율이 높아지고 있다.

21 우리나라의 도시 발달 과정에서 나타난 특징으로 알 맞은 것은 어느 것입니까? (　　)

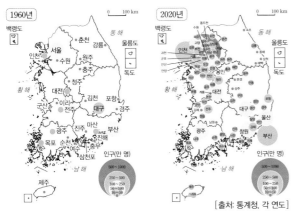

▲ 우리나라 도시 수와 도시 인구의 변화

① 도시의 크기는 커지고 인구는 줄어들었다.
② 인구가 줄어들며 도시의 수가 줄어들었다.
③ 주로 경사가 심한 곳에 도시가 발달하였다.
④ 1960년대와 2020년의 도시의 수는 비슷하다.
⑤ 산업이 발전한 곳을 중심으로 도시가 성장하였다.

22 다음 ㉠ 지역의 특징으로 알맞은 것을 **두 가지** 고르시오. (　　,　　)

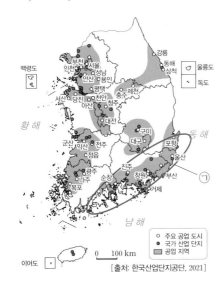

① 시멘트 산업이 발달하였다.
② 해안가에 위치한 공업 단지이다.
③ 수도권에 인접해 있는 공업 지역이다.
④ 농림어업 중심의 산업이 발전한 지역이다.
⑤ 원료를 수입하고 제품을 수출하기 편리한 지역 이다.

23 우리나라 교통의 발달 모습으로 알맞지 <u>않은</u> 것은 어 느 것입니까? (　　)

① 고속 철도가 등장하였다.
② 지역 간 이동이 줄어들었다.
③ 고속 국도의 수가 늘어났다.
④ 공항, 항구의 수가 늘어났다.
⑤ 교통 시설을 이용하는 사람들의 수가 늘어났다.

24 우리나라 산업 발달의 특징을 바르게 말한 사람을 모 두 고른 것은 어느 것입니까? (　　)

> 윤서: 1960년대 이후 농림어업 중심의 산업 구조 가 나타나게 되었어.
> 재현: 공업이 발달하면서 남동쪽 해안가에 공업 지역이 형성되었어.
> 세진: 예전과 오늘날 우리나라의 산업 구조는 거 의 비슷하게 유지되고 있어.
> 준성: 오늘날 우리나라는 서비스업과 첨단 산업 등 다양한 산업이 발전하고 있어.

① 윤서, 재현　　　② 윤서, 준성
③ 재현, 세진　　　④ 재현, 준성
⑤ 세진, 준성

25 다음과 같은 변화가 나타나는 데 영향을 주는 요소로 알맞지 <u>않은</u> 것은 어느 것입니까? (　　)

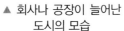

▲ 회사나 공장이 늘어난　　▲ 지역 간 교류가 많아진
　　도시의 모습　　　　　　　모습

① 교통이 발달하였기 때문에
② 산업이 발전하였기 때문에
③ 일자리가 증가하였기 때문에
④ 인구의 이동이 많아졌기 때문에
⑤ 평균 수명이 줄어들었기 때문에

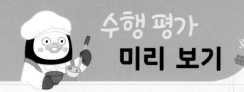
계절과 지역에 따라 달라지는 우리나라 강수량의 특징

선생님의
출제 의도

　　이 단원에서는 우리 국토의 위치와 영역, 국토의 자연환경, 인문환경 등에 대해 학습하였습니다. 이번 수행 평가는 우리나라의 강수량을 알 수 있는 자료를 이용하여 우리나라 기후의 특징을 이해할 수 있는지를 알아보고자 출제되었습니다. 지도와 그래프에 담긴 내용을 이해하고, 지역별·계절별 강수량의 차이점 등을 발견하며 우리나라 기후의 특징을 생각하여 봅시다.

수행 평가 문제

◐ 다음은 우리나라 강수량을 나타낸 지도와 그래프입니다. 물음에 답하시오.

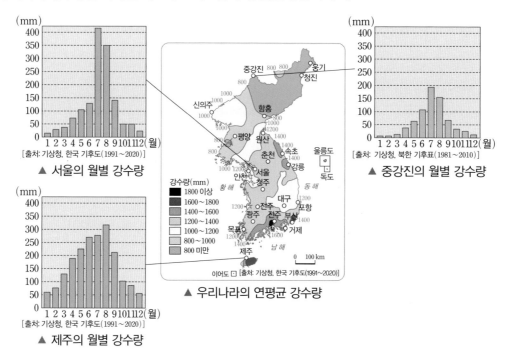

1　연평균 강수량이 1,400mm 이상인 지역과 1,000mm 미만인 지역에 해당하는 곳을 지도에서 찾아 각각 한 곳씩 쓰시오.

(1) 연평균 강수량이 1,400mm 이상인 지역: _____

(2) 연평균 강수량이 1,000mm 미만인 지역: _____

2　우리나라의 강수량 분포는 북쪽 지역에서 남쪽 지역으로 갈수록 어떤 특징이 나타나는지 쓰시오.

_____

_____

3 　서울, 제주, 중강진 지역의 월별 강수량 그래프를 보고, 세 지역 모두 강수량이 가장 많은 계절은 언제인지 쓰고, 이를 통해 알 수 있는 우리나라 기후의 특징을 쓰시오.

　　(1) 강수량이 가장 많은 계절: _____

　　(2) 우리나라 기후의 특징: _____

4 　위 3에서 답한 우리나라 기후의 특징으로 인해 발생할 수 있는 자연재해를 쓰고, 그렇게 생각한 까닭을 쓰시오.

　　(1) 자연재해의 종류: _____

　　(2) 그렇게 생각한 까닭: _____

평가 기준

잘함	보통	노력 요함
우리나라 강수량의 특징이 나타난 자료를 통해 지역별, 계절별로 강수량의 차이가 있음을 정확하게 찾고 우리나라 기후의 특징을 설명할 수 있다.	우리나라 강수량의 특징이 나타난 자료를 통해 강수량이 많은 계절 또는 지역 등을 찾을 수 있다.	주어진 자료가 우리나라의 지역별, 계절별 강수량을 나타낸 것임을 이해하는 데 어려움이 있다.

수행 평가 예시 답안

1. (1) ⑩ 속초, 강릉, 진주, 거제, 부산, 제주　(2) ⑩ 평양, 함흥, 중강진, 청진, 웅기
2. ⑩ 대체로 남쪽 지역으로 갈수록 강수량이 많아진다.
3. (1) 여름　(2) ⑩ 우리나라는 여름철에 강수량이 많다.
4. (1) ⑩ 홍수　(2) ⑩ 여름철에 비가 집중적으로 많이 내리기 때문에

🐑 수행 평가 꿀팁

지도와 그래프를 잘 읽는 방법

1. 지도의 제목과 지도에 함께 표시되는 범례의 내용을 확인합니다.
2. 그래프의 가로축과 세로축에 나타난 정보를 확인하고, 가로와 세로가 만나는 곳의 값을 확인합니다. 막대그래프에서 막대의 높이가 높으면 수의 크기가 큰 것을 의미합니다.
3. 여러 개의 지도와 그래프가 제시된다면 각 지도와 그래프에 나타난 정보에 어떤 특징이 있는지를 비교하며 찾습니다.

사다리 타기 놀이를 통해 낱말의 뜻을 확인해 봅시다.

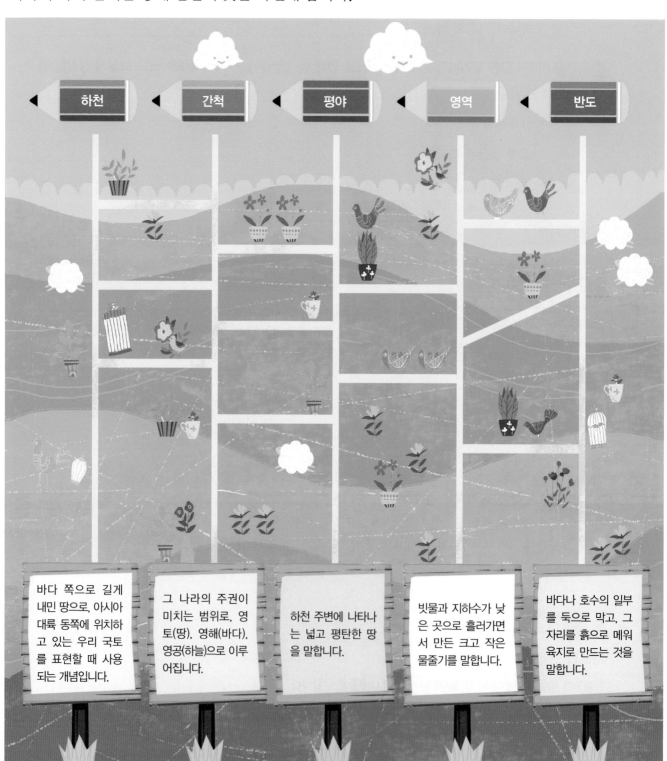

하천　간척　평야　영역　반도

바다 쪽으로 길게 내민 땅으로, 아시아 대륙 동쪽에 위치하고 있는 우리 국토를 표현할 때 사용되는 개념입니다.

그 나라의 주권이 미치는 범위로, 영토(땅), 영해(바다), 영공(하늘)으로 이루어집니다.

하천 주변에 나타나는 넓고 평탄한 땅을 말합니다.

빗물과 지하수가 낮은 곳으로 흘러가면서 만든 크고 작은 물줄기를 말합니다.

바다나 호수의 일부를 둑으로 막고, 그 자리를 흙으로 메워 육지로 만드는 것을 말합니다.

○✕ 문제를 풀어 미로를 탈출해 봅시다.

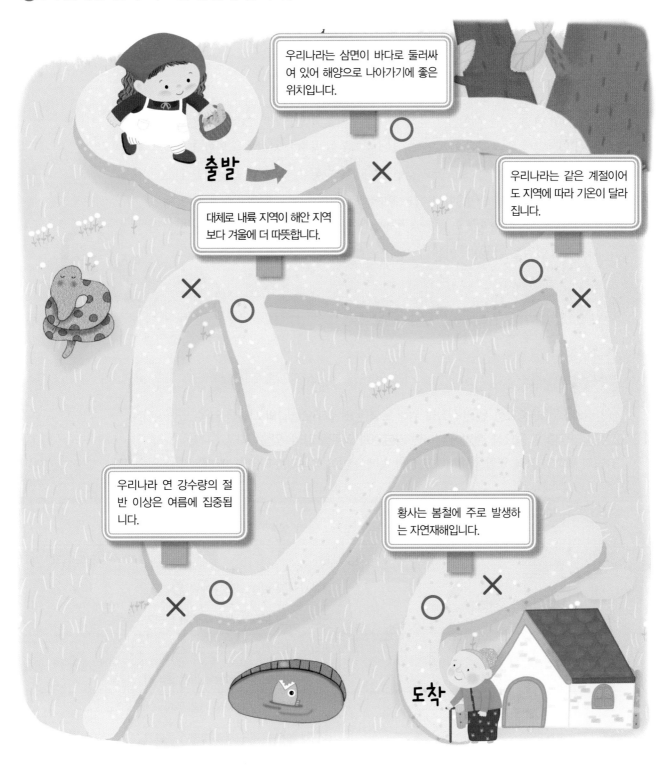

우리나라는 삼면이 바다로 둘러싸여 있어 해양으로 나아가기에 좋은 위치입니다.

출발 →

우리나라는 같은 계절이어도 지역에 따라 기온이 달라집니다.

대체로 내륙 지역이 해안 지역보다 겨울에 더 따뜻합니다.

우리나라 연 강수량의 절반 이상은 여름에 집중됩니다.

황사는 봄철에 주로 발생하는 자연재해입니다.

도착

2단원

인권 존중과 정의로운 사회

우리 주변에서 볼 수 있는 시설이나 규칙 중에서 사람들의 인권이나 행복하고 안전한 생활과 관련 있는 것들은 무엇이 있나요? 학교에는 이동이 불편한 사람들을 위한 경사로나 엘리베이터 등의 시설이 있어요. 학교 주변을 지나는 자동차는 어린이의 안전을 위해 천천히 움직여야 한다는 규칙(법)이 있어요. 이처럼 우리 주변에는 사람들의 인권과 행복하고 안전한 생활을 위해 설치된 여러 시설과 지켜야 할 규칙 등이 있어요. 이번 단원에서는 사람들의 인권을 보장하기 위한 다양한 노력과 실천 방법에 대해 알아봅시다.

단원 학습 목표

1. 인권의 의미와 중요성, 인권 신장을 위해 노력한 옛날과 오늘날의 사례를 알 수 있습니다.
2. 헌법의 역할과 중요성, 헌법에 나타난 기본권과 의무를 알 수 있습니다.
3. 법의 의미와 성격, 역할을 이해하고 생활 속에서 법이 적용되는 다양한 사례를 알 수 있습니다.

단원 진도 체크

회차	학습 내용		진도 체크
1차	(1) 인권을 존중하는 삶	교과서 내용 학습 + 핵심 개념 문제	✓
2차		중단원 실전 문제 + 서술형 평가 돋보기	✓
3차	(2) 헌법과 인권 보장	교과서 내용 학습 + 핵심 개념 문제	✓
4차		중단원 실전 문제 + 서술형 평가 돋보기	✓
5차	(3) 법의 의미와 역할	교과서 내용 학습 + 핵심 개념 문제	✓
6차		중단원 실전 문제 + 서술형 평가 돋보기	✓
7차	대단원 정리 학습, 사고력 문제 엿보기, 대단원 마무리, 수행 평가 미리 보기		✓

해당 부분을 공부한 후 ✓표를 하세요.

(1) 인권을 존중하는 삶

1 인권의 의미와 생활 속 인권

(1) 인권의 의미와 특징

① 모든 사람이 인간답게 살기 위하여 당연히 누려야 할 기본적인 **권리**입니다.

② 태어나면서부터 인간이라면 누구나 당연하게 가지는 권리입니다.

③ **인종**, 종교, 나이, 성별, 신체적 특징, 지역 등과 관계없이 평등하게 보장되는 권리입니다.

④ 다른 사람이 함부로 빼앗거나 무시할 수 없는 권리입니다.

(2) 생활 속 인권의 예

▲ 교육받을 수 있는 권리

▲ 생각을 자유롭게 표현할 권리

▲ 몸이 아플 때 치료받을 수 있는 권리

▲ 안전하게 살 권리

더 알아보기 **어린이의 놀 권리, 어린이 놀이 헌장**

2015년 5월 4일 전국시도교육감협의회에서는 '어린이 놀이 헌장'을 선포하였습니다. '어린이 놀이 헌장'은 어린이들이 안전하고 즐겁게 놀며 행복을 누릴 수 있도록 하겠다는 내용을 담고 있습니다.

- 어린이에게는 놀 권리가 있다.
- 어린이는 차별 없이 놀이 지원을 받아야 한다.
- 어린이는 놀 터와 놀 시간을 누려야 한다.
- 어린이는 다양한 놀이를 경험해야 한다.
- 가정, 학교, 지역 사회는 놀이에 대한 가치를 존중해야 한다.

2 옛사람들의 인권 신장을 위한 노력

(1) 인권 신장을 위해 노력한 인물

▲ 방정환

'어린이날'을 만들고 어린이를 위한 잡지를 만드는 등 어린이의 인권을 존중하기 위해 노력함.

▲ 로자 파크스

흑인은 뒤쪽에 있는 흑인 전용 자리에만 앉아야 하는 흑인 차별을 비판하며 흑인 인권 신장을 위해 노력함.

▲ 박두성

한글 점자 '훈맹정음'을 만들고 시각 장애인도 교육의 기회를 누릴 수 있도록 노력함.

▲ 이효재

남성과 여성의 평등을 주장하고, 여성 단체를 만들어 여성 인권 신장을 위해 노력함.

▲ 허균

『홍길동전』에서 신분이 낮다는 이유로 능력을 펼치지 못하고 차별받는 신분 제도를 비판함.

▲ 전태일

노동자들이 안전하고 정당하게 일할 수 있는 권리를 주장함.

(2) 인권 신장을 위한 옛 제도 및 기관

삼복 제도 (삼복제)	사형과 같은 무거운 형벌은 억울하게 처벌받지 않도록 세 번의 재판을 받도록 함.
출산 휴가	관청의 여자 노비와 남편에게 출산 휴가를 주어 쉬게 함.
군역 면제	부모가 많이 아프거나 70세 이상인 경우 그 아들의 군역을 면제함.
신문고	백성들이 억울한 일이 있을 때 북을 쳐서 임금에게 알릴 수 있게 함.
상언	신분과 관계없이 억울한 일을 문서에 써서 임금에게 알림.
격쟁	임금이 행차할 때 꽹과리를 쳐서 억울한 일을 알림.
활인서	신분에 관계없이 가난한 백성들이 무료로 치료받을 수 있게 함.
명통시	시각 장애인들이 사회에서 일할 수 있도록 관청을 세움.

더 알아보기 『경국대전』에 담긴 인권 존중 정신

▲ 『경국대전』

『경국대전』은 조선 시대에 나라를 다스리는 기본이 된 법전입니다. 『경국대전』에는 노비의 출산 휴가에 관련된 내용, 죄를 처벌할 때 세 번의 재판을 받도록 하는 삼복 제도, 부모가 많이 아프거나 나이가 많으면 그 아들이 군역을 가지지 않도록 하는 등 백성의 인권을 존중하는 정신이 담겨 있습니다.

▶ '어린이'라는 말에 담긴 의미는?
어린이는 '어린 사람'이라는 뜻으로 나이는 어리지만 한 사람의 독립적인 인격체로 존중해야 한다는 의미가 담겨 있습니다.

▶ 홍길동은 왜 차별을 받았을까?
『홍길동전』의 배경이 되는 조선 시대는 신분 제도가 있었던 때입니다. 홍길동은 양반가에서 태어났으나 어머니가 노비였기 때문에 서얼이라고 불리며 능력이 있어도 높은 벼슬에 오를 수 없었습니다.

▶ 훈맹정음은?

훈맹정음은 6개의 점으로 한글을 표현하는 시각 장애인을 위한 글자입니다. 박두성은 한글 창제 원리를 연구하여 한글의 원리와 같이 초성(자음), 중성(모음), 종성(받침(자음))에 따라 누구나 쉽게 배울 수 있도록 점자를 만들었습니다.

낱말 사전

신장 세력이나 권리를 이전보다 늘리거나 커지게 하는 것
군역 군대에서 일정 기간 동안 복무하는 것

▶ 국가 인권 위원회는 어떻게 세워졌을까?
우리나라의 국가 인권 위원회는 2001년 11월 설립되었습니다. 민주화와 인권 개선에 대한 국민들의 오랜 열망, 시민 단체의 노력, 정부의 의지가 결실을 맺은 것입니다. 국가 인권 위원회는 국가나 다른 어떤 기관도 국민의 권리를 침해할 수 없도록 독립적인 기관으로 운영됩니다.

▶ 살색, 연주황, 살구색
2002년 국가 인권 위원회는 특정 색을 '살색'이라고 표현하는 것은 인종차별로 헌법 제11조의 평등권을 침해한다고 판결하고 '연주황'이라는 말을 사용하기로 했습니다. 이후 '연주황'은 어려운 한자어로 어린이에 대한 또다른 차별이라는 학생들의 의견을 받아들여 '살구색'이라는 이름으로 변경하였습니다.

▶ 사회 보장 기본법은?
사회 보장 기본법 제3조에서는 사회 보장의 범위를 출산, 양육, 실업, 노령, 장애, 질병, 빈곤 및 사망 등의 사회적 위험으로 제시하고 있습니다. 또한 국가와 지방 자치 단체는 모든 국민을 이러한 위험에서 보호하고 삶의 질을 향상시키기 위해 사회 보험, 최저 생활 보장, 사회 서비스 등을 제공할 책임이 있다는 것을 명시하고 있습니다.

3 우리 생활 속 인권 침해

▲ 장애인 이동의 자유 제한

▲ 성별에 따른 차별

▲ 피부색에 따른 차별

▲ 노인이 겪는 인권 침해

▲ 개인 정보 유출 및 사생활 침해

▲ 고장 난 시설물에 의한 안전사고

4 인권 보장을 위한 노력과 실천

(1) 인권 보장을 위한 사회의 노력과 실천
① 사회 보장 제도 시행: 장애, 실업, 질병, 빈곤 등의 어려움에서 국민을 보호하고 인간답게 살 수 있도록 보장하는 제도를 시행합니다. 예 실업자를 위한 직업 교육 지원, 노인을 위한 기초 연금 제도, 의료 보장 제도
② 인권 보호 단체 설립: 국가 인권 위원회나 시민 단체에서 사람들의 인권을 보호하기 위한 일을 합니다.
③ 인권 관련 법 **제정**: 국가는 장애, 성별 등에 따라 인권을 침해하는 차별이 발생하지 않도록 법을 만들어 시행합니다. 예 장애인 차별 금지 및 권리 구제 등에 관한 법률
④ 인권 교육 및 인권 개선 활동: 인권의 중요성과 인권 침해를 방지하기 위한 교육을 실시하고 인권 개선 활동을 합니다. 예 학생들을 대상으로 한 인권 교육, 직장 내 성차별 방지 교육, 인권 존중 언어 사용 캠페인
⑤ 공공 편의 시설 설치: 국민 모두가 차별받지 않고 이용할 수 있도록 시설을 개선하거나 설치합니다. 예 장애인 콜택시 운영, 휠체어 리프트, 점자 블록, 낮은 세면대 설치

(2) 인권 보장을 위한 개인의 노력과 실천: 인권을 존중하는 말 사용하기, 인권 존중을 위한 캠페인, 인권 개선을 위한 의견 제시하기 등

더 알아보기 편견을 바꾸는 표지판

 →

표지판의 그림은 왜 바뀌었을까요? 이전 표지판 속 장애인의 모습은 휠체어에 앉아 도움을 기다리는 수동적인 느낌을 줍니다. 하지만 새로 바뀐 표지판 속 장애인은 팔을 뒤로 쭉 뻗어 앞으로 나아가려는 능동적인 느낌을 줍니다. 즉, 장애인에 대한 편견을 없애고자 그림을 바꾼 것입니다.

개념 1 인권의 의미와 생활 속 인권

(1) 인권의 의미와 특징
 • 모든 사람이 인간답게 살기 위해 당연히 누려야 할 기본적 권리
 • 인간이라면 태어나면서부터 누구나 당연하게 가지는 권리
 • 인종, 종교, 나이, 성별, 신체적 특징, 지역 등과 관계없이 평등하게 보장되는 권리
 • 다른 사람이 억지로 빼앗거나 무시할 수 없는 권리
(2) 생활 속 인권의 예: 교육받을 수 있는 권리, 생각을 자유롭게 표현할 권리, 몸이 아플 때 치료받을 수 있는 권리, 안전하게 살 권리 등

01 다음에서 설명하는 것은 무엇입니까? (　　　)

> 모든 사람이 인간답게 살기 위해 당연하게 누려야 할 권리로 인종, 성별, 나이, 종교, 신체적 특징과 관계없이 보장되어야 한다.

① 진리　　　　　② 의무
③ 인권　　　　　④ 사랑
⑤ 관용

02 인권에 대한 설명으로 알맞지 않은 것은 어느 것입니까? (　　　)

① 나이가 많은 사람의 인권이 더 중요하다.
② 인권은 모두에게 평등하게 보장되는 것이다.
③ 인권은 힘이나 권력으로 함부로 빼앗을 수 없다.
④ 인간이 태어나면서부터 당연하게 주어지는 권리이다.
⑤ 나의 인권뿐 아니라 다른 사람의 인권도 존중해야 한다.

개념 2 옛날의 인권 신장을 위한 노력

(1) 인권 신장을 위해 노력한 옛사람들
 • 방정환: 어린이 인권을 위하여 노력함.
 • 박두성: 시각 장애인을 위한 한글 점자를 만듦.
 • 허균: 『홍길동전』에서 신분에 따른 차별을 비판함.
 • 로자 파크스: 백인들이 흑인을 차별하는 것에 맞서 싸움.
 • 이효재: 여성 단체를 만들고 여성 인권을 위해 노력함.
 • 전태일: 노동자가 안전하고 정당하게 일할 권리를 주장함.
(2) 인권 신장을 위한 옛 제도 및 기관: 삼복 제도, 출산 휴가, 군역 면제, 신문고, 상언, 격쟁, 활인서, 명통시 등

03 다음 인물이 한 일과 관계있는 내용을 선으로 연결하시오.

(1) ▲ 이효재　　•　　•㉠ 여성 인권 신장

(2) ▲ 전태일　　•　　•㉡ 장애인 인권 신장

(3) ▲ 박두성　　•　　•㉢ 노동자 인권 신장

04 활인서에 대한 설명으로 알맞은 것은 어느 것입니까? (　　　)

① 백성이 억울한 일을 당하지 않도록 하였다.
② 장애가 있어도 일할 수 있도록 도와주었다.
③ 백성이 누구나 교육을 받을 수 있도록 하였다.
④ 신분에 관계없이 능력을 펼칠 수 있도록 하였다.
⑤ 신분에 관계없이 누구나 치료를 받을 수 있도록 하였다.

개념3 생활 속 인권 침해 사례

(1) 휠체어를 타고 이동하기 힘든 계단 ➡ 장애인의 이동 자유 제한
(2) 남녀 성별에 따라 역할을 나누는 것 ➡ 성별에 따른 차별
(3) 피부색이 다르다고 놀리거나 따돌림. ➡ 피부색에 따른 차별
(4) 나이가 많다는 이유로 일자리를 얻지 못함. ➡ 나이에 따른 차별
(5) 허락을 받지 않고 다른 사람의 사진을 누리 소통망 서비스(SNS)에 올림. ➡ 개인 정보 유출 및 사생활 침해
(6) 고장 난 시설물로 인해 다침. ➡ 안전사고

05 장애인이 자유롭게 이동할 권리가 제한되는 사례로 알맞지 <u>않은</u> 것은 어느 것입니까? (　　　)

① 경사로가 없어 휠체어로 이동하기 힘들다.
② 점자 블록이 없는 길이 많아 길을 찾기 어렵다.
③ 휠체어를 타고 이용할 수 있는 버스가 많지 않다.
④ 음향 신호등이 설치되지 않아 횡단보도를 건널 때 위험하다.
⑤ 학교 주변에 어린이 보호 구역이 있어 이동이 자유롭지 않다.

06 성역할에 대한 편견과 관련 있는 인권 침해를 골라 ○표 하시오.

(가)　여자는 축구를 할 수 없어.

(나)　피부색이 달라.

(　　　　)　　　(　　　　)

개념4 인권 보장을 위한 노력과 실천

(1) 인권 보장을 위한 사회의 노력과 실천
• 사회 보장 제도 시행: 국민을 어려움에서 보호하고 인간답게 살 수 있도록 보장하는 제도를 시행함.
• 인권 보호 단체 설립: 인권 보호를 위한 정책 제안, 인권 캠페인을 함.
• 인권 관련 법 제정: 인권을 침해하는 차별이 생기지 않도록 법을 만듦.
• 인권 교육 및 인권 개선 활동: 인권 침해 방지를 위한 교육을 하고, 인권 개선 활동을 함.
• 공공 편의 시설 설치: 국민 모두가 차별받지 않고 이용할 수 있도록 시설을 개선하거나 설치함.
(2) 인권 보장을 위한 개인의 노력과 실천: 인권을 존중하는 언어 사용, 인권 존중 캠페인, 인권 개선을 위한 의견 제시하기 등

07 인권 보장을 위한 노력으로 알맞지 <u>않은</u> 것은 어느 것입니까? (　　　)

① 인권 보장을 위한 캠페인을 한다.
② 차별금지법을 만들어 인권을 보장한다.
③ 인권 침해 방지를 위하여 다양한 교육을 한다.
④ 인권 침해를 당했을 때 신고할 수 있는 기관을 운영한다.
⑤ 실업, 질병, 빈곤으로 인한 위험은 개인이 책임지도록 한다.

08 다음과 관련 있는 인권 보장 노력으로 알맞은 것은 어느 것입니까? (　　　)

> 학교에서 학생들에게 문화 다양성 캠프를 열어 서로 다른 문화, 인종, 종교에 대한 편견을 없애고 존중하도록 수업을 듣게 한다.

① 인권 교육 실시
② 사회 보장 제도 시행
③ 공공 편의 시설 설치
④ 인권 보장을 위한 법 제정
⑤ 인권 보장을 위한 캠페인 활동

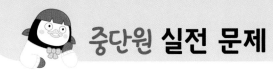

01 다음 중 인권에 해당하지 <u>않는</u> 것은 어느 것입니까?
( )

① 교육을 받을 수 있는 권리
② 편안하게 휴식을 취할 수 있는 권리
③ 생명을 지키고 안전하게 살 수 있는 권리
④ 내가 하고 싶은 일을 선택할 수 있는 권리
⑤ 나와 다른 생각을 가진 사람을 비난할 권리

02 다른 사람의 인권을 존중해야 하는 까닭으로 알맞은 것은 어느 것입니까? ( )

① 나의 인권이 가장 중요하기 때문에
② 힘이나 권력으로 빼앗을 수 있기 때문에
③ 사람마다 각기 다른 권리를 가지고 있기 때문에
④ 나보다 다른 사람의 인권이 더 중요하기 때문에
⑤ 누구나 똑같이 인간으로서 존중받아야 하기 때문에

03 다음에서 설명하는 제도는 무엇인지 쓰시오.

조선 시대 백성들이 억울한 일이 있거나 어려움에 처했을 때, 궁궐 앞의 북을 쳐서 임금에게 도움을 요청할 수 있도록 한 제도이다.

( )

04 다음 방정환이 쓴 어린이날 선전문에 담겨 있는 인권 존중 정신으로 알맞은 것을 <u>두 가지</u> 고르시오.
(,)

• 어린이를 내려다보지 마시고 쳐다보아 주시오.
• 어린이에게 경어를 쓰시되 보드랍게 하여 주시오.
• 어린이들이 서로 모여 즐겁게 놀 만한 놀이터와 기관 같은 것을 지어 주시오.

① 어린이는 스스로 생각하고 결정할 수 없다.
② 어린이를 한 사람의 인격체로 존중해야 한다.
③ 어린이가 잘못한 일은 엄하게 혼내 가르쳐야 한다.
④ 어린이의 안전하게 놀 수 있는 권리를 보장해야 한다.
⑤ 어린이는 나이가 어리기 때문에 어른의 말을 따라야 한다.

05 로자 파크스가 인권 신장을 위하여 한 일로 알맞은 것은 어느 것입니까? ( )

① 가난하고 아픈 사람들을 돌보아주었다.
② 가정 내 남성과 여성의 평등을 주장하였다.
③ 흑인과 백인의 차별을 거부하는 운동을 하였다.
④ 장애인들이 평등하게 교육받을 수 있게 노력하였다.
⑤ 노동자들이 안전하게 일할 수 있는 권리를 주장하였다.

06 다음 그림에 나타난 인권 침해로 알맞은 것은 어느 것입니까? (　　　)

① 학교 폭력
② 개인 정보 유출
③ 성별에 따른 차별
④ 나이에 따른 차별
⑤ 피부색에 따른 차별

07 다음 (　　) 안에 들어갈 알맞은 말을 쓰시오.

(　　　　　　　　　)

08 우리 생활 속 성별에 따른 편견과 차별의 예로 알맞은 것을 두 가지 고르시오. (　　 , 　　)

① 남자가 분홍색 옷을 입는다고 놀린다.
② '남자답다', '여자답다'라는 말을 한다.
③ 친구의 SNS에 비난하는 댓글을 올린다.
④ 친구의 외모에 대해 평가하는 말을 한다.
⑤ 어린이가 자유롭게 놀 수 있는 곳이 없다.

09 다음 그림에 나타나 있는 인권 보장 노력으로 알맞은 것은 어느 것입니까? (　　　)

① 위험한 시설을 안전하게 새로 바꾼다.
② 아동 학대를 당한 어린이를 보호한다.
③ 모두가 차별 없이 이용할 수 있는 공공 편의 시설을 만든다.
④ 특별한 사람들만 사용할 수 있는 공공 편의 시설을 만든다.
⑤ 사람들이 편의 시설을 이용하는 방법을 알 수 있도록 교육을 한다.

10 인권 보장을 위한 실천 노력에 대한 설명으로 알맞지 <u>않은</u> 것은 어느 것입니까? (　　　)

① 부자가 돈을 더 벌 수 있도록 지원한다.
② 인권 침해를 방지하는 다양한 교육을 한다.
③ 차별을 금지하는 법을 제정하여 인권을 보호한다.
④ 생활 속 차별과 편견의 언어를 바꾸는 캠페인을 한다.
⑤ 모든 사람이 편리하고 안전하게 이용할 수 있는 공공 편의 시설을 설치한다.

학교에서 출제되는 서술형 평가를 미리 준비하세요.

연습 문제

정답과 해설 **19**쪽

Q 문제 해결 전략

1 단계	제시된 자료가 무엇인지 파악하기

↓

2 단계	자료에 나타난 인권의 의미와 특징 찾아내기

↓

3 단계	인권을 존중해야 하는 까닭을 인권의 특징과 관련하여 서술하기

Q 핵심 키워드

• 인권의 의미
 − 모든 사람이 인간답게 살기 위하여 당연히 누려야 할 기본적인 권리
• 인권의 특징
 − 태어나면서부터 누구나 가지는 권리
 − 누구나 평등하게 보장되는 권리
 − 함부로 빼앗거나 무시할 수 없는 권리

[1~3] 다음은 국제 연합(UN) 세계 인권 선언문의 일부 조항입니다. 물음에 답하시오.

제1조	모든 사람은 태어날 때부터 자유롭고 존엄하며 평등하다.
제2조	모든 사람에게는 인종, 피부색, 성별, 언어, 종교 등 어떤 이유로도 차별받지 않으며 …… .
제3조	모든 사람은 자기 생명을 지킬 권리, 자유를 누릴 권리, 자신의 안전을 지킬 권리가 있다.

1 위의 선언문에 나타나 있는 것으로 '사람이라면 누구나 당연히 가지는 권리'를 무엇이라고 하는지 쓰시오.

(   )

2 다음은 위에 제시된 제1조와 제2조의 내용을 정리한 것입니다. ㉠, ㉡에 들어갈 알맞은 말을 쓰시오.

> 인권은 모든 사람이 (㉠) 때부터 가지는 기본적 권리로 인종, 피부색, 성별, 언어, 종교 등과 관계없이 (㉡)하게 보장된다. 따라서 다른 사람이 함부로 빼앗거나 무시할 수 없다.

㉠: (   )
㉡: (   )

빈칸을 채우며 서술형 문제의 답안을 작성하는 연습을 해 보세요!

3 우리가 서로 인권을 존중해야 하는 까닭을 위 세계 인권 선언문의 내용과 관련지어 쓰시오.

_____

_____

실전 문제

[1~3] 다음 그림은 옛 제도를 나타낸 것입니다. 물음에 답하시오.

1 위와 같은 옛 제도를 무엇이라고 하는지 쓰시오.

( )

2 옛날에 위와 같은 제도가 있었던 까닭을 정리한 내용입니다. ( ) 안에 알맞은 내용을 써넣으시오.

사형과 같은 무거운 형벌을 내릴 때 ( )번의 재판을 받을 수 있도록 한 것은 백성이 사형과 같은 무거운 형벌을 받아 ( )을/를 잃는 일을 줄이고 신중하게 판단하기 위해서입니다.

3 위 제도에 담긴 인권 존중의 정신에 대하여 쓰시오.

_____

_____

[4~6] 다음을 보고, 물음에 답하시오.

4 위와 같이 시각 장애인이 안전하게 다닐 수 있도록 건물의 바닥이나 도로에 설치하는 공공 편의 시설은 무엇인지 쓰시오.

( )

5 위에 나타나 있는 인권 침해는 무엇인지 쓰시오.

_____

_____

6 위에 나타난 인권 침해의 문제를 해결하기 위해 할 수 있는 일을 쓰시오.

_____

_____

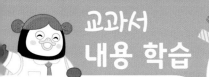

(2) 헌법과 인권 보장

1 헌법의 의미

(1) 헌법: 법 중에서 가장 기본이 되는 법으로, 우리나라 최고의 법입니다.

(2) 헌법의 내용: 인간 존엄의 가치(행복한 삶, 자유와 권리, 개인 존중, 인간다운 생활 등), 국민의 기본적 권리와 **의무**, 국가기관을 조직하고 운영하는 원칙이 담겨 있습니다.

(3) 헌법의 중요성

① 헌법에 제시된 국민의 권리를 국가가 함부로 **침해**할 수 없습니다.

② 헌법을 기본으로 여러 다른 법을 만들고, 그 법들은 헌법에 어긋나면 안 됩니다.

③ 헌법의 내용을 새로 정하거나 바꿀 때는 국민 투표를 해야 합니다.

> **대한민국 헌법**
>
> 제1조 ① 대한민국은 민주공화국이다.
>
> ② 대한민국의 주권은 국민에게 있고, 모든 권력은 국민으로부터 나온다.
>
> ⋮
>
> 제10조 모든 국민은 인간으로서의 존엄과 가치를 가지며, 행복을 추구할 권리를 가진다. 국가는 개인이 가지는 **불가침**의 기본적 인권을 확인하고 이를 보장할 의무를 진다.
>
> ⋮

더 알아보기 **대한민국 최초의 헌법**

우리나라의 헌법은 언제 만들어졌을까요? 일제로부터 독립한지 3년 후인 1948년에 제정되어 같은 해 7월 17일에 공포되었습니다. 처음으로 국민이 직접 뽑은 국회 의원들이 모여 총 10장 103개 조항으로 구성된 우리나라 최초의 헌법을 만들었습니다. 그 후로 총 9차례 개정이 이루어지며 우리나라의 기본 질서를 유지하는 최고의 법으로써 역할을 하고 있습니다.

2 헌법과 인권 보장

(1) 인권 보장을 위한 헌법의 역할

① 인권을 보장해 주며, 일상생활에서 일어나는 인권 문제를 판단하는 기준이 됩니다.

② 헌법의 인권 보장 내용을 바탕으로 법과 제도가 만들어집니다.

③ 헌법은 법과 제도 등이 인권을 침해하는지 판단하는 기준이 됩니다.

④ 헌법의 가치가 법과 제도로 **구체화**되어 우리 생활에 적용됩니다.

헌법	법률	제도 시행
제35조 ① 모든 국민은 건강하고 쾌적한 환경에서 생활할 권리를 가지며, 국가와 국민은 환경 보전을 위해 노력하여야 한다.	「대기 환경 보전법」 제정: 대기 오염을 관리하여 국민이 쾌적한 환경에서 생활하도록 만들어진 법	• 미세 먼지 경보 제도 • 미세 먼지 간이 측정기 설치 • 차량 2부제 시행

▶ 헌법과 다른 법들과의 관계는?

헌법은 모든 법의 기본이 되는 법으로 헌법에 담긴 가치와 내용을 바탕으로 다른 법을 만듭니다. 따라서 다른 법들은 헌법의 가치에 어긋나서는 안 됩니다.

▶ 국민 투표는?

국가의 중요한 사항에 대해 국민이 직접 투표를 하여 최종적인 의견을 결정하는 제도입니다. 헌법을 수정하거나 새로 만들 경우 또는 외교, 국방, 통일 등 국가의 중요한 정책 등을 결정할 때 국민 투표를 실시합니다.

낱말 사전

의무 도덕적으로 또는 법적으로 반드시 해야 하는 일

침해 침범하여 해를 끼침.

불가침 침범하면 안 되는 것

구체화 사물이 직접 경험하거나 지각할 수 있도록 일정한 형태와 성질을 갖추고 있는 것 또는 그렇게 만듦.

간이 간단하고 편리함.

(2) 헌법재판소

① 헌법재판소: 법이나 국가 권력이 헌법에 어긋나거나 국민의 권리를 침해하는지 심판하는 곳입니다.

② 인권 보장을 위한 헌법재판소의 결정(사례)

- 학원 심야 수업 제한: 학생이 건강하게 성장할 권리를 보장하기 위한 것임.
  ➡ <u>합헌 결정</u> ┐ 헌법에서 어긋나지 않는다는 결정
- 전동 킥보드 운행 속도 제한: 국민의 생명, 신체의 위험을 막고 안전하게 살아갈 권리를 보장하기 위한 것임. ➡ 합헌 결정
- 인터넷 실명제, 영화 사전 심의제: 표현을 자유롭게 할 수 있는 권리를 침해한 것임. ➡ <u>위헌 결정</u> ┐ 헌법에서 어긋난다는 결정
- 공무원 시험 응시 나이 제한: 나이에 따른 차별에 해당함. ➡ 위헌 결정

3 헌법에 나타난 국민의 기본권과 의무

(1) 헌법에 나타난 국민의 기본권 ┌─── 헌법에서 보장하는 기본적인 권리

① 기본권의 종류

평등권	모든 국민이 법을 공평하게 적용받아 차별받지 않을 권리	제11조 제1항: 모든 국민은 법 앞에 평등하다.
자유권	국가의 간섭을 받지 않고 자유롭게 생각하고 행동할 수 있는 권리	제14조: 모든 국민은 거주·이전의 자유를 가진다. 제15조: 모든 국민은 직업 선택의 자유를 가진다.
사회권	국가에 인간다운 생활의 보장을 요구할 수 있는 권리	제34조 제1항: 모든 국민은 인간다운 생활을 할 권리를 가진다.
참정권	국가의 정치 의사 형성 과정에 참여할 수 있는 권리	• 제24조: 모든 국민은 법률이 정하는 바에 의하여 선거권을 가진다. • 제25조: 모든 국민은 법률이 정하는 바에 의하여 공무 담임권을 가진다.
청구권	국민이 선거의 후보로 출마할 수 있는 권리, 공무원에 임명될 수 있는 권리임. 국가에 어떤 일을 해 달라고 요구할 수 있는 권리	• 제26조 제1항: 모든 국민은 법률이 정하는 바에 의하여 국가기관에 문서로 청원할 권리를 가진다. • 제27조 제1항: 모든 국민은 헌법과 법률이 정하는 법관에 의하여 법률에 의한 재판을 받을 권리를 가진다.

② 기본권의 제한: 기본권은 국가의 안전 보장, 공공의 이익, 사회 질서 유지 등을 위해 필요한 경우 법률에 따라 제한할 수 있습니다. ➡ 기본권을 제한하는 경우라도 자유와 권리의 본질적인 내용은 침해할 수 없음.

더 알아보기 **현대 사회에 등장한 새로운 권리, 정보 인권**

현대 사회에 새롭게 등장한 인권으로 '정보 인권'이 있습니다. 정보 인권은 개인 정보 보호, 표현의 자유, 사생활 보호, 평등한 정보 접근권 등을 보장받을 권리를 말합니다. 정보 통신 기술의 발달로 우리 생활은 인터넷, 디지털 정보, AI 등과 긴밀하게 연결되고 있습니다. 이제 우리는 스마트폰이나 인터넷이 없는 생활은 상상할 수가 없지요. 이에 따라 디지털 사회에서 발생하는 여러 가지 인권 침해로부터 개인의 자유와 평등을 보장하고, 인권을 존중해야 할 필요성이 생겼습니다.

▶ 헌법재판소는 어떤 일을 할까?
헌법재판소는 법이나 제도가 헌법에 어긋나는지를 판단하는데, 호주제, 군 가산점 제도, 인터넷 게시판 실명제 등이 위헌 판결을 받고 폐지되었습니다. 또한 탄핵 심판을 통해 대통령이나 고위공직자가 권한을 남용하였는지 판단하기도 합니다.

▶ 헌법재판관은 어떤 일을 할까?
헌법재판소의 재판관은 총 9명으로 구성됩니다. 판사, 검사, 변호사 등 법과 관련된 일을 15년 이상 하고 40세 이상인 사람 중에 국회에서 3명, 대통령이 3명, 대법원장이 3명 지정하여 **임명**합니다. 헌법재판관은 국민의 권리가 침해당할 때 이를 헌법의 가치에 따라 재판하여 해결하는 일을 합니다.

▶ 생활 속 기본권의 예
- 평등권: 장애, 성별, 인종 등에 따라 차별받지 않습니다.
- 자유권: 내가 잘하고 좋아하는 일을 직업으로 선택하고, 나의 생각을 자유롭게 표현할 수 있습니다.
- 사회권: 교육을 받을 수 있고, 아플 때 치료받을 수 있도록 국가에서 보장해 줍니다.
- 참정권: 만18세 이상이면 투표로 대통령이나 국회 의원을 뽑을 수 있습니다.
- 청구권: 학교 앞 도로에 횡단보도를 만들어 달라고 구청에 요구할 수 있습니다.

낱말 사전

임명 일정한 지위나 임무를 남에게 맡김.
청원 일이 이루어지도록 청하고 원하는 것

(2) 헌법에 나타난 국민의 의무

교육의 의무	모든 국민은 자녀가 잘 성장하도록 법이 정하는 최소한의 교육을 받게 할 의무가 있음.
국방의 의무	모든 국민은 국민 모두의 안전을 위해 나라를 지킬 의무가 있음.
근로의 의무	모든 국민은 일할 의무가 있음.
납세의 의무	모든 국민은 정해진 법에 따라 세금을 내야 할 의무가 있음.
환경 보전의 의무	국가와 국민은 환경 보전을 위하여 노력해야 함.

4 권리와 의무의 관계

(1) 권리와 의무의 충돌

① 헌법에 제시된 권리와 의무가 충돌할 경우 사회가 혼란스러워지며, 나와 다른 사람의 권리 모두 보장받을 수 없게 됩니다.

② 권리와 의무가 서로 부딪히는 까닭: 헌법에 제시된 권리와 의무는 긴밀하게 연결되어 있어 각자 처한 상황과 입장에 따라 갈등을 일으키는 경우가 생길 수 있습니다.

〈개발 제한 구역을 둘러싼 갈등〉

○○ 씨는 자신이 가지고 있는 땅을 개발하려고 하였지만 해당 지역이 환경 보전을 위해 국가에서 지정한 개발 제한 구역이어서 개발할 수 없게 되었습니다.

재산을 자유롭게 사용할 자유권과 환경 보전의 의무가 충돌하고 있습니다.

(2) 권리와 의무를 위한 바람직한 태도

① 자신의 권리가 다른 사람의 권리를 침해하지 않도록 노력해야 합니다.

② 공동체의 이익을 생각하여 자신의 의무를 성실히 실천해야 합니다.

③ 권리와 의무를 조화롭게 실현해야 합니다.

└ 개인의 권리를 주장하면서 의무도 성실히 실천해야 함.

더 알아보기   **대형 마트 영업 시간 제한을 둘러싼 갈등**

대형 마트의 영업 시간을 제한하고 매월 이틀을 의무적으로 휴업하도록 한 법률을 둘러싼 갈등은 소비자의 선택권, 경제활동의 자유라는 권리와 중소 상인의 생존권이 갈등을 빚은 사례입니다. 대형 마트 측은 영업 시간 제한이 권리 침해라며 헌법 소원을 제기하였지만, 2018년 헌법재판소는 합헌 판결을 내렸습니다. 대형 독과점에 의해 사라질 위기에 처한 전통 시장과 중소 상인들을 보호하고 국가 전체의 공익에 정당성을 인정한 것입니다.

▶ 교육은 권리일까 의무일까?

헌법에서는 모든 국민은 능력에 따라 균등하게 교육을 받을 권리가 있음을 제시하고 있습니다. 또한 자녀에게 법률이 정하는 교육을 받게 할 의무도 있습니다. 이처럼 교육은 국가가 국민에게 보장해야 할 권리이기도 하고, 국민이 해야 할 의무이기도 합니다.

▶ 국민이 권리만 주장하고 의무를 지키지 않는다면?

헌법에 제시된 국민의 의무는 우리가 살아가는 공동체의 유지와 발전을 위해 꼭 필요한 것들입니다. 그런데 모든 사람이 자신의 권리만 주장하고 의무를 다하지 않는다면 사회가 혼란스러워지고 결국 나의 권리 역시 보장받을 수 없게 될 것입니다.

낱말 사전

납세 국가가 법률에 따라 정한 세금을 내는 것
독과점 하나 또는 몇몇 기업이 어떤 상품 시장의 대부분을 지배하는 상태

핵심 개념 문제

개념 1 • 헌법

(1) 법 중에서 가장 기본이 되는 우리나라 최고의 법임.
(2) 인간 존엄의 가치, 국민의 기본적 권리와 의무, 국가 기관을 조직하고 운영하는 원리를 담고 있음.
(3) 헌법에 어긋나는 법을 만들거나 헌법에 제시된 국민의 권리를 침해할 수 없음.
(4) 헌법의 내용을 바꾸거나 새로 정할 때는 국민 투표로 정함.

01 다음에서 설명하는 법은 무엇인지 쓰시오.

> 모든 법의 바탕이 되는 가장 최고의 법으로 국민의 기본적 권리와 의무, 국가기관을 조직하고 운영하는 원리를 담고 있는 법

(   )

02 헌법에 담긴 가치로 알맞지 <u>않은</u> 것은 어느 것입니까? (   )

① 개인의 존엄성
② 국민의 행복한 삶
③ 국민의 기본적 권리
④ 국가기관의 힘과 권력
⑤ 인간다운 삶을 살 권리

개념 2 • 헌법과 인권 보장

(1) 인권 보장을 위한 헌법의 역할: 헌법의 가치는 법과 제도로 구체화되어 우리 생활에 적용됨. ➡ 인권 보장

> 예 국민이 건강한 환경에서 살 권리 → 「대기 환경 보전법」 제정 → 미세 먼지 경보 제도 시행

• 일상생활에서 일어나는 인권 문제의 판단 기준이 됨.
(2) 헌법재판소의 역할: 법률과 국가 권력이 헌법에 어긋나거나 국민의 권리를 침해하는지 등을 판단함.

03 헌법의 역할에 대한 설명으로 알맞지 <u>않은</u> 것을 골라 기호를 쓰시오.

> ㉠ 헌법의 인권 보장 가치에 따라 필요한 법을 정한다.
> ㉡ 헌법을 기준으로 일상생활 속 인권 문제를 판단한다.
> ㉢ 헌법의 가치는 법과 제도로 구체화하여 생활에 적용된다.
> ㉣ 헌법이 인권을 침해하였는지는 법률을 기준으로 판단한다.

(   )

04 다음 헌법재판소의 판결에서 중요시한 인권으로 알맞은 것은 어느 것입니까? (   )

> 헌법재판소는 전동 킥보드 속도 제한이 헌법에 위배되지 않는다는 판결을 내렸다. … (중략)

① 국민이 인간답고 행복하게 살아갈 권리
② 국민이 개인의 재산을 자유롭게 사용할 권리
③ 국민이 자신의 생각을 자유롭게 표현할 권리
④ 국민의 생명을 지키고 안전하게 살아갈 권리
⑤ 국민이 장애, 인종, 성별에 따라 차별받지 않을 권리

개념 3 ○ 헌법에 나타난 국민의 기본권과 의무

(1) 헌법에 나타난 기본권
- 평등권: 모든 국민이 공평하게 대우받을 권리
- 자유권: 국가의 간섭 없이 자유로울 권리
- 사회권: 국가에 인간다운 생활 보장을 요구할 권리
- 참정권: 국가의 정치 의사 형성 과정에 참여할 권리
- 청구권: 국가에 어떤 일을 해 달라고 요구할 권리

(2) 헌법에 나타난 의무
- 교육의 의무: 자녀에게 필요한 교육을 받게 할 의무
- 국방의 의무: 국민 모두의 안전을 위해 나라를 지킬 의무
- 근로의 의무: 일을 할 의무
- 납세의 의무: 법에 따라 세금을 내야 할 의무
- 환경 보전의 의무: 환경 보전을 위하여 노력할 의무

05 다음 그림과 관련 있는 국민의 기본권은 무엇입니까?
( )

① 평등권　　② 자유권　　③ 사회권
④ 참정권　　⑤ 청구권

06 다음 헌법 조항과 관련 있는 국민의 의무는 무엇인지 쓰시오.

> 제31조 제2항 모든 국민은 그 보호하는 자녀에게 적어도 초등 교육과 법률이 정하는 교육을 받게 할 의무를 진다.

( )

개념 4 ○ 바람직한 권리와 의무의 관계

(1) 권리와 의무의 충돌: 헌법에 나타난 권리와 의무는 긴밀하게 연결되어 있어서 서로의 입장에 따라 갈등을 일으킬 수 있음.

> 예 개발 제한 구역을 둘러싼 갈등: 재산을 행사할 자유권과 환경 보전의 의무의 충돌

(2) 권리와 의무를 위한 바람직한 태도
- 자신의 권리가 타인의 권리를 침해하지 않도록 노력함.
- 공동체의 이익에 따라 자신의 의무를 성실히 실천함.
- 권리와 의무를 조화롭게 실현해야 함.

07 다음을 읽고 옳은 것은 ○표, 틀린 것은 ×표 하시오.

(1) 헌법에는 권리만 제시되어 있다. ( )
(2) 헌법의 권리와 의무는 충돌하지 않는다. ( )
(3) 개인의 입장에 따라 권리와 의무 사이에 갈등이 생기기도 한다. ( )

08 권리와 의무를 실천하는 바람직한 태도로 알맞은 것은 어느 것입니까? ( )

① 다른 사람의 권리를 우선한다.
② 권리보다 의무를 먼저 실천한다.
③ 나의 권리와 이익에 해당하는 의무만 실천한다.
④ 나의 권리를 지키기 위해서 의무를 실천하지 않는다.
⑤ 나의 권리가 다른 사람의 권리를 침해하지 않도록 노력한다.

01 다음 ㉠에 들어갈 알맞은 말은 어느 것입니까?
( )

> (㉠)은/는 집을 지을 때 놓는 주춧돌과 같다. 주춧돌이 없으면 집을 지을 수 없는 것처럼 (㉠)이/가 없으면 나라를 세울 수 없다. 따라서 (㉠)이/가 없는 나라는 없다.
> – 「청소년을 위한 알기 쉬운 (㉠)」

① 권리   ② 의무   ③ 도덕
④ 양심   ⑤ 헌법

02 다음 헌법 조항을 통해 알 수 있는 것으로 알맞지 않은 것은 어느 것입니까? ( )

> **대한민국 헌법**
> 제10조 모든 국민은 인간으로서의 존엄과 가치를 가지며, 행복을 추구할 권리를 가진다. 국가는 개인이 가지는 *불가침의 기본적 인권을 확인하고 이를 보장할 의무를 진다.
> *불가침: 침범하면 안 되는 것

① 헌법은 모든 국민의 자유와 권리를 보장한다.
② 헌법은 모든 국민이 존엄하다는 가치를 담고 있다.
③ 헌법은 모든 국민이 행복하게 살 권리를 보장한다.
④ 헌법은 국민의 인권보다 국가 이익의 중요성을 강조한다.
⑤ 헌법은 국민의 인권을 보장할 국가의 의무를 담고 있다.

03 다음 설명에 해당하는 곳은 어디인지 쓰시오.

> 법률이 헌법에 어긋나지 않는지 판단하고, 국가 권력이 헌법에 제시된 국민의 권리를 침해하는지 등을 심판하는 곳

( )

04 권리와 의무의 관계에 대한 설명으로 알맞은 것은 어느 것입니까? ( )

① 권리가 의무보다 중요하다.
② 의무가 권리보다 중요하다.
③ 나의 권리가 다른 사람의 권리보다 중요하다.
④ 나의 이익과 관련이 없다면 의무는 지킬 필요가 없다.
⑤ 각자의 입장에 따라 권리와 의무 사이의 갈등이 생길 수 있다.

05 다음은 인터넷 실명제에 대한 헌법재판소의 판결문입니다. ( ) 안에 들어갈 내용으로 알맞은 것은 무엇입니까? ( )

> 〈판결문〉
> 인터넷 실명제는 헌법이 보장하는 ( )를 침해한다. 모든 국민은 외부의 간섭 없이 자신의 생각을 자유롭게 나타낼 권리가 있기 때문이다. 그러므로 인터넷 실명제는 헌법에 어긋난다.

① 교육받을 권리
② 개인 표현의 자유
③ 직업 선택의 자유
④ 차별을 당하지 않을 권리
⑤ 자신의 생명을 보호할 권리

06 다음 중 평등권과 관련 있는 것은 어느 것입니까?
( )

① 나의 생각을 자유롭게 표현할 수 있다.
② 부모님은 오늘 대통령 선거에 투표를 하였다.
③ 장애가 있어도 차별받지 않고 일을 할 수 있다.
④ 국가에서 아플 때 치료를 받을 수 있도록 돕는다.
⑤ 학교 앞에 횡단보도를 설치해 달라고 구청에 요구하였다.

07 헌법에 제시된 국민의 의무로 알맞지 <u>않은</u> 것은 어느 것입니까? ( )

① 법에 따라 세금을 내야 한다.
② 환경 보전을 위해 노력해야 한다.
③ 초등학생 자녀를 학교에 보내야 한다.
④ 국가의 정치 의사 형성 과정에 참여해야 한다.
⑤ 자신과 국가의 발전을 위해 일을 해야 한다.

08 다음 밑줄 친 부분에 나타나 있는 국민의 기본권은 무엇입니까? ( )

> 우리 학교 등굣길에 있는 도로는 차들이 많이 지나 다녀서 위험해. <u>구청 게시판에 학교 앞에 어린이 보호 구역 표지판과 횡단보도를 만들어 달라고 글을 올려야겠어.</u>

① 평등권
② 자유권
③ 사회권
④ 참정권
⑤ 청구권

[09~10] 다음을 보고, 물음에 답하시오.

　○○ 씨는 자신이 가지고 있는 땅을 개발하려고 한다. 하지만 해당 지역이 환경 보전을 위해 국가에서 지정한 개발 제한 구역이어서 개발할 수 없게 되었다.

09 위 사례에서 갈등을 일으킨 권리와 의무는 무엇인지 보기 에서 골라 각각 기호를 쓰시오.

보기

㉠ 자신의 생명을 지킬 권리
㉡ 자신의 재산을 자유롭게 사용할 권리
㉢ 법에 따라 세금을 내야 할 의무
㉣ 환경 보전을 위해 노력할 의무

(1) 갈등을 일으킨 권리: ( )
(2) 갈등을 일으킨 의무: ( )

10 위의 문제를 해결하기 위한 바람직한 태도로 알맞은 것은 어느 것입니까? ( )

① 무조건 국가의 이익을 우선으로 해야 한다.
② 나의 권리가 가장 중요하므로 땅을 개발한다.
③ 환경을 파괴하지 않고 땅을 이용할 방법을 찾는다.
④ 환경 보호는 가장 중요한 의무이므로 땅을 포기한다.
⑤ 내 땅에 대한 권리가 침해당했으므로 의무를 지킬 필요가 없다.

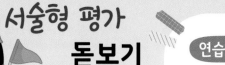

학교에서 출제되는 서술형 평가를 미리 준비하세요.

연습 문제

🔍 문제 해결 전략

1단계	제시된 자료가 무엇인지 파악하기

↓

2단계	자료를 통해 헌법의 의미와 가치를 파악하기

↓

3단계	헌법이 중요함에 대하여 서술하기

[1~3] 다음 자료를 보고 물음에 답하시오.

대한민국 (㉠)

제10조 모든 국민은 인간으로서의 존엄과 가치를 가지며, (㉡)을 추구할 권리를 가진다. 국가는 개인이 가지는 불가침의 기본적 (㉢)을 확인하고 이를 보장할 의무를 진다.

제11조 ① 모든 국민은 법 앞에 (㉣)하다. 누구든지 성별, 종교 또는 사회적 신분에 의하여 정치적·경제적·사회적·문화적 생활의 모든 영역에 있어서 (㉤)을 받지 아니한다.

---

1 위 ㉠에 들어갈 말로, 법 중에 가장 기본이 되는 우리나라 최고 법은 무엇인지 쓰시오.

(   )

🔍 핵심 키워드
• 헌법에 담긴 가치
 – 인간의 존엄성
 – 자유와 평등의 가치
 – 행복을 추구할 권리
 – 인간다운 생활을 할 권리

2 위 ㉡~㉤에 들어갈 낱말을 보기 에서 골라 쓰시오.

보기

• 차별	• 행복	• 평등	• 인권

㉡: (   ) ㉢: (   )
㉣: (   ) ㉤: (   )

빈칸을 채우며 서술형 문제의 답안을 작성하는 연습을 해 보세요!

3 위의 내용을 바탕으로 ㉠이 중요한 까닭에 대하여 인권과 관련지어 쓰시오.

_____

_____

실전 문제

[1~3] 다음 대화를 보고, 물음에 답하시오.

모든 국민은 법률이 정하는 바에 의하여 선거권을 가진데.

맞아. 부모님이 투표하시는 걸 본 적 있어.

1 위 대화는 국민의 기본권 중 무엇과 관련이 있는지 쓰시오.

(   )

2 다음은 위의 기본권과 관련된 설명입니다. (   ) 안에 들어갈 알맞은 말을 보기 에서 골라 써넣으시오.

> 보기
>
> • 참여   • 선거   • 국가

만 18세 이상의 모든 국민은 국가의 대표자를 선출하는 (   )에 투표할 수 있는 권리를 가지며, (   )의 중요 사항을 결정하는 의사 결정 과정에 (   )할 수 있습니다.

3 우리가 학교생활에서 위 기본권과 같은 권리를 행사하는 사례를 <u>한 가지</u> 쓰시오.

_____

_____

[4~5] 다음 대화를 읽고, 물음에 답하시오.

> 땅 주인: 이곳은 제 땅입니다. 제 땅을 마음대로 이용할 수 없도록 제한하는 것은 헌법에 보장된 개인 재산에 대한 자유권을 침해하는 것과 다름없습니다.
>
> 환경 운동가: 이곳은 자연 생태계와 멸종위기 동물들을 보호해야 하는 곳입니다. 헌법에는 우리 모두가 환경을 지켜야 한다는 의무도 제시되어 있습니다.

4 다음은 위 상황과 관련된 설명입니다. ㉠~㉢에 들어갈 알맞은 말을 보기 에서 골라 쓰시오.

> 보기
>
> • 의무   • 헌법   • 권리

> 우리나라의 (㉠)에는 개인의 (㉡)와/과 공동체를 위해 지켜야 할 (㉢)이/가 함께 제시되어 있습니다. (㉡)와/과 (㉢)은/는 서로 긴밀하게 연결되어 있어 각자의 입장에 따라 서로 충돌하기도 합니다.

㉠: (   )

㉡: (   )

㉢: (   )

5 위의 대화에서 충돌하고 있는 권리와 의무가 무엇인지 구체적으로 쓰시오.

_____

_____

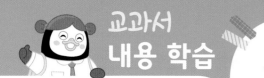
교과서 내용 학습

(3) 법의 의미와 역할

1 법의 의미와 성격

(1) 법의 의미

① 법은 헌법에 근거하여 국가가 만든 사회적인 규범입니다.

② 법은 사람들이 일상생활을 하면서 반드시 지켜야 할 행동 기준입니다.

(2) 법의 성격

① 법은 사회 구성원이 지켜야 하는 강제성이 있습니다. ┐ 법은 강제성이 있다는 점에서 자율적

② 법을 지키지 않을 때 법에 따라 **제재**를 받습니다. ┘ 인 사회 규범인 도덕과 구별됨.

교통 신호를 지키지 않고 횡단보도를 건너는 경우

가게에서 돈을 내지 않고 물건을 가져가는 경우

저작권자의 허락 없이 영화를 인터넷에 퍼뜨리는 경우

▲ 법을 지키지 않아 제재를 받는 경우

③ 사회 변화에 따라 기존 법이 없어지거나 내용이 바뀌기도 하며, 새로운 법이 만들어지기도 합니다. ― 법은 사회 구성원이 중요하게 생각하여 모두가 지켜야 한다고 여기는 가치를 반영함.

전동 킥보드를 타고 다니는 사람이 증가하고, 이에 따른 안전사고가 발생함.	➡ 전동 킥보드를 타는 경우에는 면허가 있어야 하며, 안전모를 쓴 채 혼자 타야 한다는 법 조항이 만들어짐.	➡ 
어린이집 통학 버스에 탄 어린이가 제때 내리지 못하고 버스에 갇힌 사고가 발생함.	➡ 어린이 통학 버스에 하차 확인 장치를 설치하여 운전자가 반드시 차에서 내리지 못한 어린이가 있는지를 확인하도록 하는 법 조항이 만들어짐.	➡ 

▲ 사회 변화에 따른 「도로 교통법」의 변화

2 일상생활에서 적용되는 법

(1) 우리는 태어나서부터 죽을 때까지 일생 동안 법의 적용을 받습니다.

(2) 가정, 학교, 사회 등 일상생활 곳곳에서 다양한 법이 적용되고 있습니다.

법	법 내용
자원의 절약과 재활용 촉진에 관한 법률	쓰레기를 기준에 따라 분리배출하는 것과 관련된 내용 등이 담겨 있음.
방송법	텔레비전 방송 프로그램의 시청 연령 제한 표시 등 방송과 관련된 내용 등이 담겨 있음.
초·중등 교육법	초등학교를 포함한 여러 학교의 학생 입학, 수업, 교과서 등 학교 운영과 관련된 내용 등이 담겨 있음.
학교 급식법	학생들의 건강한 식생활을 위해 안전하고 신선한 재료 사용과 음식 조리에 관한 내용 등이 담겨 있음.
장애인 차별 금지 및 권리 구제 등에 관한 법률	장애를 이유로 한 차별을 금지하고 장애로 인해 차별받는 사람의 권리를 온전하게 보장하기 위한 내용 등이 담겨 있음.
어린이 놀이 시설 안전 관리법	어린이의 안전하고 편안한 놀이를 위해 어린이 놀이 시설과 관련된 내용 등이 담겨 있음.
어린이 식생활 안전 관리 특별법	학교 주변에서는 어린이의 건강을 해칠 수 있는 식품을 팔지 못하게 하는 내용 등이 담겨 있음.

3 법의 역할

(1) 개인의 권리 보장

① 법은 여러 사람 사이에 분쟁이 생겼을 때 이를 공정하게 해결할 수 있는 기준과 방법을 제시합니다. ⑩ 자신의 반려동물이 다른 사람에게 손해를 끼친 경우 반려동물을 키우는 사람이 피해를 입은 사람에게 손해를 **배상**하도록 함.

② 법은 국가나 기업으로부터 개인의 자유와 권리가 침해받는 것을 막아 줍니다. ⑩ 근로 기준법에 따라 노동자의 하루 근로 시간은 **휴게** 시간을 제외하고 8시간을 넘길 수 없도록 함.

(2) 사회 질서 유지

① 법은 범죄나 사고로부터 사람들을 보호하여 안전한 생활을 보장합니다. ⑩ 경찰관, 소방관 등은 법에 따라 범죄나 교통사고, 화재 등을 예방하고 피해 발생을 줄이기 위해 노력함.

② 법은 환경을 보호하여 사람들이 쾌적한 환경에서 생활할 수 있도록 보장합니다. ⑩ 쓰레기를 무단으로 버리면 법에 따라 처벌됨.

4 법의 준수

(1) 법을 준수해야 하는 까닭

① 사람들이 법을 지키지 않으면 개인의 권리가 부당하게 침해당하고, 안전하고 쾌적한 환경에서 생활하기 어려워집니다. ⑩ 소방차가 불법 주차로 인해 화재 현장에 신속하게 갈 수 없는 경우, 공장의 폐수를 강이나 바다에 방류하여 환경 오염을 일으키는 경우

② 법을 지키면 나와 다른 사람의 권리를 보장하고, 사회 질서를 유지하며 안전하고 쾌적한 환경에서 생활할 수 있습니다.

(2) 법을 준수하기 위한 태도: 나와 다른 사람의 권리를 존중하며 스스로 법을 지키기 위해 노력해야 합니다.

▶ 생활 속 다양한 법

• 소비자 기본법: 소비자의 권리와 책임, 소비자의 권리를 보호하기 위한 국가·지방 자치 단체, 사업자 등의 책임 등에 관한 내용이 담겨 있습니다.

• 감염병의 예방 및 관리에 관한 법률: 감염병 발생과 유행을 방지하고 국민 건강을 보호하는 내용 등이 담겨 있습니다.

• 저작권법: 저작자의 권리를 보호하기 위한 내용 등이 담겨 있습니다.

• 도로 교통법: 어린이 보호 구역에서의 속도 제한(시속 30km 이하) 등 도로에서의 안전을 지키기 위한 내용 등이 담겨 있습니다.

• 학교 폭력 예방 및 대책에 관한 법률: 피해 학생의 보호, 가해 학생의 선도·교육 및 피해 학생과 가해 학생 간의 분쟁 조정 등 학생의 인권을 보호하기 위한 내용이 담겨 있습니다.

• 대기 환경 보전법: 대기 오염을 예방하고 대기 환경을 관리·보전하여 국민이 건강하고 쾌적한 환경에서 생활할 수 있게 하는 내용이 담겨 있습니다.

• 근로 기준법: 근로 조건의 기준을 정해 근로자의 권리를 보호하는 내용이 담겨 있습니다.

낱말 사전

연령 나이
배상 다른 사람의 권리를 침해한 사람이 그 손해를 물어주는 일
휴게 어떤 일을 하다가 잠깐 쉬는 것
준수 규칙이나 법을 그대로 따라 지키는 것

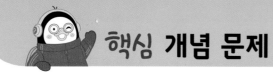

핵심 개념 문제

(1) 법이란 사람들이 일상생활을 하면서 반드시 지켜야 할 행동 기준으로서 헌법을 바탕으로 만들어진 사회 규범임.

(2) 법은 강제성이 있어 법을 지키지 않는 사람은 제재를 받을 수 있음.

(3) 사회 변화에 따라 기존의 법이 없어지거나 그 내용이 바뀌기도 하며, 새로운 법이 만들어지기도 함.

01 다음 밑줄 친 '이것'은 무엇입니까? (　　　)

> • 이것은 사람들이 일상생활을 하면서 반드시 지켜야 할 행동 기준이다.
> • 이것은 헌법을 바탕으로 만들어지는 사회 규범이다.

① 법　　　　　② 양심
③ 종교　　　　④ 국가
⑤ 도덕

02 법의 특징으로 알맞은 것을 보기에서 모두 고른 것은 어느 것입니까? (　　　)

> **보기**
> ㉠ 사람들이 자율적으로 지키는 도덕과 같다.
> ㉡ 사회가 변함에 따라 새로운 법이 만들어진다.
> ㉢ 법을 지키지 않는 사람은 법적 제재를 받는다.
> ㉣ 한번 만들어진 법은 그 내용을 절대 고칠 수 없다.

① ㉠, ㉡　　　　② ㉠, ㉣
③ ㉡, ㉢　　　　④ ㉡, ㉣
⑤ ㉢, ㉣

(1) 일상생활에서 다양한 법이 적용되고 있음.

(2) 일상생활 곳곳에서 적용되고 있는 법(예)
- 쓰레기 분리배출 – 자원의 절약과 재활용 촉진에 관한 법률
- 초등학교 입학, 학교 수업 – 초·중등 교육법
- 건강한 식생활을 위한 급식 조리 – 학교 급식법
- 안전한 놀이터 시설 관리 – 어린이 놀이 시설 안전 관리법
- 저작자의 권리 보호 – 저작권법

03 다음 그림과 관련 있는 법의 내용으로 알맞은 것은 어느 것입니까? (　　　)

① 과다 포장 상품을 구입해서는 안 된다.
② 기준에 따라 쓰레기를 분리배출해야 한다.
③ 가정에서 발생하는 쓰레기를 줄여야 한다.
④ 길거리에서 어른을 만나면 인사를 해야 한다.
⑤ 학교 급식에서는 신선한 식재료를 사용해야 한다.

04 밑줄 친 부분과 같은 피해를 막기 위한 생활 속 법의 내용은 무엇입니까? (　　　)

> 민수: 팔에 깁스를 했구나. 왜 다쳤니?
> 영주: 어제 놀이터에서 타던 그네가 끊어지는 바람에 다쳤어.

① 어린이 놀이터를 더 많이 설치한다.
② 일정한 나이가 되면 초등학교에 입학한다.
③ 어린이 놀이터 시설을 안전하게 관리한다.
④ 학교 주변에서 불량 식품을 팔지 못하게 한다.
⑤ 어린이 보호 구역에서는 주정차를 해서는 안 된다.

개념 3 ◦ 법의 역할

(1) 개인의 권리 보장
- 법은 여러 사람 사이에 분쟁이 생겼을 때 이를 공정하게 해결할 수 있는 기준과 방법을 제시함.
- 법은 국가나 기업으로부터 개인의 자유와 권리가 침해받는 것을 막아 줌.

(2) 사회 질서 유지
- 법은 범죄나 사고로부터 사람들을 보호하여 안전한 생활을 보장함.
- 법은 환경을 보호하여 사람들이 쾌적한 환경에서 생활할 수 있도록 보장함.

05 다음과 관련된 법의 역할로 알맞은 것은 무엇입니까?
( )

「근로 기준법」(일부)
노동자의 하루 근로 시간은 휴게 시간을 제외하고 8시간을 넘지 않도록 해야 한다.

① 생활에 필요한 물건을 생산한다.
② 환경이 오염되는 것을 방지한다.
③ 교통사고로부터 사람들을 보호한다.
④ 국가나 기업으로부터 개인의 권리를 보호한다.
⑤ 사람들 사이의 다툼을 해결하는 기준을 제시한다.

06 다음 법을 통해 기대할 수 있는 효과로 알맞은 것은 무엇입니까? ( )

「환경 보전법」(일부)
누구든지 정당한 이유 없이 사람들에게 해를 끼치는 물질이나 쓰레기를 버리는 행위를 해서는 안 된다.

① 교통질서가 잘 지켜진다.
② 농촌과 도시의 상호 교류가 활발해진다.
③ 사고나 화재 등의 위험을 피할 수 있다.
④ 사람들 사이의 모든 갈등이 해결된다.
⑤ 사람들이 쾌적한 환경에서 생활할 수 있다.

개념 4 ◦ 법의 준수

(1) 사람들이 법을 지키지 않으면 개인의 권리가 부당하게 침해당하고, 안전하고 쾌적한 환경에서 생활하기 어려워짐. ⑩ 불법 주차로 인해 소방차가 화재 현장에 신속하게 접근할 수 없어 피해가 커짐.

(2) 법을 지키면 나와 다른 사람의 권리를 보장하고 사회 질서를 유지하며 안전하고 쾌적한 환경에서 생활할 수 있음.

07 다음 뉴스를 보고 법을 준수해야 하는 까닭을 바르게 말한 사람은 누구입니까? ( )

지난 밤 ○○ 시장에 큰 화재가 발생했습니다. 그러나 시장 주변에 불법 주차된 차량으로 인해 소방차가 화재 현장에 신속하게 접근할 수 없어 피해가 더 커졌습니다.

① 진아: 법 없이 사는 세상이 평등한 곳이야.
② 경수: 우리나라와 다른 나라의 법은 똑같아.
③ 희준: 법은 우리가 자유롭게 살 수 있게 도와줘.
④ 미라: 법을 어기면 처벌받기 때문에 꼭 지켜야 해.
⑤ 종국: 법을 어기면 안전한 생활을 하기 어려워져.

08 다음 표어에 담겨 있는 내용으로 알맞은 것은 어느 것입니까? ( )

- 내가 먼저 지킨 법, 모두를 위한 행복
- 모두가 법을 지키면, 안전한 세상이 와요.
- 법을 준수하면, 우리의 삶도 지킬 수 있어요.

① 나라마다 법의 이름과 내용이 다르다.
② 사회 구성원은 누구나 법을 지켜야 한다.
③ 일정한 연령이 되면 직장에서 일해야 한다.
④ 초등학생이 법의 내용을 이해하기는 어렵다.
⑤ 우리말을 지키기 위해서는 법을 따라야 한다.

01 다음 ( ) 안에 공통으로 들어갈 알맞은 말을 쓰시오.

> • ( )은/는 사람들이 일상생활을 하면서
> 지켜야 할 행동 기준이다.
> • ( )은/는 사람들의 인권을 보장하고자
> 국가가 만든 사회 규범이다.

( )

02 다음 ( ) 안에 들어갈 내용으로 알맞은 것은 어느 것입니까? ( )

> 수영: 법이 도덕과 다른 점은 무엇일까?
> 정민: 법과 도덕은 모두 사회적으로 지켜야 할 규
> 범이지만, ( ).

① 법은 어른이 만들고, 도덕은 어린이가 만들어.
② 법은 어른에게만, 도덕은 어린이에게만 적용돼.
③ 법은 학교에만 적용되고, 도덕은 사회에만 적용돼.
④ 법은 반드시 지켜야 하고, 도덕은 자율적으로 지켜.
⑤ 법과 도덕은 지키지 않는다고 해서 처벌받지는 않아.

03 법에 의해 처벌받는 상황을 두 가지 골라 기호를 쓰시오.

ㄱ
▲ 공원의 시설물을 훼손하는 경우

ㄴ
▲ 집에서 형제끼리 말다툼하는 경우

ㄷ
▲ 길에서 어른을 보고 인사하지 않는 경우

ㄹ
▲ 신호를 지키지 않고 도로를 횡단하는 경우

( )

04 다음을 통해 알 수 있는 법의 특징은 무엇입니까?
( )

> 어린이 통학 차량에서 제때 하차하지 못하고 어린이가 차 안에 갇히는 사고가 발생하였다. ➡ 어린이 통학 차량에 하차 확인 장치를 설치하도록 법의 내용을 바꾸었다.

① 법을 지키지 않으면 처벌받는다.
② 경찰은 법을 어긴 사람을 체포한다.
③ 어린이 통학 차량에는 안전벨트가 없다.
④ 사회 변화에 따라 법의 내용도 달라진다.
⑤ 우리나라와 다른 나라의 법은 서로 다르다.

05 다음과 관련된 법은 무엇입니까? ( )

> • 학교와 그 주변 일정한 범위에 해당하는 지역을 어린이 식품 안전 구역으로 정하고 있다.
> • 학교에서는 어린이 식생활 관리에 필요한 안전 및 영양 교육을 실시한다.

① 도로 교통법
② 초·중등 교육법
③ 어린이 제품 안전 특별법
④ 어린이 놀이 시설 안전 관리법
⑤ 어린이 식생활 안전 관리 특별법

06 다음 그림과 같은 상황에 적용되는 법의 내용으로 알맞은 것은 어느 것입니까? (　　　)

① 건강을 위한 예방 접종을 무료로 받는다.
② 학교 주변 도로에서는 주정차를 금지한다.
③ 학교 폭력을 예방하기 위한 교육을 실시한다.
④ 영양이 풍부한 급식을 안전하게 조리하여 제공한다.
⑤ 어린이 놀이 시설의 안전성을 주기적으로 점검한다.

07 밑줄 친 내용과 관계 깊은 법은 무엇입니까? (　　　)

선생님: 이번 시간에는 우리 생활에서 적용되는 법을 조사해 볼 거예요. <u>조사 내용을 기록할 때에는 반드시 출처를 쓰도록 하세요.</u>

① 저작권법　　　② 교육 기본법
③ 식품 위생법　　④ 근로 기준법
⑤ 소비자 기본법

08 다음을 통해 알 수 있는 법의 역할로 알맞은 것은 어느 것입니까? (　　　)

개인 정보를 수집할 때에는 개인 정보를 수집하는 목적과 항목 등을 당사자에게 알려야 한다. 또한 개인 정보를 처리하는 사람은 개인 정보가 훼손되거나 유출되지 않도록 해야 한다.

① 환경 오염을 예방한다.
② 개인의 권리를 보호한다.
③ 저출산·고령화 문제를 해결한다.
④ 감염병이 퍼지는 것을 막아 준다.
⑤ 교통사고로부터 어린이를 지킨다.

09 다음 역할극 장면에 나타나 있는 법의 역할로 알맞은 것은 어느 것입니까? (　　　)

법의 역할을 설명하는 역할극 장면 구성
#1 음주 운전을 하는 사람을 엄격하게 단속하는 장면
#2 다른 사람의 재산에 피해를 준 사람을 처벌하는 장면
#3 세금을 제대로 내지 않은 사람을 찾아 세금을 내도록 요구하는 장면

① 자연환경을 보호한다.
② 사회 질서를 유지한다.
③ 우리나라 문화유산을 지킨다.
④ 세계화에 따른 문제를 해결한다.
⑤ 국토를 사랑하는 마음을 갖는다.

10 다음과 같은 상황에서 법을 지키는 방법을 바르게 말한 사람은 누구인지 쓰시오.

법을 지키며 횡단보도를 건너려면 어떻게 해야 할까요?

아영: 자전거를 탄 채 느린 속도로 횡단보도를 건넙니다.
서준: 횡단보도를 건널 때에는 자전거에서 내려서 걸어갑니다.
재용: 횡단보도의 가운데를 가로지르며 자전거를 타고 가야 합니다.

(　　　　　　　)

서술형 평가 돋보기

연습 문제

문제 해결 전략

1 단계	법에 의한 제재를 받는 상황 파악하기
2 단계	법과 도덕의 공통점을 파악하기
3 단계	도덕과 구별되는 법의 고유한 특징 서술하기

핵심 키워드

• 법의 의미와 특징
 – 법은 사회 구성원이라면 누구나 지켜야 하는 사회 규범임.
 – 도덕은 지키지 않아도 처벌받지 않지만, 법은 강제성이 있어 지키지 않을 경우 제재를 받음.

[1~3] 다음 자료를 보고, 물음에 답하시오.

ㄱ

학교 수업시간에 옆 친구와 떠드는 경우

ㄴ
인사를 안 하네.

명절에 만난 친척 어른에게 인사를 하지 않는 경우

ㄷ
내가 쓴지 모르겠지.

인터넷에 다른 사람과 관련된 거짓 소문을 올리는 경우

ㄹ

종량제 봉투에 담지 않은 쓰레기를 몰래 골목에 버리는 경우

1 위 자료에서 법에 의한 제재를 받는 경우와 그렇지 <u>않은</u> 경우를 구분하여 기호를 쓰시오.

(1) 제재를 받는 경우	(2) 제재를 받지 않는 경우

2 위 자료를 보고 다음과 같이 정리할 때 ( ) 안에 알맞은 말을 써넣으시오.

 법과 도덕의 공통점은 사회 구성원으로서 지켜야 할 사회 ( )(이)라는 점입니다.

빈칸을 채우며 서술형 문제의 답안을 작성하는 연습을 해 보세요!

3 도덕과 구별되는 법의 고유한 특징은 무엇인지 쓰시오.

_____

_____

실전 문제

[1~3] 다음을 보고, 물음에 답하시오.

㈎ (㉠)이 만들어지기 전		㈏ (㉠)이 만들어진 후
지민: 이 영화 파일을 어디서 구할 수 있지? 현아: 인터넷에서 무료로 영화를 내려받아야지.	→	지민: 인터넷에서 무료로 영화를 내려받을 수 없을까? 현아: 안 돼. 정당한 대가를 지불하고 영화를 내려받아야 해.

1 위 ㉠에 들어갈 법을 [보기]에서 골라 쓰시오.

> [보기]
> • 방송법   • 저작권법
> • 도로 교통법   • 개인 정보 보호법

(   )

2 위 상황을 다음과 같이 정리하였습니다. (   ) 안에 알맞은 말을 써넣으시오.

영화, 음악 등은 그것을 만든 개인이나 집단이 (   )을/를 갖는 창작물입니다. 따라서 이러한 창작물에 대한 사람들의 정당한 권리를 보호해야 합니다.

3 ㈎에서 ㈏로 변한 상황으로 알 수 있는 법의 성격을 쓰시오.

_____

_____

[4~6] 다음을 보고, 물음에 답하시오.

㈎	㈏
 법에 따라 폭력을 당한 피해자를 보호해야 해요.	 법에 따라 공기 오염을 방지하기 위한 시설을 설치해야 해요.

4 위 ㈎, ㈏에 적용되는 법을 선으로 연결하시오.

(1) ㈎ •

(2) ㈏ •

• ㉠ 대기 환경 보전법

• ㉡ 학교 폭력 예방 및 대책에 관한 법률

5 (   ) 안에 들어갈 알맞은 말을 써넣으시오.

법은 ㈎의 사례처럼 각종 범죄로부터 사람들의 안전을 보호함으로써 사회 (   )을/를 유지하고, ㈏의 사례처럼 사람들이 쾌적한 생활을 할 수 있도록 합니다.

6 위 ㈎, ㈏에 적용되는 법을 지키지 않으면 어떤 문제가 발생할지 각각 쓰시오.

㈎: _____

_____

㈏: _____

_____

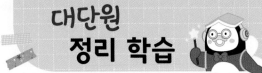
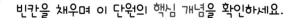

빈칸을 채우며 이 단원의 핵심 개념을 확인하세요.

인권 존중과 정의로운 사회

인권을 존중하는 삶

① 인권의 의미와 특징

의미	모든 사람이 인간답게 살기 위하여 당연히 누려야 할 기본적인 권리
특징	• 인종, 종교, 나이, 성별, 신체적 특징, 지역 등과 관계없이 (❶)하게 보장됨. • 함부로 빼앗거나 무시할 수 없음.

② 옛사람들의 인권 신장을 위한 노력

인물	방정환((❷) 인권 신장), 박두성(시각 장애인 인권 신장), 이효재(여성 인권 신장), 전태일(노동자의 권리 주장), 로자 파크스(흑인 인권 운동)
제도 및 기관	삼복 제도, 출산 휴가, 군역 면제, 신문고, 상언, 격쟁, 활인서, 명통시 등

③ 인권 보장을 위한 노력: 사회 보장 제도 시행, 인권 교육 실시, 인권 개선 활동, 공공 편의 시설 설치, 인권 보호 단체 설립, 인권 관련 법 제정 등

헌법과 인권 보장

① 헌법의 의미와 중요성

의미	법 중에서 가장 기본이 되는 법으로, 우리나라 (❸)의 법
중요성	• 헌법에 제시된 국민의 권리를 국가가 함부로 침해할 수 없음. • 헌법에 어긋나는 법률을 만들 수 없음. • 헌법의 내용을 새로 정하거나 바꿀 때는 국민 투표를 해야 함.

② 헌법이 보장하는 기본권과 의무

기본권	(❹), 평등권, 사회권, 청구권, 참정권
의무	교육의 의무, 납세의 의무, 근로의 의무, 국방의 의무, 환경 보전의 의무

③ 바람직한 권리와 의무의 관계
• 헌법에 나타난 권리와 의무가 충돌하는 경우가 생길 수 있음.
• 권리와 의무를 실천하는 조화로운 태도가 필요함.

법의 의미와 역할

① 법의 의미와 성격

의미	법은 사람들이 일상생활을 하면서 반드시 지켜야 할 행동 기준으로서 헌법을 바탕으로 만들어진 사회 규범임.
성격	• 법은 (❺)성이 있기 때문에 지키지 않을 경우 제재를 받을 수 있음. • 사회 변화에 따라 기존의 법이 없어지거나 그 내용이 바뀌기도 하며, 새로운 법이 만들어지기도 함.

② 일상생활에서 적용되는 법: 가정, 학교, 사회 등 일상생활 곳곳에서 다양한 법(방송법, 초·중등 교육법, 어린이 놀이 시설 안전 관리법 등)이 적용되고 있음.

③ 법의 역할: 법은 개인의 권리를 보장하고 사회 (❻)를 유지함.

정답 ❶ 평등 ❷ 어린이 ❸ 최고 ❹ 자유권 ❺ 강제 ❻ 질서

사고력 문제 엿보기

어린이 인권을 보장하기 위한 법 만들기

1 다음 「어린이날 선전문」에서 방정환이 중요하게 생각한 것은 무엇인지 써 봅시다.

> • 어린이를 어른보다 더 높게 대접하십시오.
> • 어린이를 결코 윽박지르지 마십시오.
> • 어린이의 생활을 항상 즐겁게 해 주십시오.
> • 어린이는 항상 칭찬해 가며 기르십시오.
> • 어린이의 몸을 자주 주의해 보십시오.
> • 어린이에게 잡지를 자주 읽히십시오.
>
> – 1923년 5월 「어린이날 선전문」 일부

우리들의 희망은 오직 한 가지 어린이를 잘 키우는 데 있을 뿐입니다. 다같이 내일을 살리기 위하여 몇 가지를 실행합니다.

예시 답안

어린이가 사람다운 대접을 받으면서 존중받는 사회를 중요하게 생각하였다. / 어른이 어린이의 인권을 존중하고, 어린이가 잘 성장할 수 있도록 돌보는 것을 중요하게 생각하였다.

2 위 **1**의 내용을 바탕으로 우리 생활에서 어린이의 인권이 잘 보장되지 <u>않는</u> 모습을 찾아 써 봅시다.

예시 답안

늦은 시간까지 학원에 다니거나 공부를 하느라 충분하게 쉬거나 잠을 자지 못한다. / 어린이 보호 구역에서 불법 주정차 차량이나 과속 차량으로 인해 교통사고를 당한다.

3 위 **2**의 내용을 토대로 어린이의 인권을 잘 보장하기 위한 법을 만들어 봅시다.

법 이름	
법 내용	

예시 답안

법 이름	어린이 휴식법
법 내용	어린이는 늦은 시간까지 학원에 다니거나 공부하지 않고 쉴 수 있는 권리를 갖는다.

2. 인권 존중과 정의로운 사회

01 다음 인권에 대해 <u>잘못</u> 말한 사람은 누구인지 쓰시오.

> 수아: 인권은 열심히 노력해야만 가질 수 있는 권리야.
> 진우: 내 생각을 자유롭게 말하고 표현할 수 있는 자유도 인권이야.
> 서진: 장애, 성별, 피부색, 나이 등의 이유로 차별받으면 안 돼.
> 정현: 나의 인권이 소중한 것처럼 다른 사람의 인권도 존중해야 해.

(   )

[02~03] 다음 자료를 보고, 물음에 답하시오.

02 위 공익 광고에 나타난 인권 문제로 알맞은 것은 어느 것입니까? (   )

① 성차별적 언어 사용
② 장애를 비하하는 언어 사용
③ 어린이를 존중하지 않는 언어 사용
④ 피부색에 대한 편견이 담긴 언어 사용
⑤ 특정 종교에 대한 편견이 담긴 언어 사용

⊏서술형⊐

03 위와 같은 인권 침해 문제를 해결하기 위한 실천 방법을 쓰시오.

_____

_____

_____

04 다음과 같이 표지판의 그림이 바뀐 까닭으로 알맞은 것은 어느 것입니까? (   )

〈변경 전〉   〈변경 후〉

① 어린이를 안전하게 보호하기 위하여
② 나이에 따른 차별과 편견을 없애기 위하여
③ 성별에 따른 역할에 대한 편견을 없애기 위하여
④ 공공 편의 시설의 이용 방법을 널리 알리기 위하여
⑤ 장애인이 편리하게 이동할 수 있도록 하기 위하여

05 다음과 같은 제도에 대한 설명으로 알맞지 <u>않은</u> 것은 어느 것입니까? (   )

> 옛날, 사형과 같은 무거운 형벌을 내릴 때에는 죄인이 세 번의 재판을 받도록 하였다.

① 공정하게 재판을 받을 수 있도록 하였다.
② 사람의 생명을 최대한 보호하고자 하였다.
③ 벌을 내릴 때 신중하게 판단하고자 하였다.
④ 백성이 억울하게 벌을 받는 일을 줄이고자 하였다.
⑤ 죄는 무조건 엄하게 처벌하여 사회를 안정시키고자 하였다.

06 다음 『홍길동전』에 나타나 있는 인권 침해로 알맞은 것은 어느 것입니까? (   )

> 홍길동은 어려서부터 무예와 학문 등 재주가 뛰어났으나 어머니가 신분이 낮다는 이유로 벼슬에 나아가 능력을 펼칠 기회를 얻지 못하였다.

① 신분에 따른 차별   ② 나이에 따른 차별
③ 성별에 따른 차별   ④ 장애에 따른 차별
⑤ 피부색으로 인한 차별

07 박두성이 '훈맹정음'을 만든 까닭으로 알맞은 것은 어느 것입니까? (　　)

① 사람의 생명이 가장 중요하다.
② 시각 장애인도 글을 읽고 쓸 수 있어야 한다.
③ 어린이가 안전하게 놀 수 있는 곳이 필요하다.
④ 누구나 충분하게 휴식을 취할 수 있어야 한다.
⑤ 장애인도 가고 싶은 곳을 자유롭게 이동할 수 있어야 한다.

08 국가나 지방 자치 단체에서 인권을 보호하기 위해 만든 시설이 <u>아닌</u> 것은 어느 것입니까? (　　)

① 장애인 주차 우선 구역
② 백인들을 위한 버스 좌석
③ 어린이를 위한 낮은 세면대
④ 교통 약자를 위한 지하철 좌석
⑤ 시각 장애인용 학교 안내 지도

09 사회 보장 제도를 만들어 시행하는 까닭으로 알맞은 것은 어느 것입니까? (　　)

① 우리 문화의 우수성을 전 세계에 알리기 위해서
② 쓰레기를 분리배출하여 환경을 보호하기 위해서
③ 국민이 지켜야 할 의무를 법으로 보장하기 위해서
④ 국민이 직업을 선택할 수 있는 자유를 보장하기 위해서
⑤ 국민을 위험에서 보호하고 안정적으로 살 수 있게 하기 위해서

10 헌법을 모든 법의 기본이 되는 법이라고 하는 까닭으로 알맞은 것을 <u>두 가지</u> 고르시오. (　　, 　　)

① 대통령이 정한 법이기 때문에
② 절대 바꿀 수 없는 법이기 때문에
③ 전 세계에서 가장 오래된 법이기 때문에
④ 국가 조직과 운영의 원칙이 담겨 있기 때문에
⑤ 국민의 기본적 권리와 의무를 제시하기 때문에

11 헌법재판소에서 하는 일로 가장 알맞은 것은 어느 것입니까? (　　)

① 헌법을 바탕으로 새로운 법률을 만든다.
② 재판을 통해 사람들 사이의 갈등을 해결한다.
③ 재판을 통해 죄를 지은 사람의 형량을 정한다.
④ 헌법을 새롭게 만들어 국민의 인권을 보장한다.
⑤ 국가 권력이 국민의 권리를 침해했는지 판단한다.

12 다음에 나타나 있는 헌법에서 보장하는 국민의 기본권은 무엇인지 쓰시오.

제가 하고 싶은 일을 마음껏 할 수 있어 만족합니다.

(　　　　　　　　)

[13~14] 다음은 학원 심야 수업 제한에 대한 의견입니다. 물음에 답하시오.

> 학생: 학원에서 늦은 시간까지 공부하면 스트레스를 많이 받고 충분히 잠을 잘 수 없어 힘들어요.
> 학부모: 공부를 하겠다는 학생을 법으로 막는 것은 학생이 자유롭게 행동할 권리를 빼앗는 것 아닙니까?

13 위 학생이 주장하고 있는 권리는 무엇입니까? (　　)

① 학생이 교육을 받을 권리
② 학생이 건강하게 자랄 권리
③ 학생이 자유롭게 행동할 권리
④ 학부모가 자녀를 교육할 권리
⑤ 학원 원장이 학원을 자유롭게 운영할 권리

⊏서술형⊐
14 위 학부모가 주장하고 있는 권리는 무엇인지 쓰시오.

_____

_____

15 다음 헌법 조항이 의미하는 것은 무엇입니까? (   )

> 헌법 제38조   모든 국민은 법률이 정하는 바에 의하여 납세의 의무를 진다.

① 외국인에게만 납세의 의무가 있다.
② 국민은 세금을 낼지 선택할 수 있다.
③ 세금을 내는 것은 국민이 지켜야 할 의무이다.
④ 법과 상관없이 세금은 내고 싶은 만큼 내면 된다.
⑤ 세금을 안 낸다고 해서 제재를 받지는 않는다.

16 다음과 같은 국민의 의무가 생활 속에서 적용된 사례를 골라 기호를 쓰시오.

> 모든 국민은 건강하고 쾌적한 환경에서 생활할 권리를 가지며, 국가와 국민은 환경 보전을 위하여 노력하여야 한다(헌법 제35조 제1항).

ㄱ  ㄴ

ㄷ  ㄹ

(   )

17 국민의 권리와 의무에 대한 설명으로 알맞지 <u>않은</u> 것은 어느 것입니까? (   )

① 국민은 권리와 의무를 동시에 가진다.
② 국민이 지켜야 할 의무는 헌법에 정해 놓았다.
③ 국민의 기본적인 권리는 헌법에서 보장하고 있다.
④ 권리와 의무가 충돌할 때에는 의무를 선택한다.
⑤ 권리와 의무가 입장에 따라 갈등을 일으키기도 한다.

18 밑줄 친 '이것'에 해당하는 것은 무엇입니까? (   )

> 진수: 교실에서 지켜야 할 규칙이 있는 것처럼 사회에서도 지켜야 할 규칙이 있을까?
> 주아: 그럼. 헌법에 기초하여 국가에 의해 만들어진 <u>이것</u>을 사회 구성원이라면 누구나 지켜야 해.

① 법   ② 질서   ③ 도덕
④ 양심   ⑤ 종교

19 다음을 통해 알 수 있는 법의 성격으로 알맞은 것은 어느 것입니까? (   )

> • ○○ 씨는 어린이 보호 구역에서 과속을 한 것이 적발되어 과태료를 냈다.
> • □□ 씨는 가게에서 돈을 내지 않고 몰래 물건을 가져가 경찰에 붙잡혔다.

① 법은 새롭게 만들어진다.
② 법은 사회가 변하면서 없어진다.
③ 법을 지키지 않으면 제재를 받는다.
④ 법을 잘 알면 법을 지키지 않아도 된다.
⑤ 법의 내용은 누구나 원하는대로 바꿀 수 있다.

20 다음과 관련된 법은 무엇입니까? (   )

> 기자: 교통사고 후유증으로 혼자서 걸을 수 없게 된 김 군이 다니던 학교에는 엘리베이터가 설치되어 있지 않았습니다. 이에 김 군의 부모는 학교에 엘리베이터를 설치해 줄 것을 요구하였습니다.

① 방송법   ② 저작권법
③ 학교 급식법   ④ 초·중등 교육법
⑤ 장애인 차별 금지 및 권리 구제 등에 관한 법률

21 다음 ㉠에 들어갈 내용으로 알맞은 것은 무엇입니까?
( )

• 법 이름: 소비자 기본법
• 법 내용: 소비자의 권리를 보호하는 내용이다.
• 법과 관련된 생활 모습: (㉠)

---

① 국가의 지원을 받아 유치원에 다닌다.
② 일정한 나이가 되면 초등학교에 입학한다.
③ 동물에 대해 학대 행위를 하면 처벌받는다.
④ 정당한 이유 없이 근로자를 해고하지 못한다.
⑤ 물품의 성분, 안전에 관한 내용을 표시해야 한다.

22 다음과 관련된 법의 역할은 무엇입니까? ( )

우리 아이가 놀이터 미끄럼틀에 튀어나온 못에 긁혀 큰 상처를 입었어요.

놀이터에서 조심히 놀지 않은 아이의 잘못이니, 저희에겐 배상 책임이 없어요.

➡ 법원 판결: 놀이터 시설물을 안전하게 관리하지 못한 관리자는 아이가 입은 피해를 배상하라.

① 개인정보를 보호한다.
② 법을 어긴 사람을 용서한다.
③ 깨끗한 자연환경을 보존한다.
④ 분쟁을 해결하기 위한 기준을 제시한다.
⑤ 사람들의 건강을 위해 예방접종을 실시한다.

⊏서술형⊐
23 (가), (나)에 공통으로 해당하는 법의 역할은 무엇인지 쓰시오.

(가)	(나)
오토바이를 개조하여 기준치 이상의 소음이 발생하는 경우를 법에 의해 단속할 수 있다.	신체에 해로운 식품을 좋은 것처럼 속여 사람들에게 판매한 기업을 법에 따라 처벌할 수 있다.

---

24 다음 ( ) 안에 들어갈 알맞은 말을 보기 에서 골라 쓰시오.

〈법을 지켜야 하는 까닭〉

최근 인터넷에서 남을 비방하는 글이나 이미지가 많아져 이로 인해 피해를 입는 사람들이 적지 않다. 법에 따르면, 다른 사람의 명예를 훼손하는 것과 같은 타인의 권리를 침해하는 행위를 금지하고 있다. 그러므로 인터넷을 사용할 때에도 법을 잘 지켜야만 개인의 ( )을/를 보호하고 안정된 사회를 만들 수 있다.

보기

• 의무   • 권리   • 정직   • 사랑

( )

25 다음과 같은 법 내용이 지켜지지 않을 때 발생할 수 있는 문제점을 바르게 말한 사람은 누구입니까? ( )

방송을 하는 사람은 아동과 청소년을 보호하기 위하여 방송 프로그램의 유해 정도와 시청자의 나이 등을 고려하여 방송 프로그램의 등급을 분류하고 이를 방송 중에 표시해야 한다.

---

① 윤지: 어린이가 방송과 관련된 다양한 직업을 체험할 수 있어.
② 강민: 스포츠 중계를 하는 방송 프로그램이 인기를 끌 수 있어.
③ 정아: 아동과 청소년을 위한 방송 프로그램이 많이 생길 수 있어.
④ 유진: 다른 나라에서 인기 있는 방송 프로그램의 내용을 알 수 있어.
⑤ 주한: 어린이가 자신에게 적합하지 않은 프로그램에 쉽게 노출될 수 있어.

학교생활에서 발생하는 인권 침해 문제 해결하기

선생님의
출제 의도

이 단원에서는 인권 존중에 대한 내용을 공부하였습니다. 인권은 인간이 태어나면서부터 가지는 당연한 권리로 피부색, 나이, 성별, 종교, 장애 등 그 어떤 이유로도 차별받지 않고 동등하게 누려야 할 권리이지요. 하지만 실생활 속에서는 인권이 침해되는 사례가 종종 발생하곤 합니다. 따라서 모든 사람이 생활 속에서 인권이 보장될 수 있도록 노력해야 하지요. 그래서 인권이 실생활 속에서 잘 실천될 수 있도록 여러분의 학교 생활과 관련된 인권 침해 문제와 이를 위한 해결 방법을 생각해보는 문제를 출제했어요.

이처럼 수행 평가에서는 실제 사례를 통해 앞서 배운 핵심 개념을 잘 이해하고 있는지를 종합적으로 묻는 문제가 출제될 수 있으니, 늘 공부하면서 실생활에 접목하여 생각해 보는 연습을 해 봅시다.

수행 평가 문제

◑ 학교생활 속에서 발생하는 인권 침해 문제와 이를 해결하기 위한 방법을 찾아봅시다.

학교생활 속 인권 침해 문제 조사하는 방법
1. 인권의 의미와 특징을 생각해 봅니다.
2. 학교생활 속 인권 침해를 겪거나 보고 들었던 경험을 떠올려 봅니다.
3. 친구들이 찾은 사례를 함께 읽고 그중 해결할 문제 한 가지를 고릅니다.
4. 인권 침해를 해결하기 위한 방법(실천 노력)을 생각해 봅시다.

---

1 학교생활에서 경험한 인권 침해 사례를 한 가지 써 봅시다.

_____

_____

2 친구들이 찾은 사례를 모아 정리하고 그중 해결할 문제 한 가지를 골라 써 봅시다.

이름	인권 침해 사례

해결할 문제: _____

_____

3 위 2에서 고른 문제를 해결할 수 있는 실천 방법을 생각해 써 봅시다.

평가 기준

잘함	보통	노력 요함
학교생활에서 발생하는 인권 침해 사례를 한 가지 이상 찾을 수 있으며 인권 침해 문제 해결을 위한 실천 방법을 설명할 수 있다.	학교생활에서 발생하는 인권 침해 사례를 찾을 수 있으나 인권 침해 문제 해결을 위한 실천 방법을 설명하는 데 다소 어려움을 느낀다.	학교생활에서 발생하는 인권 침해 사례를 찾는데 미흡하며 인권 문제 해결을 위한 실천 방법을 떠올리지 못한다.

수행 평가 예시 답안

1. ㉠ 친구가 남자가 분홍색 옷을 입었다고 놀렸다. / 친구들이 뚱뚱하다고 놀려서 놀림받은 친구가 상처를 받았다. / 나도 축구를 하고 싶은데 남자아이들이 여자는 축구를 할 수 없다고 해서 속상한 적이 있다. / SNS에 올린 나의 사진을 친구가 허락도 없이 학교 게시판에 올린 적이 있다. 등
2. 친구들이 찾은 사례를 정리하고, 그중 한 가지를 선택합니다.
3. ㉠ 친구의 신체적 특징을 가지고 놀리거나 평가하는 말을 하지 않는다. / 남녀 상관없이 모든 친구들이 함께 축구에 참여할 수 있도록 한다. / 허락 없이 다른 사람의 개인 사진이나 정보를 함부로 사용하지 않는다. 등

수행 평가 꿀팁

인권 침해 문제 해결 방법이 어렵게 느껴질 때는?

인권 침해 문제를 해결하기 위한 방법이 꼭 거창한 것이 아니어도 됩니다. 여러분의 생활 속에서 실천할 수 있는 작은 행동과 노력들이 모여 인권을 보장하는 학교생활을 만들 수 있어요. 서로의 입장을 바꾸어 생각해 보거나 나의 인권뿐 아니라 다른 사람의 인권도 배려하고자 하는 작은 실천들을 떠올려 보세요.

사다리 타기 놀이를 통해 낱말의 뜻을 확인해 봅시다.

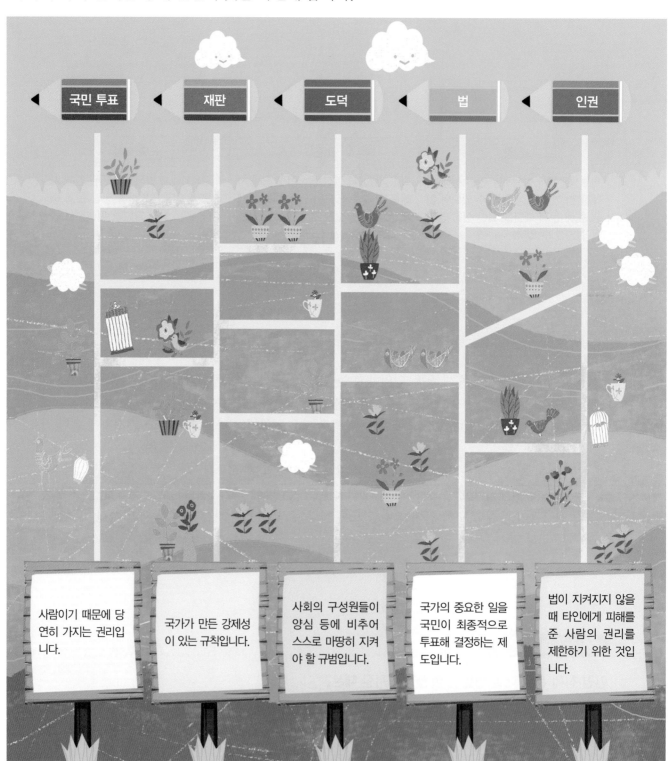

국민 투표 / 재판 / 도덕 / 법 / 인권

사람이기 때문에 당연히 가지는 권리입니다.

국가가 만든 강제성이 있는 규칙입니다.

사회의 구성원들이 양심 등에 비추어 스스로 마땅히 지켜야 할 규범입니다.

국가의 중요한 일을 국민이 최종적으로 투표해 결정하는 제도입니다.

법이 지켜지지 않을 때 타인에게 피해를 준 사람의 권리를 제한하기 위한 것입니다.

○✗ 문제를 풀어 미로를 탈출해 봅시다.

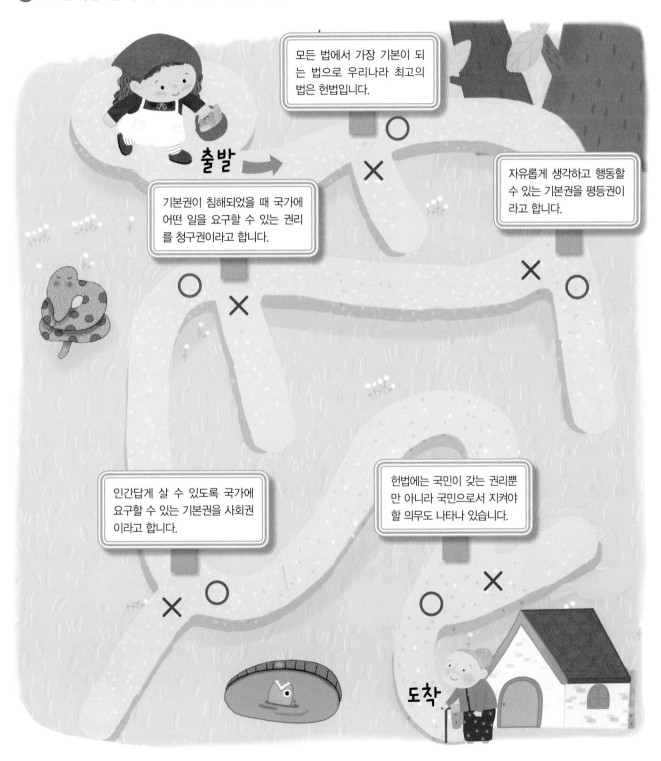

모든 법에서 가장 기본이 되는 법으로 우리나라 최고의 법은 헌법입니다.

자유롭게 생각하고 행동할 수 있는 기본권을 평등권이라고 합니다.

기본권이 침해되었을 때 국가에 어떤 일을 요구할 수 있는 권리를 청구권이라고 합니다.

인간답게 살 수 있도록 국가에 요구할 수 있는 기본권을 사회권이라고 합니다.

헌법에는 국민이 갖는 권리뿐만 아니라 국민으로서 지켜야 할 의무도 나타나 있습니다.

출발

도착

BOOK 1

개념책

BOOK 1 개념책으로 **학습 개념을**
확실하게 공부했나요?

실전책

BOOK 2 실전책에는 **요점 정리**가
있어서 **공부한 내용을 복습**할 수 있어요!
단원평가가 들어 있어
내 실력을 확인해 볼 수 있답니다.

예습, 복습, 숙제까지 해결되는

교과서 완전 학습서

만점왕

BOOK 2
실전책

사회 5-1

EBS

연산 드릴
일일 학습서
만점왕 연산

슈웅~

단/계/별/구/성

하루 2쪽	주제별 원리와 연산 드릴 문제	군더더기 없는 구성
▼	▼	▼
가벼운 학습	반복 훈련	연산 최적화

만점왕 연산

BOOK 2
실전책

만점왕 사회
5-1

BOOK 2 실전책

시험 2주 전 공부

핵심을 복습하기

시험이 2주 남았네요. 이럴 땐 먼저 핵심을 복습해 보면 좋아요.

만점왕 북2 실전책을 펴 보면

각 단원별로 핵심 정리와 쪽지 시험이 있습니다.

정리된 핵심 복습을 읽고 쪽지 시험을 풀어 보세요.

문제가 어렵게 느껴지거나 자신 없는 부분이 있다면

북1 개념책을 찾아서 다시 읽어 보는 것도 도움이 돼요.

시험 1주 전 공부

시간을 정해 두고 연습하기

앗, 이제 시험이 일주일 밖에 남지 않았네요.

시험 직전에는 실제 시험처럼 시간을 정해 두고 문제를 푸는 연습을 하는 게 좋아요.

그러면 시험을 볼 때에 떨리는 마음이 줄어드니까요.

이때에는 **만점왕 북2의 중단원 확인 평가, 학교 시험 만점왕, 서술형 평가**를
풀어 보면 돼요.

시험 시간에 맞게 풀어 본 후 맞힌 개수를 세어 보면

자신의 실력을 알아볼 수 있답니다.

이 책의 차례

CONTENTS

BOOK

2

실전책

1 우리 국토의 위치

(1) 우리 국토는 아시아 대륙의 동쪽에 위치함.

(2) 우리 국토는 북위 33°~43°, 동경 124°~132° 사이에 위치해 있음.

(3) 주변에 일본, 중국, 러시아, 몽골 등의 나라가 있음.

(4) 북쪽으로는 육지와 연결되어 있고 삼면이 바다로 둘러싸여 있어 대륙과 바다로 나아가기에 유리함.

2 우리 국토의 영역

(1) **영역**: 나라의 주권이 미치는 범위로 영토(땅), 영해(바다), 영공(하늘)으로 이루어짐.

(2) **우리나라의 영역**: 우리나라 영역에는 우리 주권이 미치므로 다른 나라가 함부로 들어올 수 없음.

영토	• 한반도와 한반도에 속한 여러 섬 • 동쪽 끝: 경상북도 울릉군 독도 • 서쪽 끝: 평안북도 용천군 마안도 • 남쪽 끝: 제주특별자치도 서귀포시 마라도 • 북쪽 끝: 함경북도 온성군 유원진
영해	• 영해를 설정하는 기준선으로부터 12해리까지임. • 동해안: 썰물일 때의 해안선을 기준으로 함. • 서해안, 남해안: 가장 바깥에 위치한 섬들을 직선으로 이은 선을 기준으로 함.
영공	우리나라 영토와 영해 위에 있는 하늘

3 우리 국토 사랑하기

(1) 국토는 우리가 살아가는 삶의 터전으로, 국토가 없으면 국가와 국민은 존재할 수 없음.

(2) 우리 국토를 사랑하고 아끼는 방법

　• 국토의 환경을 깨끗하게 보호하기

　• 다른 사람들이 우리 국토에 관심을 갖도록 국토 사랑 캠페인하기

　• 독도 지킴이 활동하기

4 우리 국토의 구분

(1) 북부, 중부, 남부 지방으로 구분

　• 북부 지방: 휴전선 북쪽 지역

　• 중부 지방: 휴전선 남쪽부터 소백산맥과 금강 하류를 잇는 선의 북쪽 지역

　• 남부 지방: 소백산맥과 금강 하류의 남쪽 지역

(2) **전통적인 지역 구분**: 오래전부터 산이나 호수, 강, 바다, 저수지, 시설물 등의 환경을 기준으로 지역을 구분함. ➡ 오늘날 행정 구역을 정하는 기초가 됨.

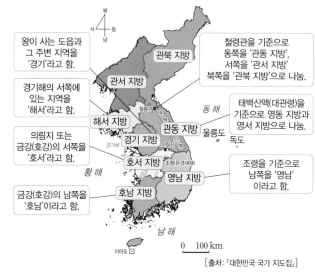

▲ 전통적인 지역 구분

[출처: 「대한민국 국가 지도집」]

(3) 우리 국토의 행정 구역

　• 나라를 효율적으로 관리하기 위한 지역의 구분: 북한 지역을 제외한 특별시 1곳, 특별자치시 1곳, 광역시 6곳, 도 6곳, 특별자치도 3곳이 있음.

　• 특별시, 특별자치시, 광역시에는 시청이 있고, 도와 특별자치도에는 도청이 있음.

▲ 우리나라의 행정 구역

정답과 해설 27쪽

01 ( ) 안에 공통으로 들어갈 말은 무엇입니까?

> 우리 국토는 북쪽으로는 육지와 연결되어 있으며, 삼면이 ( )(으)로 둘러싸여 대륙과 ( )(으)로 나아가기에 유리하다.

( )

02 우리 국토가 위치해 있는 대륙은 무엇입니까?

( )

03 한 나라의 주권이 미치는 범위를 무엇이라고 합니까?

( )

04 다음에서 설명하는 것은 무엇입니까?

> • 우리나라의 주권이 미치는 바다이다.
> • 이것은 일반적으로 기준선으로부터 12해리까지이다.

( )

05 우리나라 영토의 동쪽 끝에 있는 섬의 이름은 무엇입니까?

( )

[06~10] 다음을 읽고, 알맞은 말에 ○표 하시오.

06 우리나라 영토의 서쪽 끝은 (마안도 , 마라도)입니다.

07 관동 지방을 영동 지방과 영서 지방으로 나누는 기준은 (소백산맥 , 태백산맥)입니다.

08 우리나라의 전통적인 지역 구분에서 왕이 사는 도읍의 주변을 뜻하는 지역은 (경기 , 해서)입니다.

09 나라를 효율적으로 관리하기 위해 나눈 지역을 (도시 , 행정 구역)(이)라고 합니다.

10 특별시, 특별자치시, 광역시에는 (시청 , 도청)이 있고, 도와 특별자치도에는 (시청 , 도청)이 있습니다.

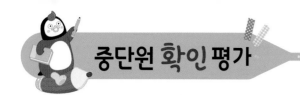

[01~02] 다음 지도를 보고, 물음에 답하시오.

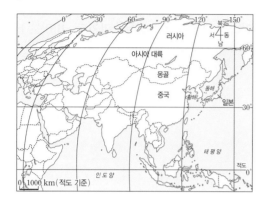

01 우리 국토의 위치에 대한 특징으로 알맞지 <u>않은</u> 것은 어느 것입니까? ( )

① 태평양과 접해 있다.
② 북쪽은 육지와 연결되어 있다.
③ 삼면이 바다로 둘러싸여 있다.
④ 아시아 대륙의 남쪽에 위치한다.
⑤ 주변에 일본, 중국, 러시아, 몽골 등의 나라가 있다.

02 우리 국토의 경도와 위도에 관한 설명으로 알맞지 <u>않은</u> 것은 어느 것입니까? ( )

① 우리 국토는 북위 33°~43°에 위치해 있다.
② 우리 국토는 적도를 기준으로 남쪽에 있다.
③ 우리 국토는 동경 124°~132°에 위치해 있다.
④ 우리 국토는 본초 자오선의 동쪽에 위치해 있다.
⑤ 우리 국토는 적도와 극지방의 사이인 중위도에 위치해 있다.

03 우리 국토의 위치가 세계 여러 나라와 교류하기 좋은 까닭으로 알맞은 것은 어느 것입니까? ( )

① 서해안과 남해안에 섬이 많아 교류하기에 좋다.
② 삼면이 바다로 둘러싸여 바다로 나아가기에 유리하다.
③ 주변에 교류할 수 있는 유럽의 여러 나라가 위치해 있다.
④ 대륙을 통해 우리나라 주변의 모든 국가와 교류할 수 있다.
⑤ 동쪽으로 연결된 육지를 통해 대륙으로 나아가기에 유리하다.

04 한 나라의 영역에 대한 설명으로 알맞은 것을 모두 고른 것은 어느 것입니까? ( )

> ㉠ 나라의 주권이 미치는 범위이다.
> ㉡ 영역은 국가를 이루는 중요한 요소이다.
> ㉢ 영토는 영공과 영해 위의 하늘을 말한다.
> ㉣ 한 나라의 영역에는 다른 나라가 함부로 들어올 수 없다.

① ㉠, ㉡   ② ㉡, ㉣
③ ㉠, ㉡, ㉢   ④ ㉠, ㉡, ㉣
⑤ ㉡, ㉢, ㉣

05 ( ) 안에 들어갈 알맞은 말을 쓰시오.

> 영해는 주권이 미치는 바다의 영역으로, 일반적으로 영해를 설정하는 기준선으로부터 ( ) 해리까지이다.

( )

[06~07] 다음 대화를 읽고, 물음에 답하시오.

> 태영: 깨끗해진 바다를 보니 참 뿌듯하다.
> 승아: 우리가 사는 국토를 우리가 직접 깨끗하게 하니까 더 보람찬 것 같아.
> 태영: 아름다운 우리 국토의 환경이 파괴되지 않도록 활동에 꾸준히 참여하자.
> 승아: 그래. 집에 돌아가면 우리 국토를 위해 _____ 을/를 해보고 싶어.

06 사람들이 태영이와 승아와 같은 활동을 많이 할 경우 가져올 변화로 알맞지 <u>않은</u> 것은 어느 것입니까?

( )

① 국토가 살기 좋아진다.
② 국토의 영역이 넓어진다.
③ 국토를 더 아름답게 가꿀 수 있다.
④ 국토의 환경이 깨끗하게 유지된다.
⑤ 국토에 대한 국민들의 관심이 더욱 커질 수 있다.

 07 위 빈칸에 들어갈 국토를 사랑하는 마음을 실천할 수 있는 방안을 한 가지만 쓰시오.

_____

_____

08 다음과 같이 남북으로 긴 우리나라를 세 부분으로 구분할 때, 북부 지방과 중부 지방을 나누는 기준은 무엇인지 쓰시오.

( )

 09 다음을 읽고, 우리나라의 전통적인 지역 구분의 기준은 무엇이었는지 쓰시오.

> 금강의 옛 이름은 호강으로 금강의 서쪽 지역을 호서 지방, 금강의 남쪽 지역은 호남 지방이라고 하였다. 관동 지방의 경우 태백산맥을 기준으로 동쪽은 영동 지방, 서쪽은 영서 지방이라고 하였다.

_____

_____

10 다음 지도를 보고, 우리나라의 행정 구역에 대한 설명으로 알맞지 <u>않은</u> 것은 어느 것입니까? ( )

① 우리나라의 특별시는 1곳이다.
② 우리나라의 도는 모두 6곳이다.
③ 우리나라의 특별자치도는 3곳이다.
④ 우리나라의 광역시는 모두 5곳이다.
⑤ 나라를 효율적으로 관리하기 위해 지역을 구분하였다.

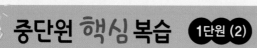
1 우리나라의 지형

산지	여러 산이 모여 있는 지형
하천	빗물과 지하수가 낮은 곳으로 흘러가며 만든 크고 작은 물줄기
평야	넓고 평탄한 땅
해안	바다와 맞닿은 육지 부분
섬	물로 둘러싸인 땅

2 우리나라 지형의 특징

(1) 우리나라 국토는 산지가 많은 편임.

(2) 높고 험한 산지는 대부분 북쪽과 동쪽에 많고, 남쪽과 서쪽으로 갈수록 땅의 높이가 낮아짐.

(3) 큰 하천은 대체로 남쪽과 서쪽으로 흘러감.

(4) 하천 주변에 평야가 나타남.

(5) 사람들은 지형을 이용해 살아가거나 지형을 개발하기도 함. 예 산지: 스키장, 휴양 시설 등

(6) 우리나라 해안의 특징

동해안	해안선이 단조롭고 길게 뻗은 모래사장이 펼쳐진 곳이 많음. ➡ 해수욕장이 발달
서해안	해안선이 복잡하고 밀물과 썰물의 차가 커서 갯벌이 발달 ➡ 소금이나 해산물 채취, 갯벌을 간척해 농경지나 공업용지로 사용
남해안	해안선이 복잡하고 섬이 많으며, 수심이 깊지 않고 파도가 잔잔한 편임. ➡ 양식장에서 굴이나 전복 등의 해산물을 기름.

3 우리나라의 기후

(1) 사계절이 나타나고 계절별 기후가 다름.
  • 여름에는 덥고 습하며 비가 많이 옴.
  • 겨울에는 춥고 건조하며 눈이 많이 내림.
  • 봄과 가을은 온화하며 여름과 겨울보다 기간이 짧음.
  ➡ 계절에 따라 사람들의 생활 모습이 달라짐.

(2) 우리나라 바람의 특징
  • 계절에 따라 불어오는 바람의 방향이 다름.
  • 여름: 남동쪽 바다에서 덥고 습한 바람이 불어옴.
  • 겨울: 북서쪽 대륙에서 차갑고 건조한 바람이 불어옴.

(3) 우리나라 기온의 특징
  • 우리나라는 남북으로 길게 뻗어 있어 남쪽, 북쪽 지역의 기온 차가 큼. ➡ 대체로 남쪽으로 갈수록 기온이 높고 북쪽으로 갈수록 기온이 낮아짐.
  • 차가운 북서풍을 막아 주는 태백산맥과 수심이 깊은 동해의 영향으로 비슷한 위도일 경우 동쪽과 서쪽 지역 간 기온 차가 남. ➡ 겨울 동해안의 기온이 서해안보다 높은 편임.
  • 비슷한 위도일 경우 대체로 해안 지역이 내륙 지역보다 겨울에 더 따뜻함.

(4) 우리나라 강수량의 특징
  • 대체로 북쪽에서 남쪽으로 갈수록 강수량이 많음.
  • 계절에 따른 강수량의 차이가 크며, 연 강수량의 절반 이상이 여름에 집중됨(장마, 태풍 등의 영향).
  • 제주도와 울릉도 등에서는 눈이 많이 내려 겨울에도 강수량이 많은 편임.
  • 강수량에 따라 다양한 생활 모습이 나타남. 예 저수지, 터돋움집, 우데기, 설피 등

4 우리나라의 자연재해

(1) 자연재해: 홍수, 가뭄, 태풍, 지진, 황사 등 피할 수 없는 자연 현상으로 일어나는 피해

(2) 자연재해 피해를 줄이기 위한 노력: 자연재해에 대한 정확한 정보를 알려 주는 예보와 경보 체계를 갖추어야 함.

자연재해	대응 및 행동 요령
황사	• 황사 주의보, 경보 발령 • 마스크 착용
가뭄	• 저수지 및 댐 건설, 숲 만들기 • 물 아껴 쓰기
폭염	• 야외 활동 자제, 물 자주 마시기
홍수	• 하천 주변에 제방 쌓기 • 높은 곳으로 이동하여 구조 기다리기
태풍	• 태풍 진로 예측 및 대비 • 창문, 시설물 등 점검하기
한파	• 추위 대피소, 온열 의자 설치 • 방한용품 착용
폭설	• 눈이 쌓인 지붕이 있는 곳 등은 가지 않기
지진	• 대피소 지정 및 파악 • 책상 밑으로 대피하기, 계단을 이용하여 건물 밖으로 대피하기

정답과 해설 27쪽

[01~06] 다음을 읽고, 알맞은 말에 ○표 하시오.

01 우리나라의 지형 중 남해안에서 많이 볼 수 있는 지형으로 물로 둘러싸인 땅은 (해안 , 섬)이라고 합니다.

02 우리나라의 지형은 대체로 (동쪽 , 서쪽)이 높고 (동쪽 , 서쪽)이 낮으며, 이는 대부분의 큰 하천의 흐름에도 영향을 미칩니다.

03 우리나라 해안 중 해안선이 복잡하고 갯벌이 발달한 곳은 (동해안 , 서해안)입니다.

04 우리나라의 사계절 중 남동쪽에서 덥고 습한 바람이 불어오는 계절은 (봄 , 여름)입니다.

05 우리나라는 남북으로 길게 뻗어 있어 남쪽 지방과 북쪽 지방의 기온 차이가 큽니다. 대체로 (남쪽 , 북쪽) 지방으로 갈수록 기온이 높아져 더 따뜻하고, (남쪽 , 북쪽) 지방으로 갈수록 기온이 낮아져 더 춥습니다.

06 동해안의 겨울 기온이 서해안보다 높은 까닭은 북서쪽에서 불어오는 차가운 바람을 막아 주는 (소백산맥 , 태백산맥)과 수심이 (얕은 , 깊은) 동해의 영향 때문입니다.

07 밑줄 친 '이것'은 무엇인지 쓰시오.

> 여름철 비가 많이 오는 지역에서는 집이 물에 잠기는 것을 막기 위해 집터를 주변보다 높여서 이것을 짓기도 했다.

(   )

08 자연재해 중 늦봄이나 초여름에 주로 발생하며, 오랫동안 비가 오지 않거나 적게 오는 기간이 지속되는 현상을 무엇이라고 합니까?

(   )

09 각 계절에 주로 일어나는 자연재해를 선으로 연결하시오.

(1) 봄 ·   · ㉠ 한파

(2) 여름 ·   · ㉡ 홍수

(3) 겨울 ·   · ㉢ 황사

10 자연재해의 피해를 줄이기 위한 경보 체계로, 자연재해 발생 시 신속한 대처를 위해 국민안전처에서 긴급하게 보내는 문자 메세지를 무엇이라고 합니까?

(   )

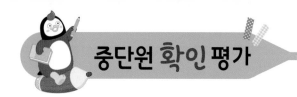

중단원 확인평가

중단원 확인평가

1 (2) 우리 국토의 자연환경

01 다음에서 설명하는 지형은 무엇입니까? (   )

> • 우리나라에 많은 편이다.
> • 여러 산이 모여 있는 지형이다.

① ▲ 섬   ② ▲ 해안
③ ▲ 산지   ④ ▲ 하천
⑤ ▲ 평야

03 위 대화에서 잘못된 내용을 바르게 고쳐 쓰시오.

_____

_____

04 지형을 이용해 살아가거나 지형을 개발한 사례가 바르게 연결된 것은 어느 것입니까? (   )

① 산지 – 논농사
② 갯벌 – 스키장
③ 해안 – 다목적 댐 건설
④ 하천 상류 – 간척 사업
⑤ 하천 중·하류 주변 평야 – 논농사

[02~03] 다음 대화를 읽고, 물음에 답하시오.

> 혜연: 점토를 이용해서 우리나라의 땅 모양을 만들어 보자. 지도의 서쪽에 점토를 많이 붙여 땅을 높게 만들고 동쪽은 낮게 만들게.
> 성찬: 동해안은 해안선이 단조로워서 쉽게 표현할 수 있을 거야.
> 윤조: 그럼 해안선이 복잡하고 섬이 많은 남해안은 내가 표현해 볼게.

02 우리나라 지형의 모형을 만드는 과정 중 바르지 <u>않은</u> 내용을 말한 사람은 누구인지 쓰시오.

(   )

05 우리나라의 기후에 대한 설명으로 알맞지 <u>않은</u> 것은 어느 것입니까? (   )

① 계절별로 기온의 차이가 크다.
② 봄, 여름, 가을, 겨울 사계절이 나타난다.
③ 여름에는 서쪽에서 덥고 습한 바람이 불어온다.
④ 겨울에는 북서쪽에서 차갑고 건조한 바람이 불어온다.
⑤ 봄과 가을은 온화하며, 여름과 겨울보다 기간이 짧다.

06 우리나라의 계절별 생활 모습에 대한 설명으로 가장 알맞은 것은 어느 것입니까? (   )

① 가을철에는 피서를 간다.
② 봄철에는 단풍을 구경한다.
③ 겨울철에는 난로를 사용한다.
④ 가을철에는 주로 꽃구경을 간다.
⑤ 여름철에는 두꺼운 옷을 입고 장갑을 낀다.

07 밑줄 친 '이것'은 무엇인지 쓰시오.

> <u>이것</u>은 겨울에 북서쪽에서 우리나라로 불어오는 차가운 바람을 막아 주어 비슷한 위도일 경우 동해안의 기온이 서해안보다 높은 데 영향을 준다.

(   )

08 우리나라 연평균 강수량이 표시된 지도를 분석한 내용으로 알맞지 <u>않은</u> 것은 어느 것입니까? (   )

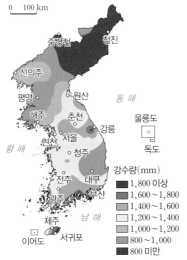

[출처: 기상청, 한국 기후도(1981~2010), 북한 기후표(1981~2010)]

① 제주도는 강수량이 많은 편이다.
② 지역에 따라 강수량의 차이가 크다.
③ 대체로 남부 지방은 강수량이 많다.
④ 북쪽 지방은 강수량이 적은 편이다.
⑤ 강수량이 가장 많은 지역은 청진이다.

09 우리나라의 계절별 발생하는 자연재해가 바르게 연결된 것을 <u>두 가지</u> 고르시오. (,   )

① 봄 —

▲ 가뭄

② 여름 —

▲ 한파

③ 여름 —

▲ 태풍

④ 가을 —

▲ 폭설

⑤ 겨울 —

▲ 홍수

10 지진이 발생했을 때 집 안에서의 대처 방법을 <u>한 가지</u>만 쓰시오.

_____

_____

① 우리나라 인구의 변화

(1) 인구 분포의 특징

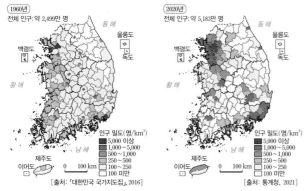

▲ 1960년과 2020년의 인구 분포도

- 1960년대 이전: 남서쪽 평야 지역의 인구 밀도가 높았고 북동쪽 산지 지역은 인구 밀도가 낮았음.
- 1960년대 이후: 산업화로 사람들이 도시로 이동함.
  ➡ 도시 수가 증가하고 도시의 인구 밀도가 높아짐 (산지와 농어촌 지역의 인구 밀도는 낮아짐).
- 인구의 절반 이상이 수도권에, 전체 인구의 약 90% 이상이 수도권을 비롯한 도시에 집중되어 있음.

(2) 인구 구조의 변화: 1990년대 이후 출산율이 낮아지면서 유소년층 인구 비율이 낮아지고, 평균 수명이 늘어나면서 노년층 인구 비율이 높아짐. ➡ 저출산·고령화 현상

② 우리나라 도시의 발달

(1) 1960년대 이후 공업이 발달하면서 도시가 발달하고 일자리가 많은 도시의 인구가 급속히 증가함.

(2) 1970년대 대도시의 지속적 성장과 더불어 새로운 공업 도시가 성장하면서 도시 인구가 증가함.

(3) 산업이 발전하면서 도시의 크기가 계속 커지고, 도시의 수도 많이 늘어남.

(4) 도시 인구 집중의 문제점: 인구 분포가 지역적으로 고르지 않아서 여러 가지 문제가 발생함.
- 도시의 문제: 주택 부족, 교통 혼잡, 환경 오염 등
- 촌락의 문제: 교육 및 의료 시설 부족, 일손 부족 등

(5) 국토의 균형 발전을 위해 공공 기관 등을 지방으로 옮겨 그 주변이 발전하도록 함. 예 신도시 건설

③ 우리나라 산업의 발달

(1) 산업 구조의 변화: 농림어업 중심에서 광공업과 서비스업 중심으로 변화함.

(2) 공업 지역의 발달: 자연환경과 인문환경에 따라 지역별로 다른 산업이 발달했으며, 과학과 기술의 발달로 첨단 산업이 빠르게 성장함.

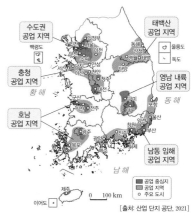

▲ 우리나라의 주요 공업 지역

④ 우리나라 교통의 발달

(1) 고속 국도가 완공되면서 전 국토가 1일 생활권으로 연결됨.

(2) 2004년 고속 철도가 개통되면서 생활권이 더욱 넓어짐.

(3) 항구와 공항의 수가 늘어나 지역 간 교류가 활발해짐.

(4) 오늘날 교통의 발달로 사람과 물자의 이동이 활발해지고 지역 간 이동 시간이 줄면서 지역 간 거리가 가깝게 느껴짐.

⑤ 인문환경의 변화에 따라 달라진 국토의 모습

인구, 도시, 산업, 교통은 서로 영향을 주고받으며 변화함.

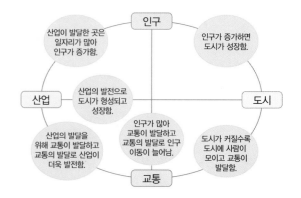

정답과 해설 28쪽

01 일정한 범위의 땅에 사람들이 얼마나 모여 살고 있는가를 나타내는 것을 무엇이라고 합니까?

(   )

02 다음 내용을 읽고, 옳으면 ○표 틀리면 ×표 하시오.

(1) 1960년대 이전의 농업 사회에서는 남서쪽 평야 지역의 인구 밀도가 높았다. (   )

(2) 산업화 이후 산지와 농어촌 지역의 인구 밀도가 높아졌다. (   )

03 다음과 같이 인구가 집중된 도시에 나타나는 문제점은 무엇입니까?

(   )

04 1960년대 이후 산업의 발달과 함께 도시 인구가 급속히 증가한 것은 사람들이 무엇을 찾아 도시로 이동하였기 때문입니까?

(   )

05 대도시에 인구가 집중되고 여러 가지 문제가 발생하게 되면서 대도시 주변 지역에 인구와 기능을 분산하기 위해 건설한 것은 무엇입니까?

(   )

[06~07] 다음 (   ) 안에 들어갈 알맞은 말을 쓰시오.

06

> 1970년대 이후 남동쪽 해안 지역을 중심으로 비교적 무거운 물건을 만들거나 원유로 다양한 물건을 만드는 (   )이/가 발달하였습니다.

(   )

07

> 우리나라의 산업 구조는 농림어업 중심에서 광공업과 (   )(으)로 변화하였습니다.

(   )

[08~09] 다음 내용을 읽고, 옳으면 ○표 틀리면 ×표 하시오.

08 우리나라는 자연환경과 인문환경에 따라 지역별로 각기 다른 산업이 발달하였습니다.

(   )

09 오늘날 교통의 발달로 사람과 물자의 이동이 활발해지고 지역 간 거리는 더욱 가깝게 느껴집니다.

(   )

10 사람들이 일상생활을 할 때 활동하는 범위를 뜻하는 것으로, 고속 국도와 고속 철도의 발달로 점점 넓어지고 있는 것은 무엇입니까?

(   )

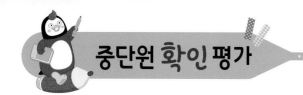
01 다음 지도를 통해 알 수 있는 우리나라의 인구 분포 특징으로 알맞은 것은 어느 것입니까? (   )

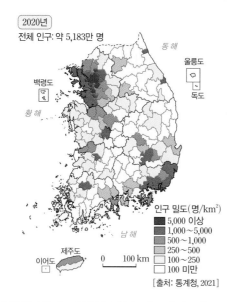

2020년
전체 인구: 약 5,183만 명

인구 밀도(명/km²)
■ 5,000 이상
■ 1,000~5,000
■ 500~1,000
□ 250~500
□ 100~250
□ 100 미만

0   100 km

[출처: 통계청, 2021]

① 남서쪽 평야 지역의 인구 밀도가 높다.
② 산지와 농어촌 지역의 인구 밀도가 높다.
③ 도시와 촌락의 인구 밀도가 비슷한 편이다.
④ 수도권과 대도시 지역의 인구 밀도가 높다.
⑤ 우리나라에서 인구가 가장 밀집한 곳은 남동쪽 해안 지역이다.

02 1960년대 이전 남서부 지역에 인구가 모여 산 까닭은 무엇인지 쓰시오.

_____

_____

03 다음 그래프에 대한 설명으로 알맞은 것은 어느 것입니까? (   )

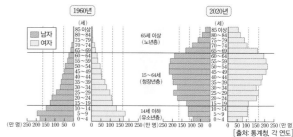

▲ 우리나라의 인구 피라미드 변화

① 1960년에는 노년층의 인구 비율이 가장 높다.
② 1960년에는 청장년층보다 유소년층의 인구 비율이 낮다.
③ 2020년에는 청장년층보다 유소년층의 인구 비율이 높다.
④ 2020년에는 노년층의 인구 비율이 가장 높다.
⑤ 1960년에 비해 2020년에는 유소년층의 인구 비율이 낮다.

04 인구가 줄어들고 있는 촌락에서 나타나고 있는 문제점을 **두 가지** 고르시오. (,   )

① 일손 부족   ② 교통 혼잡
③ 주택 부족   ④ 환경 오염
⑤ 의료 시설 부족

05 우리나라 도시가 발달한 과정을 보기 에서 골라 순서대로 기호를 쓰시오.

보기

㉠ 신도시를 건설하여 인구와 기능을 분산함.
㉡ 대도시에 인구가 집중되면서 여러 문제가 생김.
㉢ 일자리를 찾아 도시로 이동하는 인구가 증가함.

(   )

06 다음 지도에 대한 설명으로 알맞은 것을 두 가지 고르시오. (,   )

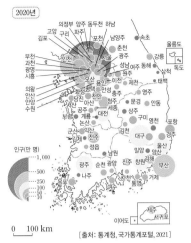

▲ 우리나라의 도시 수와 도시 인구

① 도시 발달의 지역 차이가 크다.
② 수도권 지역에 도시 수가 많다.
③ 인구 100만 명 이상의 도시가 없다.
④ 대도시는 북동쪽 지역에 밀집해 있다.
⑤ 대체로 북동쪽에 도시와 인구가 많다.

07 다음과 같은 특징을 가진 우리나라의 공업 지역은 어디입니까? (   )

• 교통이 편리하다.
• 소비 시장이 넓다.
• 다양한 산업이 발달하였다.

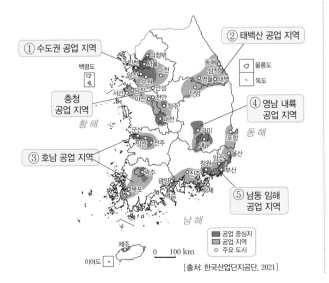

[출처: 한국산업단지공단, 2021]

08 남동 임해 공업 지역에 중화학 공업 단지가 형성된 까닭으로 알맞은 것은 어느 것입니까? (   )

① 연구소 및 대학교와 협력하기 쉬워서
② 독특하고 아름다운 자연환경이 있어서
③ 시멘트 산업에 필요한 원료가 풍부해서
④ 원료를 수입하고 제품을 수출하기 편리해서
⑤ 풍부한 노동력으로 산업이 성장할 수 있어서

09 다음 교통도를 보고 알 수 있는 우리나라의 변화 모습을 쓰시오.

(가)   (나)

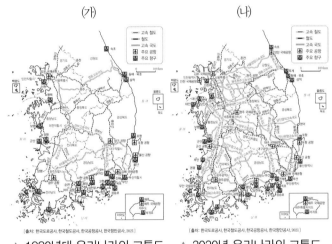

[출처: 한국도로공사, 한국철도공사, 한국공항공사, 한국항만공사, 2021]   [출처: 한국도로공사, 한국철도공사, 한국공항공사, 한국항만공사, 2021]
▲ 1980년대 우리나라의 교통도   ▲ 2020년 우리나라의 교통도

_____

_____

10 교통 발달에 따라 달라진 생활 모습으로 알맞지 않은 것은 어느 것입니까? (   )

① 사람들의 생활권이 넓어진다.
② 지역 간 인구 이동이 증가한다.
③ 지역 간의 이동 시간이 늘어난다.
④ 산업에 필요한 원료의 공급이 원활하다.
⑤ 인구가 증가하고 많은 도시가 생겨난다.

01 우리 국토의 위치에 대한 설명으로 알맞은 것은 어느 것입니까? (   )

① 우리나라는 고위도에 위치한다.
② 아시아 대륙의 서쪽에 위치한다.
③ 삼면이 바다로 둘러싸여 바다로 나아가기 좋다.
④ 주변에 러시아, 프랑스, 독일 등의 나라가 있다.
⑤ 본초 자오선의 서쪽에, 적도의 남쪽에 위치한다.

02 뉴스를 통해 알 수 있는 영해에 대한 설명으로 알맞은 것은 어느 것입니까? (   )

해양경찰은 우리나라 영해에서 물고기를 잡던 다른 나라 어선 한 척을 붙잡았습니다.

이들은 허가도 없이 물고기를 잡았기 때문에 처벌을 받을 것으로 예상됩니다.

해양경찰

① 영해를 설정하는 기준선은 어디서든 같다.
② 영해는 우리나라의 주권이 미치는 바다이다.
③ 영해는 한반도와 한반도에 속한 여러 섬이다.
④ 영해는 나라의 주권이 미치는 유일한 영역이다.
⑤ 다른 나라 배가 우리 영해에 허가 없이 들어올 수 있다.

03 국토를 가꾸고 지키기 위해 우리가 할 수 있는 일로 알맞지 않은 것은 어느 것입니까? (   )

① 국토 사랑 신문 만들기
② 나무나 꽃을 심고 가꾸기
③ 우리 국토에 대한 지식 쌓기
④ 국토를 지키는 문제를 전문가에게만 맡기기
⑤ 우리 국토의 환경을 보호하는 활동에 참여하기

04 자연환경에 따라 국토를 구분하는 기준으로 알맞지 않은 것은 어느 것입니까? (   )

① 산   ② 강
③ 호수   ④ 바다
⑤ 도로

[05~06] 다음 지도를 보고, 물음에 답하시오.

05 위 지도에서 별(★)로 표시된 곳은 우리나라 행정 구역 중 어디입니까? (   )

① 경기도   ② 강원특별자치도
③ 전북특별자치도   ④ 전라남도
⑤ 세종특별자치시

06 별(★) 표시된 곳의 행정 구역에 대한 설명으로 알맞은 것은 어느 것입니까? (   )

① 광역시에 해당한다.
② 특별시에 해당한다.
③ 특별자치시에 해당한다.
④ 우리나라의 수도가 있다.
⑤ 전통적인 지역 구분으로는 관동 지방에 해당한다.

07 지형에 대한 설명으로 알맞은 것은 어느 것입니까?
(   )

① 산지: 물로 둘러싸인 땅이다.
② 섬: 바다와 맞닿은 육지 부분이다.
③ 해안: 하천 주변의 넓고 평평한 땅이다.
④ 평야: 높이 솟은 산들이 모여 이룬 지형이다.
⑤ 하천: 빗물과 지하수가 낮은 곳으로 흐르면서 만든 물줄기이다.

08 우리나라 지형의 특징으로 알맞은 것을 보기 에서 <u>모두</u> 고른 것은 어느 것입니까? (   )

> 보기
>
> ㉠ 대체로 동쪽이 높고 서쪽이 낮은 지형이다.
> ㉡ 높고 험한 산은 대부분 북쪽과 동쪽에 많다.
> ㉢ 산지가 거의 없고 넓은 평야가 펼쳐져 있다.
> ㉣ 큰 하천은 대부분 서쪽에서 동쪽으로 흐른다.

① ㉠, ㉡
② ㉠, ㉢
③ ㉡, ㉢
④ ㉡, ㉣
⑤ ㉢, ㉣

09 다양한 지형을 이용한 생활 모습으로 알맞지 <u>않은</u> 것은 어느 것입니까? (   )

① 하천 상류에 다목적 댐을 건설한다.
② 높은 산지에 스키장과 휴양 시설을 만든다.
③ 하천 하류 주변의 평야에서 논농사를 짓는다.
④ 평지에는 많은 사람이 모여 큰 도시가 발달한다.
⑤ 평야 주변에 다목적 댐을 만들어 관광 자원으로 활용한다.

10 다음 그림에 나타난 계절에 대한 설명으로 알맞은 것을 <u>두 가지</u> 고르시오. (,   )

① 덥고 비가 많이 온다.
② 남동쪽에서 덥고 습한 바람이 불어온다.
③ 다른 계절보다 기간이 훨씬 짧은 편이다.
④ 맑은 날이 많고 서늘한 날씨가 나타난다.
⑤ 다른 계절보다 두꺼운 옷차림이 필요하다.

11 다음 우리나라 1월 평균 기온을 보고 알 수 있는 것은 무엇입니까? (   )

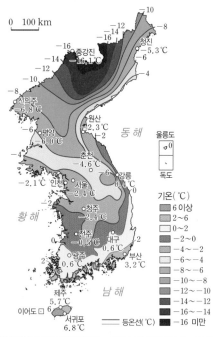

[출처: 기상청, 한국 기후도(1981~2010), 북한 기후표(1981~2010)]

① 겨울에 가장 따뜻한 곳은 부산이다.
② 겨울에 가장 추운 곳은 신의주이다.
③ 같은 위도라면 서쪽보다 동쪽이 더 춥다.
④ 바다에 접한 지역이 내륙 지역보다 춥다.
⑤ 남쪽 지방과 북쪽 지방의 기온 차가 크다.

12 다음은 우리나라의 기온에 대한 내용입니다. (   ) 안에 들어갈 알맞은 말을 차례대로 나열한 것은 어느 것입니까? (   )

> (   )쪽에서 불어오는 차가운 바람을 막아주는 태백산맥과 수심이 깊은 (   )의 영향으로 비슷한 위도의 경우 동해안의 겨울 기온이 서해안보다 (   ) 편이다.

① 남동, 동해, 높은
② 남동, 서해, 낮은
③ 북서, 동해, 높은
④ 북서, 서해, 높은
⑤ 북서, 동해, 낮은

13 다음 우리나라의 연평균 강수량을 보고 바르게 설명한 것은 어느 것입니까? (   )

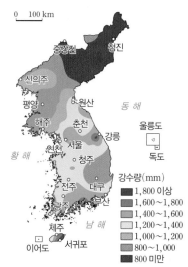

[출처: 기상청, 한국 기후도(1981~2010), 북한 기후표(1981~2010)]

① 우리나라는 여름에 강수량이 집중된다.
② 북쪽보다 남쪽에 강수량이 많은 편이다.
③ 대체로 모든 지역의 강수량이 비슷하다.
④ 제주는 연평균 강수량이 800mm 미만이다.
⑤ 해안보다는 내륙 쪽에 비가 많이 오는 편이다.

14 우리나라의 강수량에 따른 생활 모습을 바르게 말한 사람은 누구입니까? (   )

① 영희: 폭설에 대비하기 위해 저수지를 만들었어.
② 민정: 비가 집으로 들어오는 것을 막기 위해 그늘막을 설치해.
③ 준서: 눈이 집으로 들어오는 것을 막기 위해 설피를 사용했어.
④ 우영: 우데기는 제주도에서 집 안 생활이 편리하도록 설치한 외벽이야.
⑤ 재우: 터돋움집은 집이 물에 잠기는 것을 막기 위해 집터를 주변보다 높인 거야.

15 다음과 관련 있는 자연재해는 무엇입니까? (   )

> 행동 요령: 손이나 가방 등으로 머리를 보호하고 위험물로부터 몸을 피한다.

① 홍수   ② 지진   ③ 태풍
④ 한파   ⑤ 폭설

16 다음 그래프를 통해 알 수 있는 우리나라 인구 구조의 변화로 알맞은 것은 어느 것입니까? (   )

▲ 전국 초등학교의 학급당 평균 학생 수

① 노년층 인구 비율이 줄어들고 있다.
② 유소년층 인구 비율이 줄어들고 있다.
③ 초등학교 학생의 수가 늘어나고 있다.
④ 청장년층 인구 비율이 줄어들고 있다.
⑤ 노년층과 유소년층 인구 비율이 모두 늘어나고 있다.

17 다음 ㉠, ㉡에 들어갈 알맞은 말을 바르게 연결한 것은 어느 것입니까? (   )

> 태오: 1960년대 이후 공업이 발달하면서 (㉠) 이/가 많은 서울로 사람들이 모이면서 인구가 증가했어.
> 서희: 서울의 인구가 점점 증가하면서 문제가 생겼어. 그래서 경기도에 (㉡)을/를 건설해서 기능을 분산했어.

	㉠	㉡
①	주택	신도시
②	원료	신도시
③	일자리	신도시
④	주택	고속 철도
⑤	일자리	고속 철도

18 우리나라의 산업 발달 모습에 대한 설명으로 알맞지 <u>않은</u> 것은 어느 것입니까? (   )

① 과거에는 원료가 나는 지역에 산업이 발달하였다.
② 1970년대 이후 남동쪽 해안가에 중화학 공업 단지가 형성되었다.
③ 자연환경과 인문환경의 차이에 따라 지역별로 다른 산업이 발달하였다.
④ 우리나라의 산업 구조는 광공업 중심에서 농림어업 중심으로 변화하였다.
⑤ 중화학 공업 단지가 형성된 곳은 원료 수입과 제품 수출이 편리한 곳이다.

[19~20] 서호의 일기를 읽고, 물음에 답하시오.

> 20○○년 ○○월 ○○일 ○요일   날씨: 맑음
>
> 지난주에 우리 가족은 친척이 살고 있는 강릉에 다녀왔다. 어머니와 나는 고속 철도를 타고 서울에서 강릉까지 두 시간 안에 갈 수 있었다. 아버지는 아침에 제주도에서 열리는 회의에 가셨다가, 저녁에 비행기로 양양 공항을 통해 강릉에 오셨다. 우리나라가 마치 작은 마을처럼 느껴졌다.

19 도시의 발달에 영향을 주는 인문환경 중 위 일기에 나타나 있는 것은 무엇입니까? (   )

① 인구의 감소   ② 교통의 발달
③ 산업의 발달   ④ 주거지의 변화
⑤ 신도시의 건설

20 서호의 일기를 통해 알 수 있는 점을 <u>두 가지</u> 고르시오. (,   )

① 사람과 물건의 이동이 빨라졌다.
② 원료가 나는 곳에서 산업이 발달한다.
③ 벼농사 중심의 농업 사회가 발전한다.
④ 농림어업 중심의 산업 구조로 변화한다.
⑤ 더 짧은 시간에 먼 곳까지 이동이 가능하다.

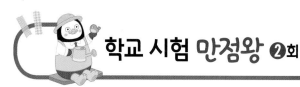
01 다음에서 우리 국토의 위치에 대해 바르게 말한 사람을 보기 에서 모두 고른 것은 어느 것입니까? (   )

보기

태민: 우리나라는 적도를 기준으로 북쪽에 있고 중위도에 위치해.
소영: 우리나라 주변에는 러시아, 몽골, 중국, 일본이 있어.
남희: 통일이 된다면 육지와 연결된 남쪽으로 기차 여행을 할 수 있어.

① 소영
② 태민, 소영
③ 소영, 남희
④ 태민, 남희
⑤ 태민, 소영, 남희

02 다음 ㉠~㉢에 들어갈 말을 바르게 연결한 것은 어느 것입니까? (   )

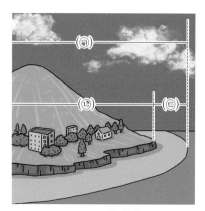

▲ 국토의 영역

	㉠	㉡	㉢
①	영토	영공	영해
②	영공	영해	영토
③	영해	영공	영토
④	영공	영토	영해
⑤	영해	영토	영공

03 우리나라 영토의 동쪽 끝에 위치한 섬의 이름은 무엇입니까? (   )

① 독도
② 울릉도
③ 제주도
④ 마라도
⑤ 이어도

04 남북으로 긴 우리나라를 세 부분으로 구분할 때, 한강이 흐르는 지역은 어디에 속합니까? (   )

① 관동 지방
② 남부 지방
③ 중부 지방
④ 북부 지방
⑤ 관서 지방

05 우리나라의 행정 구역에 대한 설명으로 알맞은 것을 두 가지 고르시오. (,   )

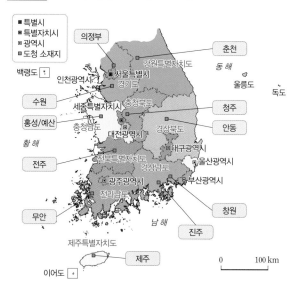

① 인천광역시에는 시청이 있다.
② 세종특별자치시에는 도청이 있다.
③ 제주특별자치도에는 시청이 있다.
④ 강원특별자치도의 도청 소재지는 춘천이다.
⑤ 특별시는 서울특별시와 세종특별자치시 2곳이 있다.

06 다음 ( ) 안에 들어갈 말을 차례대로 나열한 것은 어느 것입니까? ( )

> 서우: 빗물과 지하수가 낮은 곳으로 흘러가면서 크고 작은 물줄기를 만드는데, 이것을 ( )(이)라고 해.
> 승아: 그 주변으로 넓고 평탄한 ( )이/가 있지. 농사짓기가 좋아서 사람들이 많이 모여 살아.

① 섬, 해안 ② 하천, 해안 ③ 해안, 평야
④ 하천, 평야 ⑤ 하천, 산지

[07~08] 다음 지도를 보고, 물음에 답하시오.

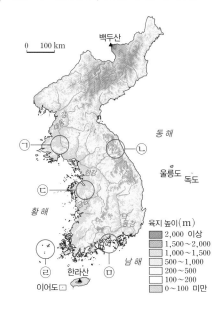

07 위 지도에서 산지가 많은 곳은 어디입니까? ( )

① ㉠ ② ㉡ ③ ㉢
④ ㉣ ⑤ ㉤

08 위 ㉢의 지형을 이용하는 모습으로 알맞은 것은 어느 것입니까? ( )

① 논농사를 짓는다.
② 해수욕을 즐긴다.
③ 스키장과 휴양 시설을 만든다.
④ 댐을 건설해 홍수를 방지한다.
⑤ 굴이나 전복 등의 해산물을 기른다.

09 다음 우리나라 지형의 단면도를 보고, 우리나라의 지형에 대한 설명으로 알맞은 것은 어느 것입니까?
( )

▲ 우리나라 지형의 단면도

① 평야는 주로 동쪽에 있다.
② 강은 주로 동쪽으로 흘러간다.
③ 주로 동쪽에 높고 험한 산이 많다.
④ 대체로 서쪽이 높고 남쪽이 낮은 지형이다.
⑤ 대체로 동쪽에 농사지을 땅이 넓게 나타난다.

10 다음 ㉠, ㉡에 들어갈 우리나라의 해안을 바르게 연결한 것은 어느 것입니까? ( )

▲ 갯벌이 발달함. ▲ 모래사장이 넓음.

	㉠	㉡
①	서해안	동해안
②	서해안	남해안
③	동해안	서해안
④	동해안	남해안
⑤	남해안	동해안

[11~12] 다음 계절에 대한 보고서를 읽고, 물음에 답하시오.

• 조사한 계절: (㉠)

• 특징
 – 이 계절은 봄보다 기간이 긴 편이다.
 – 남동쪽 바다에서 불어오는 바람의 영향을 받는다.

11 위 ㉠의 기후에 대한 설명으로 알맞은 것은 어느 것입니까? (   )

① 덥고 비가 많이 온다.
② 날씨가 온화한 편이다.
③ 건조하고 더운 편이다.
④ 춥고 눈이 많이 내린다.
⑤ 꽃샘추위와 황사가 나타난다.

12 위 계절의 생활 모습으로 알맞은 것은 어느 것입니까? (   )

① 폭설에 대비한다.
② 산으로 단풍 구경을 간다.
③ 에어컨과 선풍기를 사용한다.
④ 황사에 대비해 마스크를 준비한다.
⑤ 두꺼운 옷을 입고 따뜻한 음식을 먹는다.

13 다음 우리나라 여러 지역의 강수 분포 그래프에 대한 설명으로 알맞은 것은 어느 것입니까? (   )

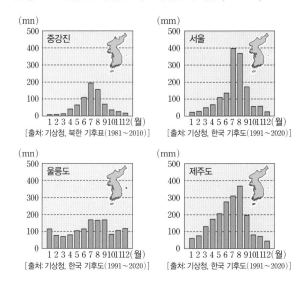

[출처: 기상청, 북한 기후표(1981~2010)]
[출처: 기상청, 한국 기후도(1991~2020)]
[출처: 기상청, 한국 기후도(1991~2020)]
[출처: 기상청, 한국 기후도(1991~2020)]

① 대체로 겨울보다 여름에 강수량이 많다.
② 해안보다는 내륙 지역의 강수량이 많다.
③ 대체로 북쪽보다 남쪽의 강수량이 적다.
④ 여름에 강수량이 가장 많은 곳은 울릉도이다.
⑤ 겨울에 강수량이 가장 많은 곳은 중강진이다.

14 다음 생활 모습과 관련 있는 자연환경은 무엇입니까? (   )

저수지, 터돋움집, 우데기

① 하천   ② 기온
③ 바람   ④ 바다
⑤ 눈과 비

15 자연재해와 대처 방법을 바르게 말한 사람은 누구입니까? (   )

① 명호: 폭설일 때는 가방으로 머리를 보호해야 해.
② 광호: 한파일 때는 체온을 유지하는 것이 중요해.
③ 혜선: 태풍일 때는 고드름이 있는 곳에 접근하면 안 돼.
④ 선우: 홍수가 났을 때 고립될 걱정이 있다면 낮은 곳으로 대피해야 해.
⑤ 인재: 지진이 났을 때는 창문과 창틀이 분리되지 않도록 테이프로 단단히 고정해야 해.

16 다음 그래프를 분석한 내용 중 ( ) 안에 들어갈 말로 알맞은 것은 어느 것입니까? ( )

▲ 우리나라의 65세 이상 인구 비율의 변화

현수: 평균 수명이 길어지고 노인 인구가 늘어나면서 우리나라는 지난 2000년에 ( ) 사회로 진입하였다.

① 고령화   ② 노년층
③ 유소년   ④ 저출산
⑤ 청장년

17 우리나라의 도시 수와 도시별 인구 변화에 대한 설명으로 알맞지 <u>않은</u> 것은 어느 것입니까? ( )

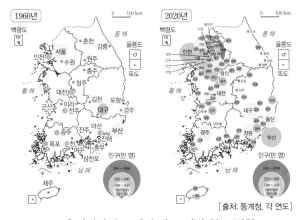

[출처: 통계청, 각 연도]

▲ 우리나라의 도시 수와 도시별 인구 변화

① 도시 수와 인구가 증가하였다.
② 수도권에 도시가 많이 생겼다.
③ 전국적으로 도시가 고르게 발달하였다.
④ 인구 100만 명 이상의 대도시가 늘어났다.
⑤ 남동쪽 해안 지역에 도시 수와 인구가 많아졌다.

18 (가)에서 (나)와 같이 변화한 도시에 대한 설명으로 알맞은 것은 어느 것입니까? ( )

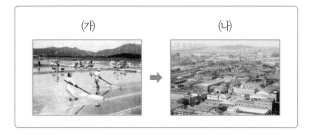

① 일자리와 인구가 줄어든다.
② 공장이나 건물 등의 시설이 줄어든다.
③ 일자리 감소로 도시의 성장이 어려워진다.
④ 최근에는 주로 자연에서 얻는 산업이 발달한다.
⑤ 산업의 발전 과정에서 주변의 자연환경이 변화하기도 한다.

19 산업이 발달한 곳에서 볼 수 있는 특징으로 알맞지 <u>않은</u> 것은 어느 것입니까? ( )

① 인구가 증가한다.
② 교통이 발달한다.
③ 도시의 규모가 커진다.
④ 노동력을 확보하기 어렵다.
⑤ 사람과 물자의 이동이 활발하다.

20 우리나라의 교통 발달에 대한 설명으로 알맞은 것을 보기 에서 <u>모두</u> 고른 것은 어느 것입니까? ( )

보기

㉠ 교통이 발달할수록 생활권이 넓어졌다.
㉡ 교통의 발달로 지역 간 교류가 활발해졌다.
㉢ 교통이 발달하면서 전국이 반나절 생활권에서 1일 생활권으로 변화하였다.

① ㉠   ② ㉠, ㉡
③ ㉠, ㉢   ④ ㉡, ㉢
⑤ ㉠, ㉡, ㉢

[01~02] 다음 지도를 보고, 물음에 답하시오.

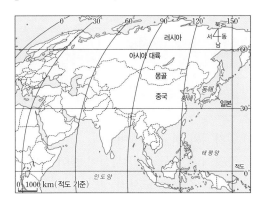

01 우리나라가 속해 있는 대륙과 방위를 이용하여 우리 국토의 위치를 쓰시오.

_____

_____

02 우리 국토의 위치가 지닌 장점은 무엇인지 쓰시오.

_____

_____

[03~04] 다음을 보고, 물음에 답하시오.

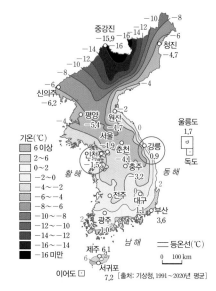

▲ 우리나라의 1월 평균 기온

03 우리나라의 1월 평균 기온 분포의 특징은 무엇인지 쓰시오.

_____

_____

04 위와 같이 겨울철 동해안에 위치한 강릉이 서해안에 위치한 인천보다 따뜻한 까닭은 무엇인지 쓰시오.

_____

_____

05 다음과 같은 기상 특보 발령이 중요한 까닭은 무엇인지 쓰시오.

> 태풍 경보, 태풍 주의보

_____

_____

[06~07] (가)와 (나)를 보고, 물음에 답하시오.

(가) 우리나라 여러 지역의 강수 분포

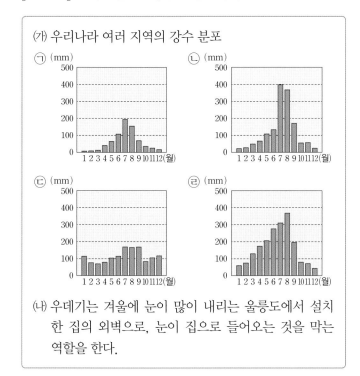

(나) 우데기는 겨울에 눈이 많이 내리는 울릉도에서 설치한 집의 외벽으로, 눈이 집으로 들어오는 것을 막는 역할을 한다.

06 자료 (가)에서 울릉도의 강수 분포를 나타낸 그래프를 골라 기호를 쓰고, 그렇게 생각한 까닭은 무엇인지 쓰시오.

(1) 울릉도의 강수 분포 그래프: (   )

(2) 그렇게 생각한 까닭: _____

_____

_____

07 위 **06**번에서 답한 내용과 (나)를 통해 알 수 있는 사실은 무엇인지 쓰시오.

_____

_____

_____

[08~10] 다음 지도를 보고, 물음에 답하시오.

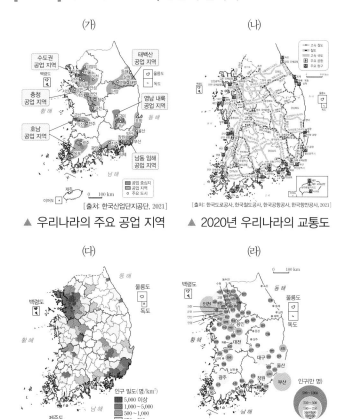

▲ 우리나라의 주요 공업 지역   ▲ 2020년 우리나라의 교통도

▲ 2020년 인구 분포도   ▲ 2020년 도시 수와 인구

08 (가)와 (나)를 보고 산업과 교통의 관계를 쓰시오.

_____

_____

09 (가)와 (다)를 보고 산업과 인구의 관계를 쓰시오.

_____

_____

10 (다)와 (라)를 보고 인구와 도시의 관계를 쓰시오.

_____

_____

1 인권의 의미와 생활 속 인권

(1) 인권의 의미와 특징
- 모든 사람이 인간답게 살기 위해 당연히 누려야 할 기본적인 권리
- 사람이 태어나면서부터 가지게 되는 권리
- 인종, 종교, 성별, 나이, 신체적 특징, 지역 등에 상관없이 모든 사람이 당연히 누려야 하는 권리
- 누구라도 함부로 뺏거나 무시할 수 없음.

(2) 생활 속에서 인권이 보장되는 모습
- 누구나 교육을 받을 수 있음.
- 몸이 아플 때 치료받을 수 있음.
- 생각을 자유롭게 표현할 수 있음.
- 안전하게 살 수 있음.

2 옛사람들의 인권 신장을 위한 노력

(1) 인권 신장을 의해 노력한 인물

방정환	어린이의 인권 신장을 위해 노력했으며, 어린이는 모두가 보호하고 존중해야 할 존재임을 알리기 위해 '어린이날'을 만듦.
로자 파크스	흑인은 버스 뒤쪽에 있는 흑인 전용 자리에만 앉아야 하는 흑인 차별을 비판하며 흑인 인권 신장을 위해 노력함.
박두성	시각 장애인의 인권 신장을 위해 한글 점자 '훈맹정음'을 만듦.
이효재	남성과 여성의 평등을 주장하고 여성 인권 신장을 위해 여성 단체를 만듦.
허균	신분이 낮다는 이유로 능력을 펼치지 못하는 당시의 사회 제도(신분 제도)를 비판하는 소설 『홍길동전』을 지음.
전태일	노동자들의 인권 신장을 위해 노동자들이 안전하고 정당하게 일할 수 있는 권리를 주장함.

(2) 인권 신장을 위한 옛 제도 및 기관

삼복 제도 (삼복제)	사형과 같은 무거운 형벌을 내릴 때 재판을 세 번 하여 억울한 일이 없도록 함.
출산 휴가	관청의 여자 노비와 남편에게 출산 휴가를 줌.
군역 면제	부모가 매우 아프거나 70세 이상이면 그 아들의 군역을 면제함.
신문고	억울한 일이 생기면 북을 쳐서 임금에게 알릴 수 있게 함.

상언	신분과 관계없이 억울한 일을 문서에 써서 임금에게 알림.
격쟁	임금이 행차할 때 꽹과리를 쳐서 억울한 일을 알림.
활인서	가난한 백성들이 무료로 치료받을 수 있게 함.
명통시	시각 장애인이 사회에서 일할 수 있게 함.

3 우리 생활 속 인권 침해

(1) 학교에서 인권이 침해된 사례

편견이나 차별	• 남자들끼리만 축구를 함. • 여자만 간호사 역할을 함.
사생활 침해	친구 가방이나 휴대 전화를 몰래 봄.
학교폭력	친구를 욕하거나 때림.
개인 정보 유출	허락 없이 친구의 전화번호를 다른 사람에게 알려 주거나 사진을 SNS에 올림.
안전사고	미끄럼틀이 고장 나 있어 타다가 다침.

(2) 생활 주변에서 인권이 침해된 사례

장애인의 이동의 자유 제한	휠체어 리프트나 경사로가 설치되어 있지 않아 이동하기 어려움.
어린이에 대한 차별	• 안전하게 놀 수 있는 장소가 없음. • 세면대가 높아서 사용이 불편함.
피부색에 따른 차별	피부색이 다르다고 놀림받음.
나이에 따른 차별	나이를 이유로 일자리를 얻지 못함.

(3) 인권이 침해되면 피해를 받은 사람은 상처를 받고 인간다운 삶을 살기 어려움.

4 인권 보장을 위한 노력과 실천

(1) 인권 보장을 위한 사회의 노력과 실천: 사회 보장 제도 시행(예 의료 보장 제도), 인권 보호 단체 설립(예 국가 인권 위원회), 인권 관련 법 제정(예 장애인 차별 금지 및 권리 구제에 관한 법률), 인권 교육 실시(예 직장 내 성차별 방지 교육), 인권 개선 활동(예 인권 존중 언어 사용 캠페인), 공공 편의 시설 설치(예 휠체어 리프트, 낮은 세면대)

(2) 인권 보장을 위한 개인의 노력과 실천: 상대방을 존중하고 배려하기, 인권 존중 캠페인에 참여하기, 인권 보장을 위한 의견 제시하기 등

정답과 해설 34쪽

01 사람이 태어나면서부터 가지게 되는 권리로서, 모든 사람이 당연히 누려야 하는 권리를 무엇이라고 합니까?

(   )

02 방정환이 모두가 어린이를 보호하고 존중해야 한다는 것을 알리기 위해 만든 날을 무엇이라고 합니까?

(   )

03 옛날에 신분에 따른 차별이 있는 것을 비판하고, 누구나 자신의 능력을 발휘해야 한다는 생각이 담긴 『홍길동전』을 쓴 사람은 누구입니까?

(   )

04 사형과 같은 무거운 형벌을 내릴 때 재판을 세 번 받을 수 있게 한 옛날의 제도를 무엇이라고 합니까?

(   )

05 옛날에 억울한 일이 생기면 북을 쳐서 임금에게 알릴 수 있게 한 제도를 무엇이라고 합니까?

(   )

[06~09] 다음을 읽고, 알맞은 말에 ○표 하시오.

06 학교에서 남자들끼리만 축구를 하거나, 역할놀이를 할 때 간호사 역할을 여자만 한다면 (종교 , 성별)에 따른 차별로 인권 침해에 해당합니다.

07 건물 입구에 계단만 있으면 (몸이 불편한 사람 , 키가 큰 사람)의 인권이 침해될 수 있습니다.

08 (인종 , 인권)이/가 침해되면 피해를 받은 사람은 상처받고 인간다운 삶을 살기 어렵습니다.

09 개인이 인권 보장을 위해 할 수 있는 일은 상대방을 (비난 , 존중)하고 배려하는 것입니다.

10 다음과 관련 있는 국가기관은 어디인지 쓰시오.

> • 인권을 보호하고 보장하는 일을 한다.
> • '살색'이란 명칭을 '살구색'으로 바꾸게 하였다.

(   )

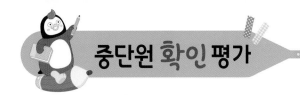
01 다음에서 설명하는 것은 무엇입니까? (   )

> • 사람이 태어나면서부터 가지게 되는 권리이다.
> • 인종, 종교, 성별, 나이, 신체적 특징, 지역 등에 상관없이 모든 사람이 당연히 누려야 한다.

① 인권
② 배려
③ 존중
④ 편견
⑤ 차별

02 인권을 보장하기 위한 우리의 태도로 가장 알맞은 것은 어느 것입니까? (   )

① 나의 권리만 중요하다고 생각한다.
② 나보다 어린 사람의 인권은 무시한다.
③ 나와 같은 반 친구의 권리만 존중한다.
④ 나의 권리만큼 다른 사람의 권리도 존중한다.
⑤ 나의 권리보다 다른 사람의 권리를 더 존중한다.

03 다음과 같이 흑인 인권 신장을 위해 노력한 사람은 누구인지 쓰시오.

> 흑인이 버스 뒤쪽의 흑인 전용 자리에만 앉아야 하는 것은 흑인에 대한 차별입니다.

(   )

04 옛날에 큰 죄를 저지른 사람에게 무거운 형벌을 내릴 때 재판을 세 번 받게 하였습니다. 그렇게 한 까닭은 무엇인지 쓰시오.

> 억울합니다!
>
> 사형죄는 재판을 세 번 하여 결정할 것이다.

_____

_____

05 다음 기관에 대해 바르게 설명한 사람은 누구입니까?
(   )

> 옛날에 기관을 만들어 시각 장애인들이 사회에서 일할 수 있도록 하였다.

① 연서: 시각 장애인이 쉴 수 있게 해 주었어.
② 건우: 시각 장애인 중 여성만 일할 수 있었어.
③ 민준: 시각 장애인들의 인권 신장을 위한 곳이야.
④ 소민: 시각 장애인이 일하도록 한 기관은 활인서야.
⑤ 재진: 시각 장애인 중 나이 든 사람만 일할 수 있었어.

06 학생들이 학교에서 겪을 수 있는 인권 침해 사례가 <u>아닌</u> 것은 어느 것입니까? (　　　)

① 남자들끼리만 축구를 한다.
② 반 친구와 함께 청소를 한다.
③ 친구가 욕을 하거나 때린다.
④ 친구가 내 가방을 몰래 들여다본다.
⑤ 운동장의 놀이 기구가 망가져서 탈 수 없다.

07 다음과 같은 상황에서 노인의 인권 보장을 위해 개인이 할 수 있는 일을 쓰시오.

어떻게 주문을 하는 걸까?

_____

_____

08 인권이 침해되면 피해를 받은 사람에게 생기는 일로 가장 적절한 것을 <u>두 가지</u> 고르시오. (　　,　　)

① 감사한 마음이 든다.
② 행복하다고 생각한다.
③ 마음의 상처를 받는다.
④ 인간다운 삶을 살기 어렵다.
⑤ 다른 사람들에게 존중받는다고 생각한다.

09 다음과 같은 공공 편의 시설을 무엇이라고 하는지 쓰시오.

몸이 불편한 사람이 계단을 쉽게 오르내릴 수 있게 만든 시설이다.

(　　　　　　　　　　　　)

10 인권 보장을 위한 개인의 노력과 실천으로 알맞지 <u>않은</u> 것은 어느 것입니까? (　　　)

①

나도 축구하고 싶어. / 그랬구나. 오늘 같이하자.

▲ 친구를 배려함.

②

소중한 인권 다함께 지켜요

▲ 장애인을 위한 인권 포스터를 그림.

③

노인을 위한 사회 보장 제도 실시

▲ 사회 보장 제도를 만들고 실시함.

④

어린이 인권 존중 편지 쓰기

▲ 어린이 인권 존중을 위해 편지를 씀.

⑤

어린이의 인권을 지켜주세요 / 아이들은 우리의 미래입니다 인권 존중 캠페인

▲ 인권 존중 캠페인에 참여함.

1 헌법

(1) **헌법의 의미**: 법 중에 가장 기본이 되는 우리나라 최고의 법임.

(2) **헌법의 내용**
- 인간 존엄의 가치(행복한 삶, 자유와 권리, 개인 존중, 인간다운 생활 등)
- 국민이 누려야 할 기본적인 권리와 국민으로서 지켜야 할 의무
- 국가를 조직하고 운영하는 기본 원칙

(3) **헌법의 중요성**
- 헌법에 제시된 국민의 권리를 국가가 함부로 침해할 수 없음.
- 헌법을 바탕으로 여러 법과 제도가 만들어지고 시행됨.
- 헌법의 내용을 새로 정하거나 바꿀 때는 국민 투표를 해야 함.

2 헌법과 인권 보장

(1) **헌법의 역할**: 인권 문제를 판단하는 기준 제공
- 인권을 보장해 주며, 일상생활에서 일어나는 인권 문제를 판단하는 기준이 됨.
- 헌법의 인권 보장 내용을 바탕으로 법과 제도가 만들어짐.
- 법과 제도 등이 인권을 침해하였는지 판단하는 기준이 됨.

(2) **헌법재판소**
- 법이 개인의 인권을 침해하고 있는지, 국가가 국민의 기본적 권리를 침해했는지 판단함.
- 헌법재판소의 결정(사례)

학원의 심야 수업 제한	학생은 건강과 안전을 지킬 권리가 있으므로 밤 10시 이후에는 학원 수업을 할 수 없도록 한 것은 헌법에 어긋나지 않는다고 판결함.
전동 킥보드 운행 속도 제한	국민의 생명, 신체의 위험을 막고 안전하게 살아갈 권리를 보장하므로 헌법에 어긋나지 않는다고 판결함.
인터넷 실명제, 영화 사전 심의제	자유롭게 표현을 할 수 있는 권리를 침해하여 헌법에 어긋난다고 판결함.
공무원 시험 응시 나이 제한	나이가 많은 사람을 차별하는 것이므로 헌법에 어긋난다고 판결함.

3 헌법에 나타난 국민의 기본권

(1) **기본권의 종류**

자유권	자유롭게 생각하고 행동할 수 있음.
평등권	모든 국민이 법을 공평하게 적용받고 차별받지 않음.
사회권	인간답게 살기 위해 필요한 것을 국가에 요구할 수 있음.
참정권	국가의 정치 의사 형성 과정에 참여할 수 있음.
청구권	권리가 침해되었을 때 이를 해결해 달라고 국가에 요구할 수 있음.

(2) **기본권의 제한**
- 기본권은 필요한 경우에 한하여 법률에 따라 제한할 수 있음.
- 제한할 수 있는 사유: 국가의 안전 보장, 공공의 이익, 사회 질서 유지
- ➡ 단, 국민의 자유와 권리의 본질적인 내용은 제한할 수 없음.

4 헌법에 나타난 국민의 의무

교육의 의무	자녀가 잘 성장하도록 교육을 받게 해야 함.
국방의 의무	국민 모두의 안전을 위해 나라를 지켜야 함.
근로의 의무	일을 해야 함.
납세의 의무	나라의 살림을 위해 세금을 내야 함.
환경 보전의 의무	환경을 보전하기 위해 노력해야 함.

5 권리와 의무의 관계

(1) **권리와 의무의 충돌**
- 사회가 혼란스러워지며 여러 문제가 발생함.
- 나와 다른 사람의 권리 모두 보장할 수 없음.

(2) **권리와 의무가 서로 부딪히는 까닭**: 각자 처한 상황과 입장이 다르기 때문임.

(3) **권리와 의무를 위한 바람직한 태도**: 개인의 권리를 주장하면서 의무도 성실히 실천해야 함.

중단원 쪽지 시험

정답과 해설 **34**쪽

[01~02] 다음을 읽고, 알맞은 말에 ○표 하시오.

01 헌법은 우리나라 모든 법의 기본이 되는 (최저 , 최고) 법으로, 국민의 자유와 권리를 보장하고 민주적인 국가를 운영하기 위해 만든 법입니다.

02 헌법은 국민으로서 지켜야 할 (권리 , 의무)와 국민이 누려야 할 기본적인 (권리 , 의무)를 담고 있습니다.

03 다음 내용이 맞으면 ○표, <u>틀리면</u> ×표 하시오.

(1) 헌법을 바탕으로 여러 가지 법이 만들어지고 제도를 시행한다. ( )

(2) 헌법의 내용을 고치거나 새로 정할 때 지역의 대표들이 모여서 결정한다. ( )

04 법이 인권을 침해하지는 않았는지, 국가가 국민의 기본적 권리를 침해하지 않았는지 여부를 판단하는 국가기관을 무엇이라고 합니까?

( )

05 다음 ( ) 안에 들어갈 알맞은 말을 보기 에서 골라 쓰시오.

> 인터넷 실명제는 자유롭게 ( )할 수 있는 권리를 침해하여 헌법에 어긋난다.

> **보기**
> • 표현 • 이동

( )

06 국가의 정치 의사 형성 과정에 참여할 수 있는 권리를 무엇이라고 합니까?

( )

07 권리가 침해되었을 때 이를 해결해 달라고 국가에 요구할 수 있는 권리를 무엇이라고 합니까?

( )

08 다음에서 설명하는 국민의 의무는 무엇입니까?

> 모든 국민은 나라의 살림을 위해 세금을 내야 한다.

( )의 의무

09 다음 그림과 관련된 국민의 의무는 무엇입니까?

분리배출을 잘하면 환경이 깨끗해질 거야.

( )의 의무

10 다음 ( ) 안에 들어갈 말을 보기 에서 골라 쓰시오.

> 나의 권리뿐만 아니라 다른 사람의 권리를 모두 ( )해야 한다.

> **보기**
> • 보장 • 무시 • 비판

( )

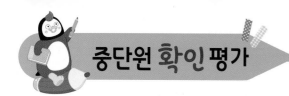

[01~03] 다음을 보고, 물음에 답하시오.

제1조	① 대한민국은 민주 공화국이다. ② 대한민국의 주권은 국민에게 있고, 모든 권력은 국민으로부 터 나온다. ⋮
제10조	모든 국민은 인간으로서의 존엄과 가치를 가지며, 행복을 추구할 권 리를 가진다. 국가는 개인이 가지 는 불가침의 기본적 인권을 확인 하고 이를 보장할 의무를 진다.

(㉠)은/는 법 중에 가장 기본이 되는 우리나라 최고 법이에요.

01 위 ㉠에 들어갈 알맞은 말을 쓰시오.

( )

02 위 ㉠에 대해 **잘못** 말한 친구는 누구인지 쓰시오.

- 연재: 국민의 자유와 권리를 보장합니다.
- 재경: 한번 정하면 절대 고칠 수 없습니다.
- 민정: 법과 제도는 ㉠에 근거하여 만들어집니다.

( )

03 위 ㉠에 담겨 있는 내용으로 알맞지 **않은** 것은 어느 것입니까? ( )

① 국민이 지켜야 할 의무
② 국민이 누려야 할 권리
③ 국가를 운영하는 기본 원칙
④ 국가의 화폐 단위에 대한 설명
⑤ 국민이 행복하게 사는 데 필요한 내용

서술형 04 다음과 같은 내용이 헌법에 담겨 있는 까닭은 무엇인지 쓰시오.

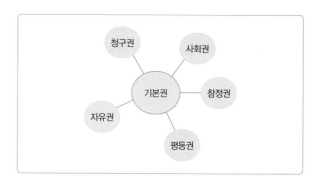

_____

_____

05 다음 제도가 보장하고 있는 학생의 권리로 알맞은 것을 **두 가지** 고르시오. (,)

학원 수업은 밤 10시 이후엔 왜 하지 않아요?

학원 수업을 밤 10시 이후에 하지 못하도록 법으로 정했기 때문이야.

① 건강할 권리
② 안전할 권리
③ 표현할 권리
④ 재판받을 권리
⑤ 교육받을 권리

06 다음과 같이 결정된 이후 해야 할 일로 알맞은 것은 어느 것입니까? (　　　)

> '공무원 시험을 볼 수 있는 나이를 제한하는 것'에 대해 헌법재판소는 나이가 많은 사람을 차별하는 것이므로 헌법에 어긋난다고 판결하였다.

① 국민 투표를 한다.
② 법의 내용을 고친다.
③ 공무원 시험 제도를 없앤다.
④ 사람들이 판결 결과를 모르게 한다.
⑤ 나이가 적은 사람을 차별하는 법을 만든다.

07 다음 기본권과 관련 있는 내용을 선으로 연결하시오.

(1) 평등권 ·

· ㉠ 국가의 정치 의사 형성 과정에 참여한다.

(2) 자유권 ·

· ㉡ 권리가 침해되었을 때 이를 해결해 달라고 국가에 요구한다.

(3) 참정권 ·

· ㉢ 모든 국민은 공평하게 법을 적용받고 차별받지 않는다.

(4) 사회권 ·

· ㉣ 자유롭게 생각하고 행동할 수 있다.

(5) 청구권 ·

· ㉤ 인간답게 살기 위해 필요한 것을 국가에 요구한다.

08 다음 그림에서 사람들이 지키고 있는 국민의 의무는 무엇입니까? (　　　)

열심히 일을 해요.

① 교육의 의무
② 근로의 의무
③ 국방의 의무
④ 납세의 의무
⑤ 환경 보전의 의무

09 권리와 의무가 서로 부딪히는 까닭으로 알맞은 것은 어느 것입니까? (　　　)

① 권리가 의무보다 더 중요하기 때문이다.
② 의무가 권리보다 더 중요하기 때문이다.
③ 사람들이 모두 행복한 사회를 바라기 때문이다.
④ 사람마다 처한 상황과 입장이 다르기 때문이다.
⑤ 의무는 헌법에 정해져 있지만 권리는 헌법에 정해져 있지 않기 때문이다.

10 권리와 의무가 부딪힐 때 바람직한 태도는 무엇인지 쓰시오.

_____

_____

1 법의 의미와 성격

(1) 법의 의미
- 국가가 헌법에 근거하여 만든 사회적인 규범
- 사람들이 일상생활을 하면서 반드시 지켜야 할 행동 기준

(2) 법의 성격
- 법은 강제성이 있어서 지키지 않을 경우 제재를 받음.
- 법의 내용이 사회 변화에 맞지 않거나 인권을 침해하는 경우 법을 고치거나 새롭게 만들기도 함.

(3) 도덕과의 차이점
- 도덕은 사람이 마땅히 지켜야 하는 도리로서 양심적으로 스스로 지켜야 함.
- 도덕은 지키지 않아도 처벌받거나 제재받지 않음.

법이 적용되는 상황	도덕이 적용되는 상황
• 음식물 쓰레기를 아무 곳에나 버리는 것 • 자동차를 탈 때 안전벨트를 착용하지 않는 것 • 식당에서 밥을 먹고 돈을 내지 않은 것 • 학교 주변에서 어린이에게 불량 식품을 파는 것	• 아이가 웃어른께 인사하지 않는 것 • 친구와 만나기로 한 약속 시간에 늦은 것 • 이웃 돕기 봉사 활동을 하지 않는 것 • 버스에서 학생이 웃어른께 자리를 양보하지 않는 것

2 일상생활에 적용되는 법

(1) 누구나 태어나면서부터 평생 법의 보호를 받음.

(2) 법은 우리 주변에서 언제 어디에서나 적용됨.

자원 절약과 재활용 촉진에 관한 법률	쓰레기는 기준에 따라 분리배출해야 하는 내용 등이 담겨 있음.
초·중등 교육법	일정한 나이가 되면 학교에 입학해서 교육을 받아야 한다는 내용 등이 담겨 있음.
학교 급식법	학교 급식을 안전하고 위생적으로 하도록 관리해야 한다는 내용 등이 담겨 있음.
장애인 차별 금지 및 권리 구제 등에 관한 법률	장애를 이유로 차별을 해서는 안 되며, 장애를 이유로 차별받은 사람의 권리를 보호해야 한다는 내용 등이 담겨 있음.

어린이 놀이 시설 안전 관리법	어린이 놀이 시설을 안전하게 만들고 정기적으로 관리해야 한다는 내용 등이 담겨 있음.
도로 교통법	운전자는 정해진 속도를 지키며 운전해야 한다는 내용 등이 담겨 있음.
저작권법	인터넷에서 검색한 자료를 누리집에 올릴 때 출처를 밝혀야 한다는 내용 등이 담겨 있음.
소비자 기본법	새로 산 물건에 문제가 있을 때 다른 제품으로 교환할 수 있다는 내용 등이 담겨 있음.
감염병의 예방 및 관리에 관한 법률	감염병 예방을 위해 무료로 예방 접종을 받을 수 있다는 내용 등이 담겨 있음.
학교 폭력 예방 및 대책에 관한 법률	학교 폭력을 예방하기 위해 교육을 하고 피해가 발생하면 해결해야 한다는 내용 등이 담겨 있음.
가족 관계의 등록 등에 관한 법률	아이가 태어나면 정해진 기간 안에 출생 신고를 해야 한다는 내용 등이 담겨 있음.

3 법의 역할

(1) 개인의 권리 보장: 개인 정보 보호, 평등과 자유 보장, 생명과 재산 보호, 권리 침해 시 피해 보상 방법 안내, 분쟁 발생 시 공정한 해결 기준 제시

(2) 사회 질서 유지: 사고와 범죄 예방, 환경 파괴와 오염 예방, 질병 및 감염병 확산 예방, 쾌적한 환경 조성 및 유지

4 법의 준수

(1) 법을 지키지 않으면 생기는 문제
- 다른 사람에게 피해를 줌.
- 다른 사람의 권리를 침해함.
- 사회 질서가 무너지고 혼란스러워짐.
- 사람들 간의 다툼이나 갈등을 유발함.

(2) 법을 지켜야 하는 까닭: 권리가 보장되고 질서가 유지되는 사회를 만들기 위해 법을 지켜야 함.

(3) 법을 지키기 위한 태도
- 나와 다른 사람의 권리를 모두 존중해야 함.
- 스스로 법을 지키기 위해 노력해야 함.

정답과 해설 35쪽

01 국가가 만들었으며, 사람들이 함께 생활할 때 반드시 지켜야 할 강제성 있는 규칙을 무엇이라고 합니까?

(   )

02 개인의 양심에 맡겨서 스스로 지켜야 하는 규범으로, 사람이라면 마땅히 지켜야 하는 도리를 무엇이라고 합니까?

(   )

03 다음을 읽고, 법이 적용되는 상황에 ○표 하시오.

(1) 아이가 웃어른께 인사하지 않을 때   (   )
(2) 음식물 쓰레기를 아무 곳에나 버릴 때 (   )
(3) 친구와 만나기로 한 약속 시간에 늦었을 때

(   )

04 다음 내용이 맞으면 ○표, 틀리면 ×표 하시오.

(1) 초등학생도 법의 적용을 받는다.   (   )
(2) 집에서 일어난 일은 법의 적용을 받지 않는다.

(   )

[05~07] 다음을 읽고, 알맞은 말에 ○표 하시오.

05 (감염병의 예방 및 관리에 관한 법률 , 어린이 놀이 시설 안전 관리법)은 어린이들이 타는 놀이 시설을 안전하게 만들고 관리함으로써 사고를 예방하기 위해 만든 법입니다.

06 가영이는 어제 산 물감이 굳어서 쓸 수 없자 문구점에 가서 새로운 물감으로 교환받았는데, 이는 (어린이 식생활 안전 관리 특별법 , 소비자 기본법)이 적용되기 때문입니다.

07 법은 개인의 (권리 , 의무)를 보호하고 사회 질서를 (파괴 , 유지)하기 위해 필요합니다.

08 다음 상황과 관련된 법의 역할은 무엇인지 보기 에서 골라 쓰시오.

보기

• 개인의 재산 보호   • 사고와 범죄 예방

(   )

[09~10] 다음을 읽고, 알맞은 말에 ○표 하시오.

09 법을 어기면 다른 사람에게 (피해 , 도움)을/를 줄 수 있습니다.

10 법은 사람들 간의 다툼이나 문제를 해결할 때 옳고 그름을 판단하는 (기준 , 목표)이/가 됩니다.

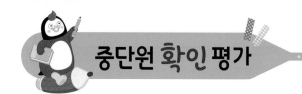

중단원 확인 평가

정답과 해설 35쪽

2 (3) 법의 의미와 역할

01 법에 대한 설명으로 알맞은 것은 어느 것입니까?
(   )

① 개인 간의 약속이다.
② 양심에 따라 지킬지 결정한다.
③ 사람이라면 마땅히 지켜야 하는 도리이다.
④ 사람들이 함께 생활하면서 꼭 지켜야 한다.
⑤ 지키지 않아도 처벌받거나 제재받지 않는다.

02 어떤 경우에 법을 고치거나 새롭게 만드는지 그 이유를 쓰시오.

_____

_____

03 법이 적용되는 상황을 모두 고른 것은 어느 것입니까? (   )

> ㉠ 이웃 돕기 봉사 활동을 하지 않는 경우
> ㉡ 식당에서 밥을 먹고 돈을 내지 않은 경우
> ㉢ 자동차를 탈 때 안전벨트를 착용하지 않는 경우
> ㉣ 지하철에서 웃어른께 자리를 양보하지 않는 경우
> ㉤ 학교 주변에서 어린이에게 불량 식품을 파는 경우

① ㉠, ㉡, ㉢
② ㉠, ㉢, ㉣
③ ㉡, ㉢, ㉣
④ ㉡, ㉢, ㉤
⑤ ㉢, ㉣, ㉤

04 법이 적용되는 대상에 대한 설명으로 알맞은 것은 어느 것입니까? (   )

① 남자에게만 적용된다.
② 노인에게만 적용된다.
③ 어린이에게만 적용된다.
④ 장애인에게만 적용된다.
⑤ 국민 누구에게나 적용된다.

05 다음과 같은 상황에 적용된 법은 무엇입니까?
(   )

① 저작권법
② 학교 급식법
③ 초·중등 교육법
④ 어린이 놀이 시설 안전관리법
⑤ 가족 관계의 등록 등에 관한 법률

06 다음 포스터와 관련 있는 법은 무엇인지 [보기]에서 골라 쓰시오.

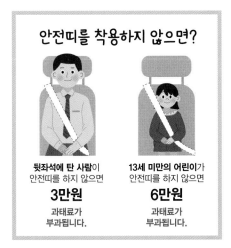

안전띠를 착용하지 않으면?

뒷좌석에 탄 사람이 안전띠를 하지 않으면
3만원
과태료가 부과됩니다.

13세 미만의 어린이가 안전띠를 하지 않으면
6만원
과태료가 부과됩니다.

[보기]

• 저작권법   • 도로 교통법
• 학교 급식법   • 초·중등 교육법

(   )

07 다음 상황에 적용된 법이 보호하고 있는 것은 무엇입니까? (   )

인터넷에서 검색한 자료를 누리집에 올릴 때 출처를 꼭 써야 해.

① 저작권
② 개인 정보
③ 개인의 재산
④ 쾌적한 환경
⑤ 사람들의 생명

08 법의 역할에 대한 설명으로 알맞지 <u>않은</u> 것은 어느 것입니까? (   )

① 사고와 범죄를 예방한다.
② 개인의 평등과 자유를 보장한다.
③ 쾌적한 환경을 만들고 유지한다.
④ 헌법을 만드는 근거를 제시한다.
⑤ 사람들의 생명과 재산을 보호한다.

09 다음과 같은 법이 있다고 할 때, 이를 어길 경우 생길 수 있는 일로 알맞은 것을 <u>두 가지</u> 고르시오.
(,   )

법 내용

감염병 예방을 위해 대중교통을 이용할 때에 마스크를 꼭 써야 한다.

마스크 안 써도 아무도 모르겠지?

대중교통 이용시 "마스크 착용"

① 사회 질서가 유지된다.
② 안전한 생활을 할 수 없다.
③ 다른 사람에게 피해를 준다.
④ 다른 사람의 권리를 보장한다.
⑤ 사람들이 서로 사이좋게 지낸다.

10 법을 지키기 위해 지녀야 할 태도에 대해 쓰시오.

_____

_____

01 인권에 대해 바르게 설명한 것은 무엇입니까? (   )

① 20세부터 누릴 수 있다.
② 태어나면서부터 가지게 된다.
③ 여자보다 남자가 더 많이 누릴 수 있다.
④ 다른 사람의 인권보다 내 인권이 더 소중하다.
⑤ 나와 다른 사람의 인권이 모두 존중될 수는 없다.

02 다음과 같은 옛사람들의 노력을 통해 알 수 있는 사실로 알맞은 것은 어느 것입니까? (   )

> • 방정환은 어린이를 존중해야 하며, 어린이는 소중한 존재임을 알리기 위해 '어린이날'을 만들었다.
> • 허균은 누구나 자신의 능력을 발휘해야 한다는 생각이 담긴 소설 『홍길동전』을 지었다.
> • 로자 파크스는 흑인은 버스 뒤쪽에 있는 흑인 전용 자리에만 앉아야 하는 것을 비판하고 시위를 하였다.

① 옛날에는 성별에 따른 차별이 없었다.
② 옛날에도 인권 신장을 위해 애쓴 사람들이 있었다.
③ 옛날에는 외모에 따라 누릴 수 있는 권리가 달랐다.
④ 옛날에는 가난한 사람이 더 소중한 존재라고 생각하였다.
⑤ 옛날에는 나이, 인종, 신분에 관계없이 인권이 존중되었다.

03 옛날에 가난한 백성들이 무료로 치료받도록 지원했던 기관은 무엇입니까? (   )

① 상언   ② 격쟁
③ 명통시   ④ 신문고
⑤ 활인서

04 다음과 같은 옛날 제도가 당시 사회에 어떤 영향을 주었을지 바르게 설명한 것은 무엇입니까? (   )

> • 명통시를 세워 시각 장애인이 일할 수 있도록 하였다.
> • 장애인과 장애인을 돌보는 사람에게 세금이나 부역을 면제하였다.

① 장애인의 불만이 쌓였다.
② 장애인의 생활이 어려워졌다.
③ 장애인의 인권이 신장되었다.
④ 신분에 따른 차별이 사라졌다.
⑤ 일반 백성들의 일자리가 줄어들었다.

05 다음에서 세형이의 인권이 보장될 수 있게 서우에게 해 줄 말로 적절한 것은 어느 것입니까? (   )

① 세형이에게 들키지 않게 조심해.
② 휴대 전화가 고장 날 수 있으니 조심해.
③ 친구 허락 없이 보는 건 사생활 침해야.
④ 같은 반 친구라면 휴대 전화를 봐도 괜찮아.
⑤ 세형이도 네 휴대 전화를 본 적이 있으니 괜찮아.

06 다음과 같이 인권이 침해될 경우 발생할 수 있는 일로 알맞은 것은 어느 것입니까? (   )

계단이라서 탈 수가 없어.

세면대가 높아서 손을 씻기 힘들어.

똑같이 일했는데 내 월급이 더 적네.

① 서로 배려하는 마음이 생긴다.
② 서로 존중하는 마음이 생긴다.
③ 피해를 받은 사람은 상처를 받는다.
④ 피해를 준 사람은 기분이 좋아진다.
⑤ 모두 함께 인간다운 삶을 살 수 있다.

08 다음에서 설명하는 것은 무엇입니까? (   )

• 우리나라 모든 법의 기본이 되는 법이다.
• 국민의 자유와 권리를 보장하고, 민주적인 국가를 운영하기 위한 내용이 담겨 있다.

① 권리
② 의무
③ 헌법
④ 인권
⑤ 기본권

09 다음 (   ) 안에 들어갈 알맞은 말은 무엇입니까?
(   )

헌법의 내용을 고치거나 새로 정하고자 할 때는 국민의 결정이 필요하기 때문에 (   )를 실시해야 한다.

① 선거
② 국민 투표
③ 삼복 제도
④ 사전 심의제
⑤ 인터넷 실명제

07 인권 보장을 위해 국가가 할 수 있는 노력으로 알맞지 않은 것은 어느 것입니까? (   )

① 국가 인권 위원회를 운영한다.
② 인권 관련 법이나 정책을 만든다.
③ 사회 보장 제도를 만들고 실시한다.
④ 인권 포스터 그리기 대회에 참여한다.
⑤ 장애인과 노인을 위한 공공 편의 시설을 만든다.

10 국민의 기본적인 권리를 헌법에서 정하고 있는 까닭으로 알맞은 것은 어느 것입니까? (   )

① 환경을 보전하기 위해서
② 국민에게 의무를 주기 위해서
③ 국민의 자유를 제한하기 위해서
④ 법과 제도를 많이 만들기 위해서
⑤ 국민의 인간다운 삶을 보장하기 위해서

11 다음 ( ) 안에 들어갈 내용으로 알맞은 것을 두 가지 고르시오. (,)

> 기본권은 ( ) 등을 위해 필요한 경우 법률에 따라 제한할 수 있다. 단 제한하는 경우라도 자유와 권리의 본질적은 내용은 침해할 수 없다.

① 공공의 이익
② 개인의 편리
③ 사회 질서 유지
④ 개인의 재산 보호
⑤ 다른 사람의 인권 보장

12 다음 ( ) 안에 공통으로 들어갈 알맞은 말은 무엇입니까? ( )

> 헌법은 국민의 권리를 보장함과 동시에, 국민으로서 지켜야 하는 ( )도 정해 놓았다. 국민이 ( )을/를 성실히 실천하면 나라가 발전할 수 있다.

① 규칙
② 도덕
③ 약속
④ 의무
⑤ 인권

13 다음 일기를 쓴 친구가 실천한 국민의 의무는 무엇입니까? ( )

> 20○○년 ○○월 ○○일 ○요일　　　날씨: 맑음
>
> 제목: 특별했던 가족 여행
>
> 가족들과 함께 바다로 여행을 다녀왔다. 오랜만에 물놀이도 하고 맛있는 음식도 먹어서 너무 즐거웠다. 바닷가에 사람들이 버리고 간 쓰레기가 많아서 동생과 함께 주웠다. 쓰레기를 줍느라 힘들고 물놀이를 더 하지 못해서 아쉬웠지만 깨끗해진 바닷가를 보니 뿌듯했다.

① 교육의 의무
② 근로의 의무
③ 국방의 의무
④ 납세의 의무
⑤ 환경 보전의 의무

[14~15] 다음 글을 읽고, 물음에 답하시오.

> ○○ 마을 주변에는 산이 있고 깨끗한 강이 흘러서 캠핑하러 오는 사람들이 많다. 사람들은 캠핑하면서 생긴 쓰레기를 아무 데나 버렸다. 이로 인해 환경이 오염되자 마을 사람들은 캠핑을 하지 못하게 마을 입구를 막았다. 그러자 캠핑 온 사람들은 자연환경을 누릴 권리를 빼앗는 것이라고 항의하였다.

14 ○○ 마을 사람들이 침해받은 권리로 가장 적절한 것은 어느 것입니까? ( )

① 일할 권리
② 여행할 권리
③ 교육받을 권리
④ 쾌적하게 살 권리
⑤ 선거에 참여할 권리

15 위와 같은 상황에서 필요한 태도로 적절한 것은 어느 것입니까? ( )

① 나의 권리만 주장한다.
② 각자 처한 상황만 생각한다.
③ 권리를 주장하면서도 의무를 다한다.
④ 의무를 다하기 위해 나의 권리를 포기한다.
⑤ 문제를 해결하는 것은 어려우므로 포기한다.

16 다음 ㉠, ㉡에 들어갈 말이 바르게 짝지어진 것은 어느 것입니까? (   )

> (㉠   )은 국가가 헌법에 근거하여 만든 강제성 있는 규칙으로, 사람들이 함께 생활하면서 지켜야 할 행동 기준이다. (㉡   )은 사람이 마땅히 지켜야 하는 도리로서, 양심적으로 스스로 지켜야 한다.

	㉠	㉡
①	법	도덕
②	법	약속
③	도덕	법
④	도덕	약속
⑤	약속	도덕

17 다음 상황에 대해 바르게 설명한 것은 어느 것입니까? (   )

> • 웃어른께 인사하지 않는 경우
> • 친구와 만나기로 한 약속 시간에 늦는 경우
> • 학교에서 친구에게 과자를 나눠 주지 않는 경우

① 법이 적용된다.
② 처벌을 받게 된다.
③ 범죄가 발생하였다.
④ 인권이 침해되었다.
⑤ 도덕을 지키지 않았다.

18 다음 일상생활 속 사례에 적용된 법으로 알맞은 것은 어느 것입니까? (   )

	사례	법
①	학교 급식을 안전하고 위생적으로 관리한다.	가족 관계의 등록 등에 관한 법률
②	아이가 태어나면 정해진 기간 안에 출생 신고를 한다.	초·중등 교육법
③	어린이 놀이 시설을 안전하게 만들어야 한다.	학교 급식법
④	쓰레기를 기준에 따라 분리배출해야 한다.	자원 절약과 재활용 촉진에 관한 법률
⑤	학교에 입학해서 교육을 받아야 한다.	어린이 놀이 시설 안전 관리법

19 일상생활 속에서 적용되는 법에 대한 설명으로 알맞지 않은 것은 어느 것입니까? (   )

① 국가의 정책은 법과 상관없이 만들어진다.
② 누구나 태어나면서부터 법의 보호를 받는다.
③ 사회가 변화하면 법을 고치거나 없앨 수 있다.
④ 법은 우리 주변에서 언제 어디에서나 적용된다.
⑤ 법을 어기면 다른 사람에게 피해를 줄 수 있다.

20 법을 어길 경우 생길 수 있는 문제점을 보기 에서 모두 고른 것은 어느 것입니까? (   )

> **보기**
> ㉠ 사회가 안정되고 발전한다.
> ㉡ 다른 사람에게 이익을 준다.
> ㉢ 다른 사람의 권리를 침해한다.
> ㉣ 권리가 보장되고 질서가 유지된다.
> ㉤ 사람들 사이에 다툼이나 갈등이 생긴다.

① ㉠, ㉢   ② ㉡, ㉢
③ ㉢, ㉣   ④ ㉢, ㉤
⑤ ㉣, ㉤

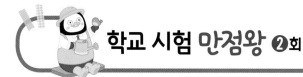 
01 다음 생활 속에서 인권이 보장되는 모습으로 알맞지 않은 것은 어느 것입니까? (   )

① 누구나 교육을 받을 수 있다.
② 내 생각을 자유롭게 표현할 수 있다.
③ 학교 주변에 어린이 보호 구역을 만든다.
④ 몸이 불편한 사람들을 위한 시설을 설치한다.
⑤ 신호를 지키지 않고 횡단보도를 건널 수 있다.

02 인권 신장을 위해 노력한 옛사람들에 대해 잘못 말한 사람은 누구입니까? (   )

① 정민: 박두성은 어린이의 소중함을 알리기 위해 노력했어.
② 나연: 전태일은 노동자들이 안전하게 일할 수 있게 해 달라고 주장했어.
③ 수민: 로자 파크스는 흑인이 버스 뒤쪽 의자에만 앉아야 하는 사실을 비판했어.
④ 주성: 이효재는 남성과 여성의 평등을 주장하며 여성 인권 신장을 위해 노력했어.
⑤ 상현: 허균은 누구나 능력을 발휘할 수 있어야 한다는 생각으로 『홍길동전』을 지었어.

03 다음 (   ) 안에 들어갈 알맞은 말이 차례대로 나열된 것은 무엇입니까? (   )

> 옛날에는 여러 가지 방법으로 임금에게 자신의 억울함을 알리는 제도가 있었다. 억울한 일이 생기면 북을 치는 (   ), 글로 쓰는 (   ), 징이나 꽹과리를 쳐서 알리는 (   ) 등이 있었다.

① 신문고, 격쟁, 상언
② 신문고, 상언, 격쟁
③ 상언, 신문고, 격쟁
④ 격쟁, 신문고, 상언
⑤ 격쟁, 상언, 신문고

04 다음에서 승아가 겪은 인권 침해로 알맞은 것은 어느 것입니까? (   )

> 서희: 승아야, 지원이한테 전화 왔니?
> 승아: 아니, 지원이는 내 전화번호를 모를 텐데….
> 서희: 내가 지원이한테 네 전화번호를 알려 줬어.
> 승아: 나한테 물어보지도 않고 내 전화번호를 알려 준 거야?

① 편견   ② 안전사고
③ 외모 차별   ④ 학교 폭력
⑤ 개인 정보 유출

05 생활 주변에서 볼 수 있는 인권 침해 사례가 아닌 것은 어느 것입니까? (   )

① 나와 피부색이 다른 사람을 놀린다.
② 무인 기계를 사용하는 방법을 안내한다.
③ 외국인 근로자에게만 월급을 적게 준다.
④ 건물 입구에 경사로는 없고 계단만 있다.
⑤ 화장실에 어른 키에 맞는 세면대만 설치한다.

06 인권을 보장하기 위해서 개인이 할 수 있는 노력으로 가장 적절한 것은 어느 것입니까? (　　　)

① 국가 인권 위원회 운영하기
② 인권 보호 캠페인에 참여하기
③ 사회 보장 제도 만들고 실시하기
④ 인권을 보장할 수 있는 법 만들기
⑤ 인권 보호 정책을 만들어 실시하기

07 인권 보호 포스터를 만들 때 ㉠에 들어갈 말로 알맞은 것을 <u>두 가지</u> 고르시오. (　　,　　)

① 내 인권만 지키자
② 인권 보호는 다음에
③ 모두에게 소중한 인권
④ 다른 사람보다 내가 먼저
⑤ 인권 보호는 배려의 시작

08 헌법에 대한 설명으로 알맞은 것은 어느 것입니까?
(　　　)

① 일 년에 한 번씩 내용을 바꾼다.
② 법률을 바탕으로 헌법을 만든다.
③ 국민의 자유를 제한하는 법이다.
④ 헌법재판소의 재판관이 헌법을 만든다.
⑤ 국가를 이루고 운영하는 기본 원칙이 담겨 있다.

09 법을 수정하거나 없애는 경우로 알맞은 것은 어느 것입니까? (　　　)

① 법이 인권을 침해하는 경우
② 법이 국민을 행복하게 하는 경우
③ 법이 개인의 권리를 보장하는 경우
④ 법이 국민에게 자유를 보장하는 경우
⑤ 헌법을 바탕으로 법이 만들어진 경우

10 다음과 같은 일을 하는 곳은 어디입니까? (　　　)

'인터넷 실명제'와 '영화 사전 심의제'는 표현을 자유롭게 할 수 있는 권리를 침해하여 헌법에 어긋난다고 판결하였다.

▲ 인터넷 실명제　　　▲ 영화 사전 심의제

① 학교
② 시민 단체
③ 헌법재판소
④ 지방 자치 단체
⑤ 국가 인권 위원회

11 다음 ( ) 안에 들어갈 알맞은 말은 무엇입니까?
( )

> 인간다운 삶을 위해 반드시 보장받아야 하는 권리로, 평등권, 자유권, 참정권, 사회권, 청구권을 ( )(이)라고 한다.

① 규칙
② 도덕
③ 의무
④ 기본권
⑤ 행동 기준

12 다음 권리에 대해 바르게 설명한 사람은 누구입니까?
( )

① 평등권 | 지오: 모든 국민은 억울한 일이 생겼을 때 재판을 받을 수 있어요.

② 자유권 | 재준: 내가 원하는 곳으로 여행을 갈 수 있어요.

③ 참정권 | 현민: 누구나 원하는 교육을 받을 수 있어요.

④ 사회권 | 미정: 주차를 아무 데나 하는 사람들을 단속해 달라고 요청할 수 있어요.

⑤ 청구권 | 우재: 예방 접종을 무료로 받을 수 있어요.

13 다음 국민의 의무에 대해 바르게 설명한 것은 어느 것입니까? ( )

① 환경 보전의 의무: 일을 해야 한다.
② 납세의 의무: 안전을 위해 나라를 지켜야 한다.
③ 국방의 의무: 환경을 보전하기 위해 노력해야 한다.
④ 근로의 의무: 나라의 살림을 위해 세금을 내야 한다.
⑤ 교육의 의무: 자녀가 잘 성장하도록 교육을 받게 해야 한다.

14 다음과 같은 국민의 의무는 무엇입니까? ( )

① 교육의 의무
② 근로의 의무
③ 납세의 의무
④ 국방의 의무
⑤ 환경 보전의 의무

15 국민의 권리와 의무가 충돌할 경우 생길 수 있는 일로 알맞은 것은 어느 것입니까? ( )

① 나라가 발전한다.
② 사회가 안정된다.
③ 사람들이 모두 행복해진다.
④ 사람들 간의 다툼이 발생한다.
⑤ 나와 다른 사람의 권리가 모두 보장된다.

[16~17] 다음 그림을 보고, 물음에 답하시오.

16 위와 같이 경찰관이 안전벨트 착용 여부를 단속하는 근거는 무엇입니까? (　　)

① 법　　　　② 인권
③ 도덕　　　④ 약속
⑤ 양심

17 위와 같은 경우 운전자는 어떻게 되는지를 바르게 말한 사람은 누구입니까? (　　)

① 우진: 처벌을 받게 돼.
② 건영: 인권을 침해받게 돼.
③ 연수: 자동차를 새로 사야 해.
④ 현아: 사람들로부터 칭찬을 받아.
⑤ 민하: 다시는 운전을 할 수 없게 돼.

18 법을 고치거나 새롭게 만드는 경우로 알맞은 것은 어느 것입니까? (　　)

① 법이 인권을 보장하는 경우
② 사람들이 처벌을 받는 경우
③ 도덕과 확실히 구별되는 경우
④ 헌법에 근거하여 법을 만든 경우
⑤ 법의 내용이 사회 변화에 맞지 않는 경우

19 다음 상황에서 경찰이 할 수 있는 일로 알맞은 것은 어느 것입니까? (　　)

① 도로 교통법을 적용하여 학생들을 처벌할 수 있다.
② 소비자 기본법을 적용하여 학생들이 전학갈 수 있다.
③ 저작권법을 적용하여 친구를 괴롭힌 학생들의 이름을 밝힐 수 있다.
④ 학교 폭력 예방 및 대책에 관한 법률을 적용하여 피해 학생을 보호할 수 있다.
⑤ 어린이 놀이 시설 안전 관리법을 적용하여 학교를 안전한 장소로 만들어야 한다.

20 법이 사회 질서를 유지하는 역할을 한 경우로 알맞지 않은 것은 어느 것입니까? (　　)

① 환경 오염을 예방한다.
② 사고와 범죄를 예방한다.
③ 감염병 확산을 예방한다.
④ 쾌적한 환경을 유지한다.
⑤ 개인의 재산을 지켜 준다.

01 다음 그림과 같이 높낮이가 다른 세면대를 설치한 까닭은 무엇인지 쓰시오.

_____

_____

_____

02 생활 속에서 인권을 보장하기 위해 평소에 어떤 태도가 필요한지 쓰시오.

_____

_____

03 다음과 같이 일상생활 속에서 불편을 겪고 있는 사람들을 돕기 위해 국가와 지방 자치 단체가 할 수 있는 노력을 한 가지만 쓰시오.

_____

_____

_____

04 다음을 보고, 헌법재판소에서 하는 일은 무엇인지 쓰시오.

> 김○○: 이 법이 인권을 보장하고 있는 것이 맞는지 모르겠어.
> 최○○: 그럴 경우 헌법재판소에 물어보면 돼.

_____

_____

_____

05 헌법에 나타난 국민의 기본권을 어떤 경우에 제한할 수 있는지 쓰시오.

_____

_____

_____

[06~07] 다음 그림을 보고, 물음에 답하시오.

(가)   (나)

06 위 (가)와 같은 상황이 계속된다면 어떤 일이 일어날지 쓰시오.

_____

_____

_____

07 위 (나) 속 사람이 실천하고 있는 국민의 의무와 그 내용은 무엇인지 쓰시오.

(1) 의무: _____

(2) 내용: _____

       _____

08 일상생활에서 법에 의해 제재를 받는 상황을 두 가지 쓰시오.

_____

_____

09 다음을 보고 알 수 있는 법의 특징에 대해 쓰시오.

법 제정		제도 시행
장애인 차별 금지 및 권리 구제 등에 관한 법률	→	이○○: 장애와 상관없이 일을 할 수 있게 되었어요.

_____

_____

_____

10 다음은 법을 어길 경우 생기는 문제점입니다. 이를 바탕으로 법을 지켜야 하는 까닭은 무엇인지 생각하여 두 가지 쓰시오.

> • 다른 사람의 권리가 침해된다.
> • 다른 사람에게 피해를 줄 수 있다.
> • 사회 질서가 무너지고 혼란스러워진다.
> • 사람들 간의 다툼이나 갈등이 일어난다.

_____

_____

_____

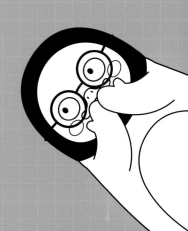

효과가 상상 이상입니다.

예전에는 아이들의 어휘 학습을 위해 학습지를 만들어 주기도 했는데,
이제는 이 교재가 있으니 어휘 학습 고민은 해결되었습니다.
아이들에게 아침 자율 활동으로 할 것을 제안하였는데,
"선생님, 더 풀어도 되나요?"라는 모습을 보면,
아이들의 기초 학습 습관 형성에도 큰 도움이 되고 있다고 생각합니다.

ㄷ초등학교 안OO 선생님

어휘 공부의 힘을 느꼈습니다.

학습에 자신감이 없던 학생도 이미 배운 어휘가 수업에 나왔을 때 반가워합니다.
어휘를 먼저 학습하면서 흥미도가 높아지고
동기 부여가 되는 것을 보면서 어휘 공부의 힘을 느꼈습니다.

ㅂ학교 김OO 선생님

학생들 스스로 뿌듯해해요.

처음에는 어휘 학습을 따로 한다는 것 자체가 부담스러워했지만,
공부하는 내용에 대해 이해도가 높아지는 경험을 하면서
스스로 뿌듯해하는 모습을 볼 수 있었습니다.

ㅅ초등학교 손OO 선생님

앞으로도 활용할 계획입니다.

학생들에게 확인 문제의 수준이 너무 어렵지 않으면서도
교과서에 나오는 낱말의 뜻을 확실하게 배울 수 있었고,
주요 학습 내용과 관련 있는 낱말의 뜻과 용례를
정확하게 공부할 수 있어서 효과적이었습니다.

ㅅ초등학교 지OO 선생님

학교 선생님들이 확인한
어휘가 문해력이다의 학습 효과!
직접 경험해 보세요

학기별 교과서 어휘 완전 학습
<어휘가 문해력이다>
—— 예비 초등 ~ 중학 3학년 ——

2024 강원
동계청소년올림픽대회

WINTER YOUTH OLYMPIC GAMES GANGWON 2024

01.19–02.01

GET YOUR TICKETS
GANGWON2024.COM

경기티켓
무료예매

GANGWON 2024
YOUTH OLYMPIC GAMES

GROW
TOGETHER
SHINE
FOREVER

뭉초
MOONGCHO

EBS 초등ON

https://on.ebs.co.kr

★ ★ ★ ★ ★
초등 공부의 모든 것
EBS 초등ON

제대로 배우고 익혀서 (溫)
더 높은 목표를 향해 위로 올라가는 비법 (ON)
초등온과 함께 즐거운 학습경험을 쌓으세요!

아직 기초가 부족해서
차근차근
공부하고 싶어요.

조금 어려운 내용에
도전해보고 싶어요.

영어의 모든 것!
체계적인
영어공부를 원해요.

조금 어려운
내용에
도전해보고
싶어요.

학습 고민이 있나요?

초등온에는
친구들의 **고민**에 맞는
다양한 강좌가 준비되어 있답니다.

학교 진도에
맞춰
공부하고
싶어요.

초등 ON 이란?

EBS가 직접 제작하고 분야별 전문 교육업체가 개발한
다양한 콘텐츠를 바탕으로,

대표강좌

초등 목표달성을 위한 <**초등온**> **서비스**를 제공합니다.

BOOK 3

해설책

BOOK 3 해설책으로
틀린 문제의 해설도 확인해 보세요!

예습, 복습, 숙제까지 해결되는

교과서 완전 학습서

만점왕

BOOK 3
해설책
사회 5-1

BOOK 3
해설책

만점왕
사회
5-1

Book 1 개념책

① 단원
국토와 우리 생활

(1) 우리 국토의 위치와 영역

핵심 개념 문제   12~13쪽
01 ①   02 (순서 상관 없음) 러시아, 중국, 일본, 몽골   03
(1) 영공 (2) 영토 (3) 영해   04 (1) × (2) ○   05 ㉠ 북부
지방 ㉡ 중부 지방 ㉢ 남부 지방   06 ⑤   07 ③   08 ②

중단원 실전 문제   14~15쪽
01 해설 참조   02 ③   03 ②   04 ④, ⑤   05 ②   06 ④
07 ①   08 ①   09 ②, ④   10 충청남도

서술형 평가 돋보기   16~17쪽
연습 문제
1 동   2 (1) (순서 상관 없음) 동, 황(서), 남 (2) 북 (3) 반도
3 예 우리 국토는 해양으로 나아가기에 유리하다.
실전 문제
1 ㉠ 유원진 ㉡ 마안도 ㉢ 독도 ㉣ 마라도   2 (1) 영해 (2) 주
권   3 예 영토와 영해 위에 있는 하늘의 범위로 정한다.   4
(1) 관북 지방 (2) 관서 지방 (3) 호서 지방 (4) 호남 지방   5
예 강, 고개 등의 자연환경이나 시설물 등의 인문환경을 기준
으로 지역을 구분하였다.

(2) 우리 국토의 자연환경

핵심 개념 문제   22~23쪽
01 ②   02 (나)   03 여름   04 ㉢   05 (1) ○ (2) ×   06
강수량   07 (1)-㉢ (2)-㉠ (3)-㉡   08 지진

중단원 실전 문제   24~25쪽
01 (1) ㉢ (2) ㉡ (3) ㉠   02 ⑤   03 준우   04 ②   05 ⑤
06 ②   07 ⑤   08 ②   09 ⑤   10 ①

서술형 평가 돋보기   26~27쪽
연습 문제
1 동쪽   2 동(북동), 서(남서)   3 (1) 평야 (2) 예 하천의 하류
에 넓고 평평한 땅이 나타나기 때문이다.
실전 문제
1 (가) 겨울 (나) 여름   2 (가) 겨울, 북(북서) (나) 여름, 남(남동)
3 예 기온이 높고 비가 많이 내린다. 등   4 (가) 폭염, 여름 (나)
황사, 봄 (다) 홍수, 여름 (라) 한파, 겨울   5 예 자연재해에 신속
하게 대응할 수 있고, 피해를 줄일 수 있기 때문이다. 등

(3) 우리 국토의 인문환경

핵심 개념 문제   32~34쪽
01 ③   02 (1) ○ (2) ×   03 고령화   04 ⑤   05 ㉢   06
신도시   07 서비스업   08 공업   09 (1) 줄어들었다 (2) 늘
어나면서   10 생활권   11 ③   12 ㉠, ㉡

중단원 실전 문제
35〜37쪽

01 ③　02 ③　03 ⑤　04 유소년　05 ④　06 ④
07 ①, ②　08 (1) ×　(2) ○　09 ③　10 ④　11 ㉠ 수도권
공업 지역　㉡ 태백산 공업 지역　㉢ 남동 임해 공업 지역
12 ②　13 (3) ○　14 ①　15 ④, ⑤

서술형 평가 돋보기
38〜39쪽

연습 문제

1 (가) 저출산　(나) 고령화　2 유소년층, 노년층, 출산율, 유소년
층, 노년층　3 예 유소년층 인구 비율이 지금보다 더 낮아지
고, 노년층 인구 비율이 지금보다 더 높아질 것이다.

실전 문제

1 (도시에 사는) 인구(인구수)　2 (1) 도시(도시의 수)　(2) 인구
(인구수)　3 예 산업이 발달하며 도시가 발달하였고, 도시의
인구가 늘어났다. / 일자리가 풍부한 도시 지역으로 사람들이
모이며 도시가 성장하였다. 등　4 예 (1) 고속 국도의 길이가
길어졌다. / 고속 국도의 수가 늘어났다. 등　(2) 항구와 공항의
수가 늘어났다. / 항구와 공항이 없던 지역에 새로 항구와 공
항이 만들어졌다. 등　5 예 교통이 편리한 곳은 공업(산업)이
발달한다. 등

대단원 마무리
42〜45쪽

01 ④　02 ㉠ 아시아　㉡ 반도　03 예 영해는 우리나라의 주
권이 미치는 영역이기 때문이다.　04 ④　05 ①　06 ①
07 ④　08 ⑤　09 (3) ○　10 ②　11 ⑤　12 ①　13 ④　14
⑤　15 예 태백산맥이 차가운 바람을 막아 주고, 동해의 영향
을 받기 때문에 (나) 지역이 (가) 지역보다 1월 평균 기온이 높다.
등　16 ④　17 ⑤　18 홍수　19 예 도시를 중심으로 인구가
분포한다. 등　20 ④　21 ⑤　22 ②, ⑤　23 ②　24 ④
25 ⑤

2 단원
인권 존중과 정의로운 사회

(1) 인권을 존중하는 삶

핵심 개념 문제
55〜56쪽

01 ③　02 ①　03 (1) ㉠　(2) ㉢　(3) ㉡　04 ⑤　05 ⑤
06 (가) ○　07 ⑤　08 ①

중단원 실전 문제
57〜58쪽

01 ⑤　02 ⑤　03 신문고　04 ②, ④　05 ③　06 ②
07 장애(장애인)　08 ①, ②　09 ③　10 ①

서술형 평가 돋보기
59〜60쪽

연습 문제

1 인권　2 ㉠ 태어날　㉡ 평등　3 예 인권은 모든 사람이 태
어날 때부터 가지는 권리로 함부로 뺏거나 무시할 수 없기 때
문이다.

실전 문제

1 삼복 제도(삼복제)　2 3(세), 예 목숨　3 예 백성의 생명을
중요시 여기고 보호해야 한다.　4 점자 블록　5 시각 장애인
이 자유롭게 이동할 수 있는 권리가 침해되었다.　6 예 점자
블록이 끊기지 않게 제대로 설치한다.

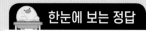

(2) 헌법과 인권 보장

핵심 개념 문제　64~65쪽

01 헌법　02 ④　03 ㄹ　04 ④　05 ④　06 교육의 의무
07 (1) ×　(2) ×　(3) ○　08 ⑤

중단원 실전 문제　66~67쪽

01 ⑤　02 ④　03 헌법재판소　04 ⑤　05 ②　06 ③
07 ④　08 ⑤　09 (1) ㉡ (2) ㉣　10 ③

서술형 평가 돋보기　68~69쪽

연습 문제
1 헌법　2 ㉠ 행복 ㉡ 인권 ㉢ 평등 ㉣ 차별　3 ⑩ 헌법은
모든 국민이 존중받으며 행복하게 살아갈 권리를 보장하고 있
기 때문이다.

실전 문제
1 참정권　2 선거, 국가, 참여　3 ⑩ 학급 임원을 뽑는 선거
에서 투표를 한다. / 학급 어린이 회의의 의사 형성 과정에 참
여한다. 등　4 ㉠ 헌법 ㉡ 권리 ㉢ 의무　5 ⑩ 개인 재산에
대한 자유권과 환경을 지켜야 한다는 의무가 충돌하고 있다.

(3) 법의 의미와 역할

핵심 개념 문제　72~73쪽

01 ①　02 ③　03 ②　04 ③　05 ④　06 ⑤　07 ⑤
08 ②

중단원 실전 문제　74~75쪽

01 법　02 ④　03 ㉠, ㉣　04 ④　05 ⑤　06 ④　07 ①
08 ②　09 ②　10 서준

서술형 평가 돋보기　76~77쪽

연습 문제
1 (1) ㉢, ㉣ (2) ㉠, ㉡　2 규범(규칙)　3 ⑩ 법은 강제성이 있
다. / 법은 지키지 않으면 제재를 받는다. / 법은 헌법에 기초
하여 국가가 만든다. 등

실전 문제
1 저작권법　2 저작권(권리)　3 ⑩ 사회 변화에 따라 법이 새
롭게 만들어진다.　4 (1) ㉡ (2) ㉠　5 질서　6 (가) ⑩ 학교
폭력을 당하는 피해가 늘어난다. / 학교 폭력을 저지른 사람
을 적절하게 처벌할 수 없다. 등　(나) ⑩ 공기가 오염된다. / 대
기 오염으로 사람들의 건강이 나빠진다. 등

대단원 마무리　80~83쪽

01 수아　02 ④　03 ⑩ 살색이라는 말 대신 살구색이라는
말을 사용한다. / 피부색이나 인종에 대한 편견이 담긴 말을
쓰지 않는다. 등　04 ③　05 ⑤　06 ①　07 ②　08 ②
09 ⑤　10 ④, ⑤　11 ⑤　12 자유권　13 ②　14 ⑩ 학생이
공부할 시간을 스스로 자유롭게 선택할 권리가 있다.　15 ③
16 ㉡　17 ④　18 ①　19 ③　20 ⑤　21 ⑤　22 ④　23 ⑩
사회 질서를 유지한다. / 사람들의 안전과 쾌적한 생활을 보장
한다. 등　24 권리　25 ⑤

Book 2 실전책

01 바다   02 아시아(아시아 대륙)   03 영역   04 영해   05 독도   06 마안도   07 태백산백   08 경기   09 행정 구역   10 시청, 도청

6~7쪽

중단원 확인 평가   1 (1) 우리 국토의 위치와 영역

01 ④   02 ②   03 ②   04 ④   05 12   06 ②   07 예 국토 사랑 글짓기와 그리기 활동에 참여하기, 우리 국토 탐방하기, 국토와 관련된 소식에 관심 갖기 등   08 휴전선   09 예 자연환경을 기준으로 지역을 구분하였다.   10 ④

1단원 (2) 중단원 쪽지 시험
9쪽

01 섬   02 동쪽, 서쪽   03 서해안   04 여름   05 남쪽, 북쪽   06 태백산맥, 깊은   07 터돋움집   08 가뭄   09 (1) ㉢ (2) ㉡ (3) ㉠   10 긴급 재난 문자

10~11쪽

중단원 확인 평가   1 (2) 우리 국토의 자연환경

01 ③   02 혜연   03 예 지도의 동쪽에 점토를 많이 붙여 땅을 높게 만들고 서쪽은 낮게 만들게.   04 ⑤   05 ③   06 ③   07 태백산맥   08 ⑤   09 ①, ③   10 예 탁자 아래로 들어가 몸을 보호한다. / 계단을 이용하여 건물 밖의 넓은 곳으로 대피한다. 등

1단원 (3) 중단원 쪽지 시험
13쪽

01 인구 분포   02 (1) ○ (2) ×   03 교통 혼잡(교통 정체, 교통 문제)   04 일자리   05 신도시   06 중화학 공업   07 서비스업   08 ○   09 ○   10 생활권

14~15쪽

중단원 확인 평가   1 (3) 우리 국토의 인문환경

01 ④   02 예 농사짓기 알맞은 평야가 남서부 지역에 발달하였기 때문이다.   03 ⑤   04 ①, ⑤   05 ㉢, ㉡, ㉠   06 ①, ②   07 ①   08 ④   09 예 생활권이 넓어졌다. / 지역 간 교류가 활발해졌다. 등   10 ③

16~19쪽

학교 시험 만점왕 ❶회   1. 국토와 우리 생활

01 ③   02 ②   03 ④   04 ⑤   05 ②   06 ⑤   07 ⑤   08 ①   9 ⑤   10 ①, ②   11 ⑤   12 ③   13 ②   14 ⑤   15 ②   16 ②   17 ③   18 ④   19 ②   20 ①, ⑤

20~23쪽

학교 시험 만점왕 ❷회   1. 국토와 우리 생활

01 ②   02 ④   03 ①   04 ③   05 ①, ④   06 ④   07 ②   08 ①   09 ③   10 ①   11 ①   12 ③   13 ①   14 ⑤   15 ②   16 ①   17 ③   18 ⑤   19 ④   20 ②

1단원 서술형 평가 24~25쪽

01 ㉠ 우리나라는 아시아 대륙의 동쪽에 위치한다. 02 ㉠ 대륙과 해양으로 진출하기에 유리하다. 03 ㉠ 북쪽으로 갈수록 기온이 낮아지고 남쪽으로 갈수록 기온이 높아진다. 04 ㉠ 태백산맥이 북서쪽에서 불어오는 차가운 바람을 막아 주기 때문이다. / 태백산맥이 차가운 바람을 막아 주고 동해가 서해보다 수온이 높기 때문이다. 등 05 ㉠ 자연재해가 언제 발생하는지 미리 알고 피해를 줄일 수 있기 때문이다. 등 06 ⑴ ㉢ ⑵ ㉠ 울릉도는 겨울에도 강수량이 많기 때문이다. / 1~2월에도 강수량이 많은 그래프는 ㉢이다. 등 07 ㉠ 지역에 따라 그 지역의 기후를 반영한 생활 모습이 나타난다. / 강수량에 따라 생활 모습이 다르다. / 기후나 강수량에 따라 사용하는 생활 도구가 다르다. 등 08 ㉠ 산업과 교통은 서로 밀접한 관련을 맺고 있다. / 산업이 발달한 지역을 중심으로 교통이 발달하고, 교통의 발달로 산업이 더욱 발달한다. 등 09 ㉠ 산업이 발달한 지역에 인구가 증가한다. / 인구가 증가하면 산업에 필요한 노동력을 확보하기 좋다. 등 10 ㉠ 인구가 많은 지역은 산업과 교통이 발달하며 도시가 성장하고, 인구도 더욱 증가한다. 등

2단원 ⑴ 중단원 쪽지 시험 27쪽

01 인권 02 어린이날 03 허균 04 삼복 제도(삼복제) 05 신문고 06 성별 07 몸이 불편한 사람 08 인권 09 존중 10 국가 인권 위원회

중단원 확인 평가 2 ⑴ 인권을 존중하는 삶 28~29쪽

01 ① 02 ④ 03 로자 파크스 04 ㉠ 억울하게 벌을 받는 일이 없게 하기 위해서이다. 05 ③ 06 ② 07 ㉠ 기계를 사용하는 방법을 알려드린다. / 주문을 대신해 드린다. 등 08 ③, ④ 09 휠체어 리프트 10 ③

2단원 ⑵ 중단원 쪽지 시험 31쪽

01 최고 02 의무, 권리 03 ⑴ ○ ⑵ × 04 헌법재판소 05 표현 06 참정권 07 청구권 08 납세 09 환경 보전 10 보장

중단원 확인 평가 2 ⑵ 헌법과 인권 보장 32~33쪽

01 헌법 02 재경 03 ④ 04 ㉠ 국가가 개인의 인권을 함부로 침해할 수 없도록 하기 위해서이다. / 국민의 인간다운 삶을 보장하기 위해서이다. 등 05 ①, ② 06 ② 07 ⑴-㉢ ⑵-㉣ ⑶-㉠ ⑷-㉤ ⑸-㉡ 08 ② 09 ④ 10 ㉠ 개인의 권리를 주장하면서 의무도 실천해야 한다. / 권리와 의무를 조화롭게 실천해야 한다. 등

01 법   02 도덕   03 (2) ○   04 (1) ○ (2) ×   05 어린이
놀이 시설 안전 관리법   06 소비자 기본법   07 권리, 유지
08 사고와 범죄 예방   09 피해   10 기준

중단원 확인 평가   2 (3) 법의 의미와 역할

01 ④   02 ⑩ 법의 내용이 사회 변화에 맞지 않는 경우나 인
권을 침해하는 경우에 법을 고치거나 새로 만든다.   03 ④
04 ⑤   05 ⑤   06 도로 교통법   07 ①   08 ④   09 ②,
③   10 ⑩ 나의 권리와 다른 사람의 권리를 모두 존중한다. /
스스로 법을 지키기 위해 다 같이 노력해야 한다. 등

학교 시험 만점왕 ❶회   2. 인권 존중과 정의로운 사회

01 ②   02 ②   03 ⑤   04 ③   05 ③   06 ③   07 ④
08 ③   09 ②   10 ⑤   11 ①, ③   12 ④   13 ⑤   14 ④
15 ③   16 ①   17 ⑤   18 ④   19 ①   20 ④

학교 시험 만점왕 ❷회   2. 인권 존중과 정의로운 사회

01 ⑤   02 ①   03 ②   04 ⑤   05 ②   06 ②   07 ③, ⑤
08 ⑤   09 ①   10 ③   11 ④   12 ②   13 ⑤   14 ④   15
④   16 ①   17 ①   18 ⑤   19 ④   20 ⑤

01 ⑩ 키가 작은 사람을 위해서 설치했다. / 키가 작은 어린이
는 높은 세면대를 사용하기 어려워서 낮은 세면대를 설치했
다. 등   02 ⑩ 나의 권리만큼이나 다른 사람의 권리를 존중
한다. / 나를 포함한 모두의 권리를 존중한다. 등   03 ⑩ 몸
이 불편한 사람들을 위해 편의 시설을 만든다. / 차별이 일어
나지 않도록 관련 법이나 정책을 만든다. 등   04 ⑩ 법이 국
민의 기본적 권리를 침해했는지, 침해하지 않았는지 판단하
여 결정한다. / 법이 헌법에 어긋나는지 아닌지를 판단한다.
등   05 ⑩ 국가의 안전, 사회 질서 유지를 위해 꼭 필요한 경
우에 법률에 따라 제한할 수 있다.   06 ⑩ 환경이 오염된다.
/ 다른 사람의 권리를 침해한다. / 사람들 사이에 다툼이 일어
난다. 등   07 (1) 환경 보전의 의무 (2) ⑩ 국민은 환경을 보
전하기 위해 노력해야 한다.   08 ⑩ 음식물 쓰레기를 아무
곳에나 버리는 것 / 자동차를 탈 때 안전띠를 착용하지 않는
것 / 식당에서 밥을 먹고 돈을 내지 않은 것 / 학교 주변에서
어린이에게 불량 식품을 파는 것 등   09 ⑩ 국민을 위한 정
책, 제도는 법에 따라 만들어진다.   10 ⑩ 개인의 권리를 보
장하기 위해 법을 지켜야 한다. / 사회 질서를 유지하기 위해
법을 지켜야 한다. / 평등하고 정의로운 사회를 만들기 위해
법을 지켜야 한다. / 안전한 사회를 만들기 위해 법을 지켜야
한다. 등

①단원 국토와 우리 생활

(1) 우리 국토의 위치와 영역

핵심 개념 문제   12~13쪽

01 ①   02 (순서 상관 없음) 러시아, 중국, 일본, 몽골   03 (1) 영공 (2) 영토 (3) 영해   04 (1) × (2) ○   05 ㉠ 북부 지방 ㉡ 중부 지방 ㉢ 남부 지방   06 ⑤   07 ③   08 ②

01 적도를 기준으로 북쪽 위도를 북위, 남쪽 위도를 남위라고 합니다. 우리 국토는 적도의 북쪽인 북위 33°~43° 사이에 위치합니다.

02 우리나라의 주변에는 러시아, 중국, 일본, 몽골 등의 국가가 있으며 지도에서 러시아, 중국, 일본, 몽골을 찾을 수 있습니다.

03 영토는 땅, 영해는 영토 주변의 바다, 영공은 영토와 영해 위 하늘입니다.

04 우리나라의 영토는 한반도와 한반도에 속한 여러 섬을 포함합니다.

> **오답 피하기**
>
> (1) 독도는 우리나라 영토의 동쪽 끝입니다.

05 우리나라는 북쪽에서부터 북부 지방, 중부 지방, 남부 지방으로 지역을 구분할 수 있습니다. 북부 지방은 휴전선 북쪽의 북한 지역을 말하며, 중부 지방은 휴전선 남쪽부터 소백산맥과 금강 하류를 잇는 선의 북쪽 지역을 말합니다. 소백산맥과 금강 하류의 남쪽 지역은 남부 지방이라고 합니다.

06 우리 국토는 큰 산맥, 고개, 강 등을 기준으로 전통적으로 8개의 지역으로 나누었습니다.

> **오답 피하기**
>
> ①, ② 한반도 전체를 8개의 지역으로 구분하였습니다.

③ 금강의 서쪽 지역은 호서 지방이며, 해서 지방은 경기해의 서쪽에 있는 지역입니다.
④ 왕이 사는 수도의 주변은 경기 지방이라 하였습니다.

07 남부 지방은 행정 구역이 아닌 우리나라를 북부, 중부, 남부로 나눈 지역 구분 중 하나에 해당합니다.

08 특별시, 광역시, 특별자치시, 도, 특별자치도 등의 지역 구분은 북한을 제외한 대한민국을 행정 구역으로 구분한 것입니다.

중단원 실전 문제   14~15쪽

01 해설 참조   02 ③   03 ②   04 ④, ⑤   05 ②   06 ④   07 ①   08 ①   09 ②, ④   10 충청남도

01 우리나라의 주변에는 러시아, 몽골, 일본, 중국 등의 나라가 있습니다. 북쪽으로는 중국, 러시아와 국경을 맞대고 있고, 남동쪽에는 일본이 위치하고 있습니다.

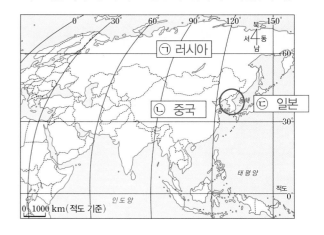

02 우리 국토는 아시아 대륙의 동쪽에 있으며, 북위 33°~43°, 동경 124°~132° 사이에 위치하고 있습니다.

> **오답 피하기**
>
> ④ 우리 국토는 북쪽이 육지와 연결되어 있고, 삼면이 바다로 둘러싸여 있어 해양 진출에 유리합니다.

03 우리나라의 영토는 한반도와 한반도에 속한 섬이며, 영토의 주변 바다는 영해에 해당합니다. 영토와 영해 위

하늘은 영공입니다.

오답 피하기

② 태평양은 우리나라의 영해가 아닙니다. 우리나라의 영해는 황해, 남해, 동해에 걸쳐 있습니다.

04 서해안과 남해안은 가장 바깥에 위치한 섬들을 직선으로 이은 선을 기준으로 하여 영해를 설정합니다. 한 나라의 영역 안으로 다른 나라의 배나 비행기, 외국인 등이 들어오려면 허가를 받아야 합니다.

05 우리 국토는 남북으로 길게 뻗은 모양이라 위, 가운데, 아래의 세 지역으로 구분할 수 있습니다. 가장 위쪽 지역은 북부 지방, 가운데는 중부 지방, 가장 아래쪽 지역은 남부 지방으로 구분합니다.

06 금강(옛 이름 호강)의 남쪽 지방이라는 뜻으로 호남 지방이라고 합니다.

07 우리나라의 행정 구역은 특별시 1곳, 특별자치시 1곳, 광역시 6곳, 특별자치도 3곳, 도 6곳입니다.

오답 피하기

② 광역시에는 시청이 있습니다.
④ 특별자치도에는 도청이 있습니다.

08 우리 국토의 아름다운 곳을 찾아보고, 직접 여행하는 것, 우리 국토의 모습을 사진으로 찍거나 글, 그림 등으로 표현하는 것, 국토를 깨끗하게 하기 위해 노력하는 것 등은 우리가 직접 국토 사랑을 실천할 수 있는 방법입니다.

오답 피하기

① 관광지 개발, 국토 개발 등은 학생이 직접 할 수 있는 일이 아닙니다.

09 경상남도는 행정 구역 중 '도'에 해당하는 곳으로, 도청이 있습니다. 또한 우리 국토의 아래 지역인 전라남도의 동쪽, 경상북도의 남쪽에 위치합니다.

10 중부 지방에 해당하는 행정 구역으로는 경기도, 충청남도, 충청북도, 강원특별자치도가 있습니다. 이 중 도청이 홍성/예산에 위치한 곳은 충청남도입니다.

 서술형 평가 돋보기

16~17쪽

연습 문제

1 동   2 (1) (순서 상관 없음) 동, 황(서), 남   (2) 북   (3) 반도
3 예 우리 국토는 해양으로 나아가기에 유리하다.

실전 문제

1 ㉠ 유원진 ㉡ 마안도 ㉢ 독도 ㉣ 마라도   2 (1) 영해 (2) 주권   3 예 영토와 영해 위에 있는 하늘의 범위로 정한다.   4 (1) 관북 지방 (2) 관서 지방 (3) 호서 지방 (4) 호남 지방   5 예 강, 고개 등의 자연환경이나 시설물 등의 인문환경을 기준으로 지역을 구분하였다.

연습 문제

1 우리나라는 아시아 대륙에 속하는 나라로, 아시아 대륙의 동쪽에 위치합니다.

2 우리나라의 서쪽은 황해(서해), 남쪽은 남해, 동쪽은 동해가 있고 나아가면 태평양으로 진출할 수 있습니다. 또한 북쪽은 중국, 러시아와 국경을 맞대고 있어 육지를 이용하면 대륙으로 나아갈 수 있습니다.

3 반도 국가는 삼면이 바다로 둘러싸여 있고, 한 쪽은 육지로 연결되어 있는 특징이 있어 대륙과 해양 진출이 유리하다는 장점이 있습니다.

채점 기준

바다로 나아가기(해양 진출)에 유리하다는 내용으로 썼으면 정답으로 합니다.

실전 문제

1 우리나라의 영토는 한반도와 한반도에 속한 섬으로 이루어져 있고, 영토의 동, 서, 남, 북 끝 지점이 정해져 있습니다.

2 ㈎는 영해를 나타내는 선으로, ㈎ 안쪽의 바다는 우리나라의 주권이 미치는 영해에 해당합니다.

3 영공은 영토와 영해 위에 있는 하늘의 범위가 해당됩니다.

채점 기준

영토와 영해 위의 하늘이라는 내용을 썼으면 정답으로 합니다.

4 철령관을 기준으로 북쪽은 관북 지방, 서쪽은 관서 지방, 동쪽은 관동 지방으로 구분하였습니다. 또한, 금강의 옛날 이름인 호강의 '호' 글자를 사용하여 금강의 서쪽은 호서 지방, 남쪽은 호남 지방으로 구분하였습니다.

5 우리나라는 전통적으로 시설물, 강, 고개 등 환경을 기준으로 지역을 나누었습니다.

채점 기준

강, 고개, 시설물(철령관) 등과 같은 환경(자연환경, 인문환경)을 기준으로 하여 지역을 구분했다는 내용으로 썼으면 정답으로 합니다.

(2) 우리 국토의 자연환경

핵심 개념 문제　　　　　　　　22~23쪽

01 ② **02** (나) **03** 여름 **04** ㉢ **05** (1) ○ (2) ✕ **06** 강수량 **07** (1)-㉢ (2)-㉠ (3)-㉡ **08** 지진

01 여러 지형 중 넓고 평탄한 땅을 평야라고 합니다. 평야는 하천 주변에 형성되며 농사짓기에 알맞은 지형이기 때문에 벼농사가 발달하였습니다. 평야에서는 사람이 모여 살며, 도시가 발달하기도 합니다.

02 해안선의 모양이 단순하고, 모래사장이 넓어 해수욕장이 발달한 해안은 동해안입니다. 동해안은 우리나라의 동쪽 해안을 말합니다.

03 우리나라에는 봄, 여름, 가을, 겨울 사계절이 나타나며, 계절에 따라 기후가 다릅니다. 여름에는 남동쪽 바다에서 불어오는 바람의 영향으로 덥고 습한 기후가 나타납니다.

04 1월은 겨울이고, 7월은 여름입니다. 여름과 겨울에 불어오는 바람의 방향과 특징이 달라 여름과 겨울은 서로 다른 기후가 나타납니다.

05 남북으로 긴 형태인 우리 국토는 남북의 기온 차이가 많이 납니다. 대체로 남쪽으로 갈수록 기온이 높아지고 북쪽으로 갈수록 기온이 낮아집니다.

오답 피하기

(2) 서울의 연평균 기온은 12~13℃ 정도이며, 중강진은 5~6℃ 정도로 두 지역의 연평균 기온은 차이가 납니다.

06 강수량은 일정한 지역에 내린 물(비, 눈, 우박, 안개 등)의 총량을 뜻합니다. 우리나라는 계절에 따라 강수량의 차이가 큰 편으로, 연 강수량의 절반 이상이 여름에 집중됩니다.

07 우리나라에 발생하는 자연재해로는 황사, 가뭄, 태풍, 홍수, 폭염, 폭설, 한파, 지진 등이 있습니다. 태풍은 강한 바람과 함께 비가 많이 오는 현상이며 폭설은 겨

울철 짧은 시간 안에 많은 양의 눈이 내리는 현상을 말합니다. 황사는 중국이나 몽골의 사막에 있는 모래가 바람을 타고 우리나라까지 날아와 영향을 미치는 자연재해입니다.

08 지진이 발생하면 땅이 흔들리고 갈라질 수 있기 때문에 진동이 느껴지기 시작할 때에는 머리와 몸을 재빨리 탁자 밑 등의 장소에 숨겨야 피해를 줄일 수 있습니다. 자연재해의 피해를 줄이기 위해서 재해가 발생했을 때의 대응 요령 및 안전 수칙을 미리 알아두는 것이 좋습니다.

중단원 실전 문제

24~25쪽

01 (1) ㉢ (2) ㉣ (3) ㉠ **02** ⑤ **03** 준우 **04** ② **05** ⑤
06 ② **07** ⑤ **08** ② **09** ⑤ **10** ①

01 여러 지형 중 해안, 하천, 섬 지형은 물을 볼 수 있는 지형입니다. 섬은 물로 둘러싸인 땅이며, 해안은 바다와 맞닿은 육지 부분입니다. 하천은 빗물과 지하수가 흘러가며 만들어진 지형입니다.

02 ●로 표시된 지역은 하천의 하류에 해당하는 곳으로 넓고 평평한 평야(김포평야, 평택평야, 예당평야, 논산평야, 호남평야, 나주평야, 김해평야)입니다. 농사를 짓기에 알맞은 땅인 평야에서는 옛날부터 벼농사 등이 활발하게 이루어졌습니다. 우리나라의 평야는 주로 남서쪽에 분포하고 있습니다.

03 우리나라의 지형은 북동쪽이 높고, 남서쪽이 낮기 때문에 우리나라의 주요 하천은 남서쪽으로 흘러갑니다. 따라서 남서쪽보다 북동쪽의 땅의 높이를 더 높게 만들고, 북동쪽에 주요 산맥들을 나타내어야 합니다.

04 우리나라 해안 중 서해안은 해안선이 복잡하고 밀물과 썰물의 차가 커서 갯벌이 발달한 곳입니다. 사람들은 해안을 이용하여 해산물, 소금 등을 얻기도 합니다.

05 우리나라는 남북으로 긴 형태의 국토이기 때문에 남북의 기온 차이가 많이 납니다. 대체로 남쪽으로 갈수록 평균 기온이 높아지고, 북쪽으로 갈수록 평균 기온이 낮아집니다.

06 우리나라의 겨울철 기온은 지역별로 차이가 나는 특징을 보입니다. 남쪽이 북쪽보다 겨울철 평균 기온이 높고, 해안 지역이 내륙 지역보다 겨울의 평균 기온이 높은 편입니다. 또한 동해안이 서해안보다 겨울에 더 따뜻합니다.

오답 피하기

③ ㈐ 지역은 ㈎ 지역보다 남쪽에 위치하며, 평균 기온이 더 높습니다.
④ 서울보다 남쪽에 위치한 광주의 평균 기온이 더 높습니다.

07 제시된 지도는 우리나라의 연평균 강수량을 나타낸 지도로, 지역별 강수량 차이를 알 수 있습니다. 대체로 북쪽에서 남쪽으로 갈수록 강수량이 많아집니다.

08 서울은 여름철에 강수량이 집중되며, 울릉도는 겨울철에도 강수량이 많은 특징이 나타납니다. 우리나라 대부분 지역은 장마, 태풍 등의 영향으로 여름철에 강수량이 집중됩니다. 그러나 울릉도, 제주도 등의 지역은 겨울에 눈이 많이 내리기 때문에 겨울에도 강수량이 많은 편입니다.

09 태풍은 많은 비와 바람을 몰고 와 큰 피해를 입히는 자연재해입니다.

오답 피하기

① 홍수는 주로 비가 많이 오는 여름에 발생합니다.
② 폭설은 눈으로 인해 발생하는 피해이므로 겨울에 발생하고, 폭염은 여름에 발생합니다.

10 가뭄은 비가 오지 않거나 적게 내리는 기간이 지속되는 현상으로 늦봄이나 초여름에 주로 발생합니다. 가뭄으로 인해 농작물이 말라죽거나 생활에 필요한 물이 부족해지는 피해를 입습니다.

연습 문제

1 동쪽   2 동(북동), 서(남서)   3 (1) 평야 (2) ⓔ 하천의 하류에 넓고 평평한 땅이 나타나기 때문이다.

실전 문제

1 ㈎ 겨울 ㈏ 여름   2 ㈎ 겨울, 북(북서) ㈏ 여름, 남(남동)   3 ⓔ 기온이 높고 비가 많이 내린다. 등   4 ㈎ 폭염, 여름 ㈏ 황사, 봄 ㈐ 홍수, 여름 ㈑ 한파, 겨울   5 ⓔ 자연재해에 신속하게 대응할 수 있고, 피해를 줄일 수 있기 때문이다. 등

연습 문제

1   우리나라의 북동쪽에는 높고 험한 산지가 주로 분포하고, 남서쪽에는 낮은 산지나 평야가 분포합니다.

2   단면도를 통해 우리나라의 동쪽이 서쪽보다 높음을 알 수 있고, 이러한 특징 때문에 대부분의 큰 하천은 남쪽과 서쪽으로 흘러갑니다.

3   하천의 하류에는 넓고 평평한 땅인 평야가 주로 발달합니다.

채점 기준

남서쪽의 지형이 낮아 평평하고 넓은 하천의 하류가 나타나기 때문이라는 내용으로 썼으면 정답으로 합니다.

실전 문제

1   ㈎는 화살표가 북서쪽에서 시작하여 우리나라로 바람이 불어오고 있으므로 겨울이며, ㈏는 화살표가 남동쪽에서 시작하여 우리나라로 바람이 불어오고 있으므로 여름입니다.

2   ㈎와 같은 바람이 불어오는 계절은 겨울입니다. 북서쪽에서 불어오는 차갑고 건조한 바람의 영향으로 춥고 건조한 기후가 나타납니다.
    ㈏와 같은 바람이 불어오는 계절은 여름입니다. 남동쪽에서 불어오는 따뜻하고 습한 바람의 영향으로 기온이 높고 비가 많이 내리는 습한 기후가 나타납니다.

3   우리나라 여름철 기후는 기온이 높아 더운 날씨가 나타나며, 비가 많이 내립니다.

채점 기준

높은 기온, 더운 날씨, 습한 기후, 비가 많이 오는 기후 등 여름의 기후 특징을 썼으면 정답으로 합니다.

4   우리나라는 계절에 따라 기온과 강수량이 차이가 나는 기후의 특징 때문에 계절별로 발생하는 자연재해도 달라집니다. 봄은 황사와 가뭄, 여름에는 홍수, 폭염 등이 나타나며 여름부터 초가을 사이에 태풍이 많이 발생하기도 합니다. 겨울에는 낮은 기온과 함께 한파, 폭설 등의 피해가 나타납니다.

5   자연재해의 피해를 줄이기 위해서는 자연재해에 대한 정보를 빠르게 알려야 합니다. 이러한 목적으로 우리나라는 자연재해가 예상되거나 발생했을 때, 긴급 재난 문자나 방송 등을 통해 자연재해의 위험성을 알리고 대비할 수 있도록 안내하고 있습니다.

채점 기준

자연재해에 대한 정보를 알고, 피해를 줄일 수 있다는 내용으로 썼으면 정답으로 합니다.

(3) 우리 국토의 인문환경

핵심 개념 문제
32~34쪽

01 ③ **02** (1) ○ (2) × **03** 고령화 **04** ⑤ **05** ⓒ **06** 신도시 **07** 서비스업 **08** 공업 **09** (1) 줄어들었다 (2) 늘어나면서 **10** 생활권 **11** ③ **12** ㉠, ㉡

01 1960년대 이전에는 벼농사 중심의 사회였기 때문에 농사짓기에 알맞은 평야가 있는 남서부 지역을 중심으로 인구가 모여 살았습니다.

> **오답 피하기**
> ⑤ 도시는 사람이 많이 모여 사는 곳에 형성됩니다. 그러나 1960년대 이전에는 도시가 형성되지 않았고, 벼농사를 짓기 유리한 지역을 중심으로 사람들이 모여 살았던 것이므로 도시 지역은 정답이 아닙니다.

02 (1) 산업이 발전하며 도시가 형성되었고, 사람들은 계속 도시로 모이게 되었습니다. 일찍부터 산업이 발전한 서울을 중심으로 주변 도시가 형성되었고, 사람들은 수도권에 많이 모여 살게 되었습니다. 오늘날 우리나라 인구의 절반 이상이 수도권에 살고 있습니다.
(2) 오늘날 인구 분포는 자연환경보다는 교통, 산업 등과 같은 인문환경의 영향을 많이 받습니다.

03 전체 인구에서 65세 이상 노인 인구의 비율이 증가하는 현상을 고령화 현상이라고 합니다.

04 출산율이 낮아지는 저출산 현상이 나타나면서 전체 인구 중 유소년층이 차지하는 인구 비율이 점점 낮아지고 있습니다.

05 산업이 발달하며 일자리를 찾아 사람들이 모이게 되고, 도시가 형성되었습니다.

> **오답 피하기**
> ⓒ 산업이 발전하며 도시의 수는 늘어나고 도시의 크기도 커졌습니다.

06 신도시는 목적을 가지고 계획적으로 개발된 새로운 도시입니다. 우리나라는 많은 인구와 기능이 서울에 집중되며 나타나는 문제를 해결하기 위해 주변 지역에 신도시를 만들었습니다.

07 우리나라의 산업은 1960년대 이전까지는 농림어업 중심이었으나 1960년대 이후 광공업 및 서비스업 중심으로 변화하였습니다. 오늘날은 서비스업 및 다른 다양한 산업이 가장 큰 비율을 차지하고 있습니다.

08 산업 발달 과정 중 공업이 발달하면서 우리나라에는 여러 공업 지역이 생겼습니다. 그중 남동쪽 해안 지역은 바다의 항구를 이용하여 원료를 수입하고, 완성된 제품을 수출하기 좋은 입지 조건을 갖추어 공업 단지가 형성되었습니다.

09 교통이 발달하여 교통수단의 종류 및 시설이 증가하였고, 지역 간 이동 소요 시간이 줄어들게 되었습니다. 지역 간 이동 시간이 줄어들며 더 많은 사람들이 다른 지역으로 이동하게 되었고, 다양한 교통수단을 이용하여 빠르게 물건을 교류하게 되었습니다.

10 사람이 생활을 하며 활동하는 범위를 생활권이라고 합니다. 교통이 발달하며 사람들은 더 넓은 지역으로, 빠르게 이동할 수 있게 되었고 생활하는 범위도 넓어지게 되었습니다.

11 산업이 발전하면 일자리를 찾아 인구가 많이 모이게 되고, 그 지역에는 도시가 형성되거나 성장합니다. 사람이 더 많이 모일수록 도시가 커지고, 도시의 수도 늘어나게 됩니다. 산업 중 공업이 발달한 곳은 공업 지역이 만들어지는 등 국토의 모습이 변화하게 됩니다.

> **오답 피하기**
> ④ 도시에 인구가 많이 모여 살면 인구 밀도가 높아지게 됩니다.
> ⑤ 사람들은 일자리를 찾아 촌락에서 도시로 많이 이동합니다.

12 어업 중심이었던 거제시는 공업이 발달하며 공장이 늘

어나게 되었고, 일자리를 찾아 많은 사람들이 모이게 되었습니다.

중단원 실전 문제
35~37쪽

01 ③　　**02** ③　　**03** ⑤　　**04** 유소년　　**05** ④　　**06** ④
07 ①, ②　**08** (1) ×　(2) ○　**09** ③　**10** ④　**11** ㉠ 수도권 공업 지역　㉡ 태백산 공업 지역　㉢ 남동 임해 공업 지역
12 ②　**13** (3) ○　**14** ①　**15** ④, ⑤

01 1960년대 이전에는 벼농사 중심의 농업 사회였기 때문에 농사를 짓기에 알맞은 평야 주변에 사람들이 많이 모여 살았습니다.

오답 피하기
① 1960년대 이전은 아직 공업이 발달하지 않은 시기입니다.

02 빨간색으로 표시된 지역은 인구 밀도가 높은 곳으로 주로 도시에 해당합니다. 오늘날 우리나라는 수도권, 남동 해안 지역 등 도시를 중심으로 인구가 분포하고 있습니다. 1960년대에 남서부 여러 지역에 인구가 골고루 분포되어 있던 것과 달리 오늘날은 전체 인구의 약 90% 이상이 수도권을 비롯한 도시에 모여 살고 있습니다.

03 ㉠ 지역은 수도권 지역으로 우리나라의 인구 절반 이상이 모여 사는 인구 밀집 지역입니다.

04 우리나라는 저출산 현상이 나타나며 전체 인구 중 유소년층이 차지하는 비율이 계속 줄어들고 있습니다.

05 출산율이 낮아지고 평균 수명이 늘어나면 유소년층의 비율은 낮아지고, 노년층의 비율은 높아지게 됩니다.

06 우리나라는 산업이 발전하면서 서울, 인천, 부산, 대구 등의 도시가 형성되었고, 이 도시들은 시간이 지나면서 대도시로 발전하였습니다. 대도시에는 사람들이 많이 모여 살기 때문에 인구 밀도가 높습니다.

07 2020년의 도시 수와 도시 인구를 나타낸 지도를 통해 우리나라의 도시 수가 크게 증가하였고, 도시에 사는 사람의 수도 크게 늘어났음을 알 수 있습니다.

오답 피하기
③ 남동쪽 해안 지역에 공업 지역이 형성되며 많은 사람이 모여 사는 것은 맞지만 우리나라의 도시가 해안가에만 발달하는 것은 아닙니다. 우리나라의 도시는 주로 산업이 발달한 지역을 중심으로 발달하였습니다.

08 산업이 발전한 지역은 사람이 모이게 되었고, 사람이 모인 곳은 도시로 발전하였습니다. 사람들은 일자리를 찾아 촌락에서 도시로 이동하였고, 너무 많은 사람이 밀집하여 살아가는 도시는 주택 부족, 교통 혼잡, 환경 오염 등 여러 가지 문제점이 나타나고 있습니다.

09 국토의 균형적인 발전을 위해 1980년대부터 서울 주변에 신도시를 건설하여 인구와 기능을 분담하고 있으며, 수도권의 공공 기관 등을 지방으로 옮겨 새로운 도시를 만들고 있습니다.

10 1960년대 이전까지 우리나라는 농림어업 중심의 산업이 발달하였습니다.

오답 피하기
⑤ 우리나라는 1960년대 이후 가벼운 물건을 만드는 공업이 발전하였고, 1970년대 이후 무거운 물건을 만드는 중화학 공업이 점차 발전하였습니다.

11 지역의 자연환경과 인문환경의 특성에 따라 다양한 산업이 발전하게 되었고, 우리나라의 여러 지역에 공업 지역이 형성되었습니다. 수도권 공업 지역은 우리나라 최대의 공업 지역으로 다양한 공업이 발달하였고, 태백산 공업 지역은 석회석이 많이 있는 자연환경의 특징을 바탕으로 석회석을 이용한 시멘트 공업이 발달한 지역입니다. 남동 임해 공업 지역은 바닷가 근처라는 입지를 조건으로 중화학 공업이 발달하였습니다.

12 우리나라는 각 지역의 특성에 따라 다양한 공업이 발달했습니다. 지역의 산업이 발달하는 데에는 교통, 소비 시장, 노동력, 위치, 지형, 기후 등 여러 가지 요소가 영향을 미칩니다.

② '지명'은 지역의 이름이며, 그 지역의 이름이 지역의 공업 지역 형성에 영향을 주지는 않습니다.

13 교통이 발달하면 지역 간 교류는 늘어나고 이를 바탕으로 산업도 더욱 발전하게 됩니다. 교통의 발달로 지역 간 이동 시간이 줄어들면서 사람들의 생활권이 넓어지게 되었습니다.

14 한 지역에 일자리가 늘어나면 사람들은 일자리를 찾아 그 지역으로 모이게 되고, 그 지역은 도시가 형성될 수 있습니다.

15 인구, 도시, 산업, 교통은 서로 영향을 주고받으며 변화하고 이에 따라 국토의 모습도 변화하게 됩니다. 교통이 발달하면 지역 간 교류가 활발해져 산업이 더욱 발달하며 산업이 발달하면 도시가 성장합니다.

서술형 평가 돋보기   38~39쪽

연습 문제

1 (가) 저출산 (나) 고령화 **2** 유소년층, 노년층, 출산율, 유소년층, 노년층 **3** 예 유소년층 인구 비율이 지금보다 더 낮아지고, 노년층 인구 비율이 지금보다 더 높아질 것이다.

실전 문제

1 (도시에 사는) 인구(인구수) **2** (1) 도시(도시의 수) (2) 인구(인구수) **3** 예 산업이 발달하며 도시가 발달하였고, 도시의 인구가 늘어났다. / 일자리가 풍부한 도시 지역으로 사람들이 모이며 도시가 성장하였다. 등 **4** 예 (1) 고속 국도의 길이가 길어졌다. / 고속 국도의 수가 늘어났다. 등 (2) 항구와 공항의 수가 늘어났다. / 항구와 공항이 없던 지역에 새로 항구와 공항이 만들어졌다. 등 **5** 예 교통이 편리한 곳은 공업(산업)이 발달한다. 등

연습 문제

1 아이를 적게 낳는 현상을 저출산 현상이라고 하며, 한 사회에서 노인의 인구 비율이 높아지는 현상을 고령화

현상이라고 합니다.

2 우리나라는 1960년대에 비해 오늘날 인구 구조가 달라졌습니다. 1960년대에는 출산율이 높고, 평균 수명이 짧아 전체 인구 중 유소년층이 차지하는 비율이 높았습니다. 그러나 1990년대 이후 출산율은 꾸준히 낮아지고 평균 수명이 늘어나면서 유소년층 인구 비율은 점점 낮아졌으며, 65세 이상 노년층 인구의 비율은 높아졌습니다.

3 (가), (나) 그래프의 수치를 통해 앞으로의 출산율과 노년층 인구 비율의 변화를 예상해 볼 수 있습니다. 출산율은 계속 낮아질 것이며, 노년층의 비율은 계속 높아질 것으로 예상할 수 있습니다.

채점 기준

유소년층의 인구 비율은 지금보다 더 낮아지고, 노년층의 인구 비율은 지금보다 더 높아진다는 내용으로 썼으면 정답으로 합니다.

실전 문제

1 도시 수와 도시 인구를 나타낸 지도에 표시된 원은 도시에 사는 인구수를 나타냅니다. 원의 크기가 큰 도시는 도시에 사는 인구수가 많은 것을 의미하고, 도시의 크기가 큰 것을 의미합니다.

2 1960년의 지도와 비교하였을 때 2020년에는 원의 수가 늘어났으며, 원의 크기가 매우 커졌습니다. 이를 통해 우리나라의 도시 수와 도시의 인구가 많이 늘어났음을 알 수 있습니다.

3 우리나라는 산업이 발달한 곳을 중심으로 도시가 형성되었으며, 대도시, 공업 지역 등을 중심으로 도시가 계속 성장하였습니다.

채점 기준

산업 발달과 함께 도시가 형성되고 사람들이 도시를 중심으로 많이 모여 살게 되었다는 내용으로 썼으면 정답으로 합니다.

4 1980년대보다 2020년에 고속 국도, 철도, 항구, 공항 등의 수가 늘어났으며 다양한 교통 시설의 발달로 전국이 그물망처럼 연결된 것을 알 수 있습니다.

(1) 고속 국도의 길이가 길어지고 그 수도 늘어났다는 내용으로 썼으면 정답으로 합니다.

(2) 항구와 공항의 수가 늘어나거나 새로 생겼다는 내용으로 썼으면 정답으로 합니다.

5 교통이 발달한 곳은 물건 및 사람의 이동이 편리하기 때문에 산업이 발달하기에 유리합니다. 다양한 교통수단 및 교통 시설을 바탕으로 산업이 더욱 발전하게 되고, 산업의 발전을 위해 교통 시설이 늘어나기도 합니다.

채점 기준

교통이 편리한 곳에 산업이 발달하거나 교통이 발달하면 산업이 더욱 발달한다는 내용으로 썼으면 정답으로 합니다.

대단원 마무리
42~45쪽

01 ④ **02** ㉠ 아시아 ㉡ 반도 **03** 예 영해는 우리나라의 주권이 미치는 영역이기 때문이다. **04** ④ **05** ① **06** ① **07** ④ **08** ⑤ **09** (3)◯ **10** ② **11** ⑤ **12** ① **13** ④ **14** ⑤ **15** 예 태백산맥이 차가운 바람을 막아 주고, 동해의 영향을 받기 때문에 (나) 지역이 (가) 지역보다 1월 평균 기온이 높다. 등 **16** ④ **17** ⑤ **18** 홍수 **19** 예 도시를 중심으로 인구가 분포한다. 등 **20** ④ **21** ⑤ **22** ②, ⑤ **23** ② **24** ④ **25** ⑤

01 우리나라는 북위 33°~43°, 동경 124°~132° 사이에 위치합니다.

오답 피하기

② 우리나라의 남동쪽에 일본이 위치합니다.
⑤ ㉡은 우리나라를 지나는 위도를 나타냅니다.

02 우리나라는 아시아 대륙의 동쪽에 위치한 국가이며 북쪽은 대륙으로 연결되어 있습니다. 또한 삼면이 바다로 둘러싸인 반도 국가입니다.

03 한 나라의 영역은 나라의 주권이 미치는 범위를 말합니다. 한 나라의 영역 안으로 배나 비행기, 외국인 등이 들어오기 위해서는 그 나라의 허가가 필요합니다.

영해는 영역에 해당하며, 영역은 한 나라의 주권이 미치는 범위이기 때문에 들어오기 위해서는 허가가 필요한 곳이라는 내용으로 썼으면 정답으로 합니다.

04 남부 지방은 우리나라를 3개의 지역으로 구분했을 때, 가장 남쪽의 지역을 말하며, 소백산맥과 금강 하류의 남쪽 지역에 해당합니다.

05 우리나라는 전통적으로 산(태백산맥), 고개(조령), 강(금강), 저수지(의림지), 시설물(철령관) 등의 환경을 기준으로 지역을 구분하였습니다.

06 관동 지방은 태백산맥(대관령)을 기준으로 동쪽은 영동 지방, 서쪽은 영서 지방으로 나눕니다.

07 우리나라는 특별시와 특별자치시가 각각 1곳씩 있습니다. 특별자치시는 세종특별자치시가 해당됩니다.

08 도시는 지형(자연환경)이 아닌 인문환경 중 사람이 모여 살며 형성된 지역을 말합니다.

09 갯벌은 바다와 육지가 만나는 해안에서 볼 수 있습니다.

10 우리나라의 지형은 산지가 많고 북동쪽이 남서쪽에 비해 땅의 높이가 높습니다.

오답 피하기

③ 북쪽은 높은 산지가 많이 나타납니다.
⑤ 우리나라의 북쪽은 대륙과 연결된 곳으로 해안이 나타나지 않습니다.

11 우리나라는 대체적으로 산지가 많은 북동쪽에서부터 주요 하천의 물줄기가 시작하여 땅의 높이가 낮은 남서쪽으로 하천이 흘러갑니다.

12 우리나라는 사계절이 나타나고, 계절별로 바람, 기온, 강수량의 특징이 다릅니다. 봄이 되면 날씨가 따뜻해지지만, 갑자기 기온이 내려가는 꽃샘추위가 나타나기도 합니다.

오답 피하기

㉢ 여름에는 남동쪽에서 덥고 습한 바람이 불어옵니다.

ⓔ 봄과 가을의 기온은 대체적으로 온화하고, 여름은 기온이 높으며, 반대로 겨울은 기온이 낮습니다.

13 북서쪽에서 바람이 불어오는 계절은 겨울입니다. 차갑고 건조한 바람의 영향으로 우리나라의 겨울은 기온이 낮고 건조합니다.

14 우리나라는 지역별로 기온의 차이가 큰 편입니다. 북쪽에서 남쪽으로 갈수록 기온이 높아지며, 겨울에는 해안 지역이 내륙 지역보다 기온이 높은 편입니다.

15 ㈎는 태백산맥의 왼쪽 지역으로 내륙 지역이며, ㈏는 태백산맥의 오른쪽 지역으로 해안 지역에 해당합니다. 우리나라 동해안의 겨울 기온은 북쪽에서 불어오는 차가운 바람을 막아 주는 태백산맥과 수심이 깊은 동해의 영향으로 비슷한 위도의 내륙 지역보다 높은 편입니다.

채점 기준

산(태백산맥)과 바다(동해)의 영향을 받아 ㈎ 지역보다 ㈏ 지역의 기온이 높다(더 따뜻하다)는 내용으로 썼으면 정답으로 합니다.

16 여름철에 강수량이 집중되는 우리나라는 저수지를 만들어 물을 저장하며 가뭄에 대비하였습니다. 또한, 겨울철 눈이 많이 내리는 울릉도 지역에서는 우데기를 설치하여 눈이 많이 내려도 집 안쪽에서 걸어다닐 수 있도록 하였습니다.

17 황사는 중국이나 몽골의 사막에 있는 모래가 바람을 타고 우리나라까지 날아와 피해를 주는 현상으로 피부, 눈, 호흡기 질환 등이 나타날 수 있습니다.

18 많은 양의 비가 내려 하천이 넘치는 홍수가 발생하면 집이나 시설물이 물에 잠길 수 있으므로 미리 시설물을 점검하고, 비가 많이 올 경우 높은 곳으로 대피하여 피해를 입지 않도록 해야 합니다.

19 오늘날 인구 분포는 자연환경보다 일자리, 교통 등의 인문환경의 영향을 많이 받습니다. 사람들은 교통이 편리하고, 일자리가 많으며 여러 가지 편의 시설이 있는 도시에 많이 모여 살게 되었습니다. 오른쪽 도시 수와 도시 인구를 나타낸 지도에 나타난 도시 지역들에 인구가 많이 모여 사는 것을 통해 우리나라는 도시를 중심으로 인구가 많이 분포함을 알 수 있습니다.

채점 기준

(서울, 수도권, 공업이 발달한 부산 등) 도시를 중심으로 인구가 밀집되어 분포한다는 내용으로 썼으면 정답으로 합니다.

20 우리나라는 출산율이 낮아지고 평균 수명이 늘어나면서 유소년층 인구 비율은 낮아지고, 노년층 인구 비율은 높아지는 저출산·고령화 현상이 진행되고 있습니다.

21 산업이 발전하여 일자리가 많은 곳에 사람이 모여 들었고, 도시가 형성되었습니다.

22 ㉠ 지역은 우리나라 남동쪽 해안 지역에 형성된 공업 지역으로 해안에 위치하여 항구를 이용한 산업이 발전하기에 유리한 지역입니다. 이 지역은 원료를 다른 나라로부터 수입하고, 완성한 제품을 수출하기가 편리하여 중화학 공업 등 다양한 산업이 발전하였습니다.

23 교통수단과 교통 시설이 발달하게 되므로 지역 간 이동이 많아지며 교류도 늘어나게 됩니다.

24 우리나라는 공업이 발달하면서 전국에 여러 공업 지역이 형성되었습니다. 1970년대 이후 공업과 서비스업 중심의 산업 구조가 형성되었고, 오늘날은 첨단 산업, 관광 산업, 문화 산업 등 다양한 산업이 발전하는 산업 구조의 특징이 나타나고 있습니다.

25 인구, 교통, 도시, 산업은 서로 영향을 주고받으며 변화합니다. 산업이 발달하며 도시가 형성되고, 교통의 발달로 지역 간 교류가 활발해지며 산업이 더욱 발전하게 되는 등 다양한 요소가 서로 영향을 주고받습니다. 오늘날 평균 수명은 더욱 늘어나게 되었고, 평균 수명은 인구 구조에 영향을 줍니다.

인권 존중과 정의로운 사회

(1) 인권을 존중하는 삶

핵심 개념 문제   55~56쪽

01 ③   02 ①   03 (1) ㉠ (2) ㉢ (3) ㉡   04 ⑤   05 ⑤
06 (가) ○   07 ⑤   08 ①

01 모든 사람이 태어나면서부터 누구나 당연하게 가지는 것으로 인간답게 살기 위해 누려야 할 권리를 뜻하는 것은 인권입니다.

02 인권은 인종, 종교, 나이, 성별, 신체적 특징과 관계없이 누구에게나 평등하게 보장되는 권리이며 다른 사람이 억지로 빼앗거나 무시할 수 없습니다.

03 이효재는 남성과 여성의 평등을 주장하고 여성 단체를 만드는 등 여성 인권 신장을 위해 노력하였습니다. 전태일은 노동자가 안전하고 정당하게 일할 권리를 주장하는 등 노동자 인권 신장을 위해 노력하였습니다. 박두성은 시각 장애인을 위한 한글 점자를 만들고 시각 장애인도 교육을 받을 수 있도록 노력하였습니다.

04 활인서는 조선 시대 의료 기관으로 나라에서 가난한 사람들을 치료하고 감염병이 발생했을 때 병자를 간호하며 음식, 옷, 약 등을 나누어 주던 기관입니다. 가난하거나 신분이 낮아도 누구나 치료를 받을 수 있는 권리를 보장하기 위한 노력을 엿볼 수 있습니다.

오답 피하기
① 백성이 억울한 일을 당하지 않도록 한 옛 제도에는 삼복 제도, 신문고 등이 있습니다.
② 옛날 시각 장애인이 사회에서 일할 수 있도록 한 관청으로 명통시가 있습니다.

05 우리 생활 곳곳에는 신체가 불편한 장애인이 이동하기 어려운 계단, 횡단보도, 대중교통이 많습니다.

오답 피하기
⑤ 어린이 보호 구역은 어린이들을 위험에서 보호하고 안전하게 다닐 수 있도록 하는 것입니다.

06 (가)와 같이 성별을 나누어 역할을 정하는 것은 성역할에 대한 편견과 관련 있는 인권 침해입니다.

07 실업, 빈곤, 질병, 장애 등으로 인한 사회적 위험과 어려움으로부터 국민을 보호하고 인간다운 삶의 질을 보장하기 위한 노력으로 사회 보장 제도가 있습니다.

08 다양한 문화에 대해 한쪽으로 치우친 생각을 없애고 서로의 문화를 존중하는 태도를 교육하여 인권 침해를 방지할 수 있습니다.

중단원 실전 문제   57~58쪽

01 ⑤   02 ⑤   03 신문고   04 ②, ④   05 ③   06 ②
07 장애(장애인)   08 ①, ②   09 ③   10 ①

01 인권은 인간답게 살아가기 위해 누려야 할 권리로 차별받지 않고 교육을 받을 권리, 편안하게 휴식을 취할 권리, 안전을 지킬 권리, 내가 하고 싶은 것을 할 수 있는 권리 등이 있습니다.

오답 피하기
나와 다른 생각을 가진 사람을 비난하는 것은 다른 사람의 인권을 침해하는 행동입니다.

02 모든 사람의 인권은 힘이나 권력으로 함부로 뺏을 수 없습니다. 나의 권리가 중요한 것처럼 다른 사람의 권리도 중요하기 때문에 서로의 인권을 존중해야 합니다.

03 궁궐 앞에 있는 북을 크게 치면서 자신이 억울한 일이나 어려움을 임금에게 알리며 도움을 청할 수 있도록 한 제도는 신문고입니다.

04 방정환은 어린이날 선전문에서 어린이를 어리다는 이유로 무시하거나 함부로 대하지 말고 존중할 것과 어린

이가 안전하게 놀 수 있는 장소를 만들어 어린이의 놀 권리를 보장할 것을 주장하고 있습니다.

05 로자 파크스는 흑인과 백인을 분리하여 앉도록 한 버스 좌석을 거부하고 당시 사회 곳곳의 흑인과 백인의 차별에 대항하는 운동을 통해 흑인 인권 신장을 위해 노력하였습니다.

06 현대 사회에 등장한 인권 침해로는 개인 정보를 허락 없이 사용하거나 유출하는 사례가 있습니다.

07 제시된 그림에는 휠체어를 탄 장애인이 버스 승차 시 계단을 오를 수 없어 난처해하고 있는 모습이 나타나 있습니다. 이는 장애로 인하여 자유롭게 이동할 수 있는 권리를 침해당한 사례라고 할 수 있습니다.

08 남자와 여자의 역할을 나누어 차별하거나 놀리는 것은 성별에 따른 차별입니다.

오답 피하기

③은 사이버 폭력으로 인한 인권 침해, ④는 신체적 특징에 대한 편견, ⑤는 어린이의 권리를 침해하는 사례입니다.

09 제시된 그림은 어린이와 휠체어를 탄 장애인 모두 낮은 세면대를 편리하게 이용하는 사례입니다. 이는 모두가 차별 없이 공공 편의 시설을 이용할 수 있도록 하여 인권을 보장하고자 하는 노력이라고 할 수 있습니다.

10 부자가 아니라 장애, 실업, 질병, 빈곤 등의 어려움을 겪고 있는 국민들에게 다양한 지원을 합니다.

서술형 평가 돋보기

59~60쪽

연습 문제

1 인권 2 ㉠ 태어날 ㉡ 평등 3 예 인권은 모든 사람이 태어날 때부터 가지는 권리로 함부로 뺏거나 무시할 수 없기 때문이다.

실전 문제

1 삼복 제도(삼복제) 2 3(세), 예 목숨 3 예 백성의 생명을 중요시 여기고 보호해야 한다. 4 점자 블록 5 시각 장애인이 자유롭게 이동할 수 있는 권리가 침해되었다. 6 예 점자 블록이 끊기지 않게 제대로 설치한다.

연습 문제

1 국제 연합(UN)의 세계 인권 선언문에는 인권에 대해 자세히 나타나 있습니다.

2 인권은 모든 사람이 태어날 때부터 당연하게 가지는 권리로 그 어떠한 이유로도 차별하지 않고 평등하게 보장되어야 합니다.

3 인권은 힘이나 권력으로 함부로 뺏을 수 없는 권리이기 때문에 나의 인권이 중요한 것처럼 다른 사람의 인권도 소중하므로 서로의 인권을 존중해야 합니다.

채점 기준

모든 사람이 태어날 때부터 당연하게 가지는 권리로 힘이나 권력으로 함부로 뺏을 수 없는 권리라는 뜻이 들어가면 정답으로 합니다.

실전 문제

1 제시된 자료는 죄를 지어 끌려온 사람이 세 번 재판을 받을 수 있도록 하는 모습을 나타내고 있습니다. 이러한 제도를 삼복 제도라고 합니다.

2 사형과 같은 무거운 형벌을 내릴 때 세 번 재판을 받을 수 있게 함으로써 억울하게 벌을 받거나 목숨을 잃는 일을 줄이고자 하였습니다.

3 옛날에도 백성의 생명을 중요시 생각하여 보호하고자

하였다는 것을 알 수 있습니다.

4 점자 블록은 시각 장애인이 안전하게 다닐 수 있도록 건물의 바닥이나 도로에 설치하는 공공 편의 시설입니다.

5 제시된 그림에는 시각 장애인이 점자 블록이 제대로 설치되어 있지 않아 자유롭게 이동할 권리가 침해당하고 있음을 나타낸 것입니다.

6 시각 장애인의 자유롭게 이동할 수 있는 권리를 보장하기 위한 공공 편의 시설인 시각 장애인용 점자 블록을 제대로 설치하는 방법이 있습니다.

(2) 헌법과 인권 보장

핵심 개념 문제   64~65쪽

01 헌법 **02** ④ **03** ㉣ **04** ④ **05** ④ **06** 교육의 의무
07 (1) × (2) × (3) ○ **08** ⑤

01 모든 법의 기본이 되는 우리나라 최고의 법을 헌법이라고 합니다.

02 헌법은 인간의 존엄성을 보장하기 위해 국민이 행복한 삶, 국민의 자유와 권리, 인간다운 삶, 개인에 대한 존중 등의 가치를 담고 있습니다.

오답 피하기

④ 헌법은 국민의 기본적인 권리를 침해하지 않도록 국가기관을 조직하고 운영하는 원칙이 담겨 있습니다. 국가기관의 힘과 권력은 헌법에서 보장하는 가치에 해당하지 않습니다.

03 헌법의 인권 보장 가치를 바탕으로 구체적인 법률이 만들어지고 필요한 제도를 만들어 시행합니다. 헌법의 가치는 법과 제도로 구체화되어 생활 속에서 적용됩니다.

오답 피하기

㉣ 헌법이 인권을 침해하였을 경우 일정한 절차와 국민 투표를 거쳐 개정합니다.

04 제시된 자료에서는 전동 킥보드가 국민의 생명과 안전을 위협할 수 있으므로 속도를 제한하는 것이 헌법에 위배되지 않는다는 내용을 담고 있습니다. 이는 국민의 생명과 안전을 지킬 권리를 중요시하고 있다는 것을 알 수 있습니다.

05 선거에서 투표를 하는 권리와 관련된 기본권은 참정권입니다.

06 제시된 헌법의 조항은 국민의 의무 중 교육의 의무를 나타내고 있습니다.

07 헌법은 국민의 권리와 의무를 함께 제시하고 있으며 서로 긴밀하게 연결되어 있어 권리와 의무가 충돌하여 갈

등을 일으키는 경우도 있습니다.

08 모든 사람이 권리만 주장하고 의무를 지키지 않으면 공동체에 피해를 줄 수 있습니다. 반대로 의무만 강조하면 개인의 권리가 침해될 수도 있습니다. 따라서 다른 사람의 권리를 침해하지 않고 공동체의 이익을 생각하며 자신의 권리를 지키는 조화로운 태도가 필요합니다.

01 헌법은 국민의 기본권과 의무, 국가기관의 구성과 운영 원리를 담고 있는 우리나라의 가장 기본이 되는 법입니다.

02 대한민국 헌법 제10조에는 국민의 자유와 권리, 존엄성, 행복하게 살 권리, 인권 보장의 가치를 담고 있습니다.

> **오답 피하기**
> ④ 국가 권력이 개인의 기본적인 인권을 침해할 수 없도록 헌법에서는 국민의 기본권을 정해 놓고 있습니다.

03 헌법재판소는 헌법을 기준으로 다른 법률이 국민의 기본권을 침해하지 않는지를 판단하고, 국가 권력이 개인의 인권을 침해할 경우 재판을 통해 판결합니다.

04 헌법은 국민의 기본권을 보장하며 동시에 국민으로서 지켜야 할 의무도 정해 놓았습니다. 다른 사람의 권리를 침해하지 않고 주어진 의무를 실천하며 자신의 권리를 지키는 조화로운 태도가 필요합니다.

05 제시된 판결문에서는 '자신의 생각을 자유롭게 나타낼 권리'를 중요시하고 있습니다. 이는 헌법이 보장하는 국민의 기본권 중 개인 표현의 자유와 관련이 있습니다.

06 평등권은 모든 국민이 차별받지 않고 동등하게 대우받을 권리입니다. 즉 장애, 성별, 나이, 인종 등과 관계없이 차별받지 않아야 한다는 것을 의미합니다.

> **오답 피하기**
> ① 각자의 생각을 자유롭게 표현할 수 있는 것은 자유권, ② 대통령 선거에 투표할 수 있는 권리는 참정권, ④와 같이 인간다운 생활을 보장 받을 권리는 사회권, ⑤와 같이 국가에 어떤 일을 해 달라고 요구할 수 있는 권리는 청구권에 해당합니다.

07 헌법은 국민이 지켜야 할 의무로 교육의 의무, 국방의 의무, 근로의 의무, 납세의 의무, 환경 보전의 의무를 제시하고 있습니다.

> **오답 피하기**
> ④는 헌법에 제시된 국민의 기본권인 참정권에 해당하는 내용입니다.

08 권리가 침해되었을 때 국가에 대하여 일정한 요구를 할 수 있는 권리를 청구권이라고 합니다. 밑줄 친 부분은 학교 등굣길이 위험하여 어린이들의 안전을 위협하고 있으므로 이를 해결해 달라고 요구하는 청구권의 사례에 해당합니다.

09 제시된 자료에서는 자신이 가진 재산을 자유롭게 사용할 수 있는 권리와 환경 보전을 위해 노력해야 할 의무가 충돌하고 있습니다.

10 권리와 의무가 갈등을 일으킬 때 문제를 객관적으로 판단하여 권리와 의무를 조화롭게 지키는 태도가 필요합니다.

> **오답 피하기**
> 자신의 권리만을 주장하거나 지나치게 의무만을 강조하는 태도는 모두 바람직하지 않습니다.

연습 문제

1 헌법　2 ㉡ 행복　㉢ 인권　㉣ 평등　㉤ 차별　3 예 헌법은 모든 국민이 존중받으며 행복하게 살아갈 권리를 보장하고 있기 때문이다.

실전 문제

1 참정권　2 선거, 국가, 참여　3 예 학급 임원을 뽑는 선거에서 투표를 한다. / 학급 어린이 회의의 의사 형성 과정에 참여한다. 등　4 ㉠ 헌법　㉡ 권리　㉢ 의무　5 예 개인 재산에 대한 자유권과 환경을 지켜야 한다는 의무가 충돌하고 있다.

연습 문제

1 제시된 자료는 헌법 조항으로, 헌법은 국민의 기본적 권리를 나타낸 최고의 법입니다.

2 헌법은 인간 존엄, 행복 추구의 권리, 모두가 평등하게 차별받지 않을 기본적 인권을 제시하고 있습니다.

3 헌법은 국민의 기본적 권리를 보장하며 다른 국가기관이나 권력이 이를 함부로 빼앗거나 침해하지 않도록 정하고 있습니다.

채점 기준

헌법이 국민의 기본적 인권을 보장하고 있다는 뜻이 들어가면 정답으로 합니다.

실전 문제

1 투표와 관련된 기본권은 참정권에 해당합니다.

2 참정권은 대통령, 국회 의원 등 국민의 대표를 뽑는 선거에 투표하거나 국가의 중요 사항을 결정하는 국민 투표와 같은 의사 결정 과정에 참여할 수 있는 권리입니다.

3 학교생활 속에서 임원 선거에 참여하여 투표를 하거나, 어린이 회의에서 의사 형성 과정에 참여하는 것 모두 참정권과 관련이 있습니다.

채점 기준

학교생활 속 투표나 의사 형성 과정 참여 등과 비슷한 사례면 정답으로 합니다.

4 헌법에는 국민의 권리와 의무가 함께 제시되어 있습니다. 권리와 의무는 개인의 입장과 상황에 따라 서로 충돌하여 갈등을 일으키기도 합니다.

5 제시된 자료에서 땅 주인은 자신의 재산을 자유롭게 사용할 권리를 주장하고 환경 운동가는 환경을 보호해야 할 국민의 의무를 주장하고 있습니다.

채점 기준

재산을 자유롭게 사용할 권리(자유권), 환경을 지킬 의무(환경 보전의 의무)가 들어가면 정답으로 합니다.

(3) 법의 의미와 역할

핵심 개념 문제   72~73쪽

01 ① 02 ③ 03 ② 04 ③ 05 ④ 06 ⑤ 07 ⑤
08 ②

01 법은 사람들이 일생생활을 하면서 반드시 지켜야 할 행동 기준입니다. 또한 법은 헌법을 바탕으로 만들어지는 사회 규범입니다.

오답 피하기

⑤ 도덕은 사람들이 자율적으로 지키는 사회 규범에 해당합니다.

02 법은 사회가 변함에 따라 새롭게 만들어지거나 없어지기도 합니다. 법은 강제성이 있어 법을 지키지 않은 사람은 제재를 받습니다.

03 가정에서 발생하는 쓰레기는 법이 정한 기준에 따라 재활용이 가능한 것과 그렇지 않은 것, 음식물 등으로 나누어 분리배출해야 합니다.

04 어린이의 안전하고 편안한 놀이를 위해 어린이 놀이 시설을 책임지고 관리하는 것과 관련하여 「어린이 놀이 시설 안전 관리법」이 있습니다.

05 근로 기준법은 노동자가 직장에서 쉬는 시간을 제외하고 8시간을 넘게 일하지 않도록 규정하고 있습니다. 이로써 노동자가 국가나 기업으로부터 권리를 보호받을 수 있습니다.

06 「환경 보전법」에 따르면, 정당한 이유 없이 사람들에게 해를 끼치는 물질이나 쓰레기를 함부로 버려서는 안 됩니다. 이러한 법이 생활에 적용됨으로써 사람들은 좀 더 쾌적한 환경에서 생활할 수 있습니다.

07 제시된 뉴스에 따르면, 불법 주차된 차량으로 인해 소방차가 화재 현장에 신속하게 접근할 수 없어 피해가 더 커진 것을 알 수 있습니다. 이처럼 사람들이 법을 지키지 않으면 안전한 생활을 하기 어려워질 수 있습니다.

08 제시된 표어는 모두 법을 지킬 때 기대할 수 있는 효과를 나타내고 있습니다. 그러므로 제시된 표어를 통해 사회 구성원은 누구나 법을 지켜야 한다는 사실을 알 수 있습니다.

중단원 실전 문제   74~75쪽

01 법 02 ④ 03 ㉠, ㉣ 04 ④ 05 ⑤ 06 ④ 07 ①
08 ② 09 ② 10 서준

01 사람들이 생활을 하면서 지켜야 하는 행동 기준이며, 사람들의 인권을 보장하기 위해 국가가 만든 사회 규범을 법이라고 합니다.

02 법은 반드시 지켜야 하는 강제성이 있지만, 도덕은 사람들이 자율적으로 지키는 것으로 강제성이 없습니다.

오답 피하기

③ 법과 도덕은 가정, 학교, 사회 등 다양한 장소에서 적용되는 사회 규범입니다.

03 법으로 정해져 있는 경우 이를 지키지 않으면 제재를 받을 수 있습니다. ㉠ 공원의 시설물을 훼손하는 경우와 ㉣ 신호를 지키지 않고 도로를 횡단하는 경우는 법에 의해 처벌받는 경우입니다.

04 어린이 통학 차량에서 제때 하차하지 못하고 어린이가 차 안에 갇히는 사고가 발생하자, 이러한 사고를 예방하기 위해 어린이 통학 차량에 하차 확인 장치를 설치하도록 강제하는 법이 만들어졌습니다. 이를 통해 사회 변화에 따라 법의 내용도 달라진다는 것을 알 수 있습니다.

05 학교와 그 주변의 일정한 범위에 해당하는 지역을 어린이 식품 안전 구역으로 정하며, 학교에서 어린이 식생활 관리에 필요한 안전 및 영양 교육을 실시하는 것은 「어린이 식생활 안전 관리 특별법」과 관계가 깊습니다.

06 학교에서는 학생들을 위해 신선한 재료를 바탕으로 안

전하고 영양이 풍부한 급식이 시행될 수 있도록 「학교 급식법」이 적용되고 있습니다.

07 「저작권법」은 저작자의 권리를 보호하기 위한 내용을 담고 있습니다. 이 법에 따르면, 다른 사람의 저작물을 이용할 때에는 출처를 정확하게 기록해야 합니다.

08 「개인 정보 보호법」에 따르면, 개인 정보를 수집할 때에는 그 목적과 항목 등을 당사자에게 알려야 하고, 개인 정보를 처리하는 사람은 개인 정보가 훼손되거나 유출되지 않도록 철저하게 관리해야 합니다. 이처럼 법을 통해 개인의 권리를 보호받을 수 있습니다.

09 제시된 역할극에서는 음주 운전을 하는 사람을 단속하고, 다른 사람의 재산에 피해를 준 사람을 처벌하며, 세금을 제대로 내지 않는 사람을 제재하는 장면이 등장합니다. 이와 같은 장면은 법을 통해 사회 질서를 유지하는 것을 나타냅니다.

10 「도로 교통법」에 따르면 횡단보도를 건널 때에는 자전거에서 내려서 걸어가야 합니다.

서술형 평가 돋보기
76~77쪽

연습 문제

1 (1) ㉢, ㉣ (2) ㉠, ㉡ **2** 규범(규칙) **3** 예 법은 강제성이 있다. / 법은 지키지 않으면 제재를 받는다. / 법은 헌법에 기초하여 국가가 만든다. 등

실전 문제

1 저작권법 **2** 저작권(권리) **3** 예 사회 변화에 따라 법이 새롭게 만들어진다. **4** (1) ㉡ (2) ㉠ **5** 질서 **6** (가) 예 학교 폭력을 당하는 피해가 늘어난다. / 학교 폭력을 저지른 사람을 적절하게 처벌할 수 없다. 등 (나) 예 공기가 오염된다. / 대기 오염으로 사람들의 건강이 나빠진다. 등

연습 문제

1 (1) ㉢ 인터넷에서 다른 사람과 관련된 거짓 소문을 올리는 경우, ㉣ 종량제 봉투에 담지 않은 쓰레기를 몰래

골목에 버리는 경우는 법에 의한 제재를 받는 경우에 해당합니다.

(2) ㉠ 학교 수업시간에 옆 친구와 떠드는 경우, ㉡ 명절에 만난 친척 어른에게 인사를 하지 않는 경우는 법에 따른 제재를 받지 않는 경우로, 도덕에 해당합니다.

2 법과 도덕의 공통점은 사회 구성원으로서 지켜야 할 사회 규범이라는 점입니다.

3 법은 도덕과 다르게 사회 구성원이라면 누구나 지켜야 하는 강제성을 갖고 있습니다. 또한 법을 지키지 않을 경우에는 제재를 받습니다. 법은 인권을 보장하기 위해 헌법에 기초하여 국가가 만듭니다.

채점 기준

예시 답안과 비슷한 내용이면 정답으로 합니다.

실전 문제

1 제시된 상황과 관련된 법은 저작권법입니다.

2 영화, 음악 등을 제작한 사람이 법적으로 보장받는 권리를 저작권이라고 합니다. 저작권법은 이러한 창작물에 대한 저작자의 정당한 권리(저작권)를 보호합니다.

3 「저작권법」이 새롭게 만들어지면서 저작권을 보호할 수 있게 되었습니다. 이처럼 법은 사회 변화에 따라 새롭게 만들어지기도 합니다.

채점 기준

사회 변화에 따라 법이 새로 만들어진다는 내용이면 정답으로 합니다.

4 (가)는 학교 폭력과 관련된 그림으로 「학교 폭력 예방 및 대책에 관한 법률」, (나)는 공장 매연과 관련된 그림으로 「대기 환경 보전법」에 해당합니다.

5 학교 폭력과 같은 범죄로부터 사람들의 안전을 보호한다는 점에서 법은 사회 질서를 유지하는 역할을 합니다.

6 학교 폭력을 법에 의해 제재하지 않으면 학교 폭력으로 피해를 입는 사람이 늘어나거나, 학교 폭력으로 인한 사회 문제가 더 심해질 수 있습니다. 공장 매연을 정화

하는 시설을 설치하지 않으면 공기가 오염되어 사람들의 건강을 해치는 등 피해가 늘어납니다.

채점 기준

예시 답안과 비슷한 내용이면 정답으로 합니다.

 대단원 마무리   80~83쪽

01 수아   **02** ④   **03** 예 살색이라는 말 대신 살구색이라는 말을 사용한다. / 피부색이나 인종에 대한 편견이 담긴 말을 쓰지 않는다. 등   **04** ③   **05** ⑤   **06** ①   **07** ②   **08** ② **09** ⑤   **10** ④, ⑤   **11** ⑤   **12** 자유권   **13** ②   **14** 예 학생이 공부할 시간을 스스로 자유롭게 선택할 권리가 있다.   **15** ③ **16** ㉡   **17** ④   **18** ①   **19** ③   **20** ⑤   **21** ⑤   **22** ④   **23** 예 사회 질서를 유지한다. / 사람들의 안전과 쾌적한 생활을 보장한다. 등   **24** 권리   **25** ⑤

01 인권은 인간이 태어날 때부터 당연하게 갖는 권리로 노력으로 주어지는 것이 아닙니다.

02 제시된 공익 광고는 크레파스의 '살색'이라는 말에 담긴 피부색과 인종에 대한 편견을 지적하고 있습니다.

03 우리 생활 속 차별과 편견이 담긴 언어를 바꾸어 사용하고자 하는 노력, 차별과 편견이 없는 언어를 사용하자는 캠페인 등을 실천할 수 있습니다.

채점 기준

예시 답안과 비슷한 내용이면 정답으로 합니다.

04 변경 전 표지판에는 아기 기저귀를 갈아 주는 사람의 모습이 여성으로 표현되어 있습니다. 이는 남성과 여성의 성역할에 대한 편견이 나타나 있습니다.

05 삼복 제도는 무거운 형벌을 내릴 때 세 번 재판을 받을 수 있도록 하여 백성의 생명과 안전을 보호하기 위한 제도입니다.

06 홍길동은 아버지가 양반이었으나 어머니는 노비였기 때문에 자신이 가진 능력을 충분히 펼칠 수 없었습니다. 이는 당시 조선 시대에 있던 신분으로 인한 차별에 해당합니다.

07 훈맹정음은 눈이 보이지 않는 시각 장애인도 손가락으로 점을 더듬어 글을 읽고 쓸 수 있도록 한 글자입니다.

08 어린이, 노인, 장애인 등 사회적 약자 모두가 차별없이 이용할 수 있는 공공 편의 시설에 해당하는 것을 찾습니다.

오답 피하기

② 백인들을 위한 버스 좌석은 사회적 약자를 위한 배려가 아니라 흑인과 백인을 나누어 차별한 사례에 해당합니다.

09 사회 보장 제도는 국민을 질병, 빈곤, 실업, 노령 등의 사회적 위험으로부터 보호하고 최소한의 인간다운 삶을 보장하기 위한 제도입니다.

10 헌법은 국민의 기본적인 권리와 의무를 제시하고, 국가가 국민의 권리를 침해하지 않도록 국가 조직과 운영의 원칙을 담고 있습니다. 따라서 이러한 헌법의 가치에 어긋나는 법을 만들 수 없습니다.

오답 피하기

①, ② 헌법을 바꾸거나 새로 만들 때에는 국민 투표를 해야 합니다.

11 헌법재판소는 헌법에 나타난 국민의 권리를 국가 권력이나 다른 법률이 침해하는지를 심판하는 기관입니다

오답 피하기

① 헌법을 바탕으로 새로운 법률을 만드는 것은 국회에서 하는 일입니다.

12 내가 원하는 일을 자유롭게 할 수 있는 권리는 자유권에 해당합니다.

13 학생은 늦은 시간까지 공부하느라 충분히 휴식을 취하지 못하는 것은 '학생이 건강하게 성장할 권리'를 침해하는 것이라고 주장하고 있습니다.

14 학부모는 학생이 스스로 공부할 시간을 자유롭게 선택할 권리가 있다고 주장하고 있습니다.

채점 기준

학생이 스스로 자유롭게 행동할 권리가 있다라는 내용이 들어가면 정답으로 합니다.

15 납세의 의무는 모든 국민이 법에 따라 국가에 세금을 내야 할 의무입니다. 국민의 의무를 지키지 않으면 공동체에 피해를 줄 수 있습니다.

16 제시된 헌법 조항은 환경 보전의 의무와 관련이 있습니다.

> **오답 피하기**
> ㉠은 자녀에게 법이 정하는 교육을 받게 할 의무, ㉢은 일할 근로의 의무, ㉣은 국민의 안전을 위해 나라를 지킬 국방의 의무와 관련이 있습니다.

17 국민의 권리와 의무는 모두 헌법에 제시되어 있는 것으로 상황과 입장에 따라 권리와 의무가 충돌하기도 합니다.

> **오답 피하기**
> ④ 의무만을 강조하면 자칫 개인의 권리가 침해당할 수 있습니다.

18 헌법에 기초하여 국가에 의해 만들어진 사회 규범으로, 사회 구성원이라면 누구나 지켜야 하는 것을 법이라고 합니다.

19 어린이 보호 구역에서 제한 속도를 지키지 않아 과태료를 내는 것, 가게에서 돈을 내지 않고 몰래 물건을 가져가다 경찰에 적발되는 것은 모두 법을 지키지 않아 제재를 받은 경우입니다.

20 이동하는 데 불편한 사람이 차별받지 않고 학교생활을 할 수 있도록 학교에 엘리베이터를 설치하는 것은 「장애인 차별 금지 및 권리 구제 등에 관한 법률」에 따라 지켜야 할 행위입니다.

21 「소비자 기본법」은 소비자의 권리를 보호하기 위해 만들어진 법입니다. 이 법에 따르면, 물품의 성분이나 안전에 관한 내용을 표시해야 합니다.

> **오답 피하기**
> ② 일정한 나이가 되면 초등학교에 입학하는 것은 「초·중등교육법」에 따른 생활 모습입니다.
> ④ 정당한 이유 없이 근로자를 해고하지 못하는 것은 「근로 기준법」에 따른 생활 모습입니다.

22 제시된 상황에 따르면 놀이터에서 놀던 어린이가 미끄럼틀에 튀어나온 못에 긁혀 상처를 입었습니다. 이에 법원에서는 놀이터 시설물을 안전하게 관리하지 못한 관리자는 아이가 입은 피해의 일부를 배상하도록 판결하였습니다. 이를 통해 법은 분쟁을 해결하기 위한 기준을 제시하는 것을 알 수 있습니다.

23 불법으로 개조한 오토바이 소음을 단속하는 것, 신체에 해로운 식품을 사람들에게 속여 판 기업을 처벌하는 것은 법의 역할 중 사회 질서를 유지하는 것에 해당합니다.

> **채점 기준**
> 사회 질서를 유지한다는 의미이면 정답으로 합니다.

24 문제에 제시된 상황에 따르면 인터넷에 남을 비방하는 글이나 이미지가 많아져 피해를 입는 사람들이 늘어나고 있는 문제가 발생하고 있습니다. 그러므로 인터넷을 사용할 때에도 법을 잘 지켜야만 개인의 권리를 보호할 수 있습니다.

25 「방송법」에 따르면 방송을 하는 사람은 방송 프로그램의 시청 가능 나이를 방송 중에 표시해야 합니다. 이러한 방송법이 잘 지켜지지 않으면, 어린이는 자신에게 적합하지 않은 프로그램에 쉽게 노출되는 문제가 발생할 수 있습니다.

1단원 (1) 중단원 쪽지 시험   5쪽

01 바다   **02** 아시아(아시아 대륙)   **03** 영역   **04** 영해   **05**
독도   **06** 마안도   **07** 태백산백   **08** 경기   **09** 행정 구역
10 시청, 도청

     6~7쪽

중단원 확인 평가   1 (1) 우리 국토의 위치와 영역

01 ④   **02** ②   **03** ②   **04** ④   **05** 12   **06** ②   **07** 예 국
토 사랑 글짓기와 그리기 활동에 참여하기, 우리 국토 탐방하
기, 국토와 관련된 소식에 관심 갖기 등   **08** 휴전선   **09** 예
자연환경을 기준으로 지역을 구분하였다.   **10** ④

01 우리 국토는 아시아 대륙의 동쪽에 위치하며 주변에는
일본, 중국, 러시아, 몽골 등의 나라가 있습니다.

02 우리 국토는 적도를 기준으로 북쪽에 위치하며 북위
33°~43°에 위치합니다.

03 우리 국토는 북쪽으로는 육지와 연결되어 있으며, 삼면
이 바다로 둘러싸여 대륙과 바다로 나아가기에 유리합
니다.

오답 피하기

① 서해안과 남해안에 섬이 많지만 교류의 장점은 아닙니다.
③ 주변에 교류할 수 있는 아시아의 여러 나라가 위치해 있습
니다.
④ 일본은 바다를 통해 교류할 수 있습니다.
⑤ 북쪽으로 연결된 육지를 통해 대륙으로 나아가기에 유리합
니다.

04 영공은 우리나라 영토와 영해 위에 있는 하늘입니다.

05 영해는 영해를 설정하는 기준선으로부터 12해리까지입
니다.

06 태영이와 승아는 국토를 사랑하는 마음을 표현하기 위
해 환경 보호 활동에 참여했으므로 국토의 영역과는 관

련이 없습니다.

07 국토를 사랑하는 마음을 실천하기 위해서는 국토에 대
해 관심을 갖고 지식을 쌓으며 다른 사람들이 우리 국
토에 관심을 갖도록 할 수 있습니다.

채점 기준

우리 국토를 소중히 여기는 마음을 표현하거나, 국토에 긍정
적인 영향을 미치는 방안을 썼다면 정답으로 합니다.

08 북부 지방과 중부 지방을 구분하는 기준은 휴전선이고,
중부 지방과 남부 지방을 구분하는 기준은 금강과 소백
산맥입니다.

09 우리나라는 오래전부터 산이나 호수, 강, 바다 등의 자
연환경을 기준으로 지역을 구분했습니다.

채점 기준

자연환경을 기준이라는 의미로 썼다면 정답으로 합니다.

10 북한 지역을 제외한 광역시는 모두 6곳으로, 인천광역
시, 대전광역시, 대구광역시, 울산광역시, 부산광역시,
광주광역시가 있습니다.

1단원 (2) 중단원 쪽지 시험   9쪽

01 섬   **02** 동쪽, 서쪽   **03** 서해안   **04** 여름   **05** 남쪽, 북
쪽   **06** 태백산맥, 깊은   **07** 터돋움집   **08** 가뭄   **09** (1) ⓒ
(2) ⓛ (3) ⑤   **10** 긴급 재난 문자

     10~11쪽

중단원 확인 평가   1 (2) 우리 국토의 자연환경

01 ③   **02** 혜연   **03** 예 지도의 동쪽에 점토를 많이 붙여
땅을 높게 만들고 서쪽은 낮게 만들게.   **04** ⑤   **05** ③   **06**
③   **07** 태백산맥   **08** ⑤   **09** ①, ③   **10** 예 탁자 아래로
들어가 몸을 보호한다. / 계단을 이용하여 건물 밖의 넓은 곳
으로 대피한다. 등

01 우리나라 국토의 약 70%가 산지로 이루어져 있습니다.

02 우리나라의 지형은 대체로 동쪽이 높고 서쪽이 낮은 지형입니다.

03 높고 험한 산은 대부분 북쪽과 동쪽에 많고, 비교적 낮은 평야는 서쪽에 발달했습니다.

채점 기준

북쪽과 동쪽을 높게 만들고 서쪽을 낮게 만들었다는 표현을 썼다면 정답으로 합니다.

04 하천 중·하류는 주변 평야에서 물을 구하기 쉽고 토양이 비옥하여 농경지로 이용됩니다.

오답 피하기

① 산지에는 스키장이나 휴양 시설이 발달합니다.

③ 다목적 댐은 하천 상류에서 볼 수 있습니다.

④ 간척 사업은 바다나 호수의 일부를 둑으로 막고 육지로 만드는 일입니다. 주로 해안선이 복잡하거나 갯벌이 많은 곳에서 이루어집니다.

05 우리나라는 계절에 따라 불어오는 바람이 다릅니다. 여름에는 남동쪽에서 덥고 습한 바람이 불어오며, 겨울에는 북서쪽에서 차갑고 건조한 바람이 불어옵니다.

06 계절에 따라 사람들의 생활 모습이 다릅니다. 봄에는 봄나물을 먹고 꽃구경을 하며, 여름에는 에어컨과 선풍기를 사용합니다. 가을에는 농작물을 수확하고 단풍을 구경하며, 겨울에는 난방 기구를 사용합니다.

07 서해안은 겨울에 북서쪽에서 불어오는 차가운 바람의 영향을 그대로 받지만, 동해안은 태백산맥이 차가운 바람을 막아 주기 때문에 기온이 비슷한 위도의 서해안보다 높습니다. 또한 비슷한 위도일 때 동해안의 기온이 서해안보다 높은 것은 수심이 깊은 동해의 영향을 받기 때문입니다.

08 청진은 강수량이 적은 곳 중 하나입니다.

09 주로 봄에는 황사와 가뭄, 여름에는 홍수와 폭염이 발생합니다.

오답 피하기

② 한파는 겨울에 발생하는 자연재해입니다.

④ 폭설은 겨울에 발생하는 자연재해입니다.

⑤ 홍수는 여름에 발생하는 자연재해입니다.

10 지진 발생 시 집 안에 있을 때는 탁자 아래로 들어가 몸을 보호하고, 흔들림이 멈추면 계단을 이용하여 건물 밖으로 신속히 나옵니다. 건물 밖에 있을 때는 가방이나 손으로 머리를 보호하고 건물과 떨어진 넓은 곳으로 대피합니다.

채점 기준

떨어지는 것을 피해 몸을 보호한다는 의미이거나 신속히 밖으로 대피한다는 의미로 썼으면 정답으로 합니다.

1단원 (3)   **중단원 쪽지 시험**   13쪽

01 인구 분포   **02** (1) ○ (2) ×   **03** 교통 혼잡(교통 정체, 교통 문제)   **04** 일자리   **05** 신도시   **06** 중화학 공업   **07** 서비스업   **08** ○   **09** ○   **10** 생활권

14~15쪽

중단원 확인 평가   **1 (3) 우리 국토의 인문환경**

01 ④   **02** 예 농사짓기 알맞은 평야가 남서부 지역에 발달하였기 때문이다.   **03** ⑤   **04** ①, ⑤   **05** ㉢, ㉡, ㉠   **06** ①, ②   **07** ①   **08** ④   **09** 예 생활권이 넓어졌다. / 지역 간 교류가 활발해졌다. 등   **10** ③

01 오늘날 우리나라의 인구는 수도권과 대도시를 중심으로 분포하고 있습니다.

오답 피하기

① 1960년대 이전 농업 사회일 때 남서쪽 평야 지역의 인구 밀도가 높았습니다.

② 산지 지역과 농어촌 지역은 도시에 비해 인구 밀도가 상대적으로 낮아졌습니다.

③ 수도권과 대도시 지역의 인구 밀도가 급격하게 높아졌습니다.

⑤ 우리나라에서 인구가 가장 밀집한 곳은 수도권입니다.

02 1960년대 이전 우리나라는 농업 중심 사회였고, 따라서 농사짓기 좋은 평야가 발달해 있는 남서쪽에 인구가 많이 분포하였습니다.

남서쪽에 농사짓기 좋은 평야가 발달하였다는 내용으로 썼으면 정답으로 합니다.

03 1960년에는 유소년층 비율이 가장 많고 노년층 비율이 가장 적었지만, 2020년에는 유소년층 비율이 줄어들고 노년층 비율이 늘어났습니다.

04 인구 분포가 지역적으로 고르지 않으면 여러 가지 문제가 발생합니다. 인구가 줄어드는 촌락에서는 일손 부족, 교육 및 의료 시설 부족 등의 문제가 나타납니다.

05 1960년대 이후 공업이 발달하면서 사람들이 일자리를 찾아 도시로 이동했습니다. 그러나 대도시가 지속적으로 성장하면서 여러 문제가 생기게 되었고, 이러한 문제를 해결하기 위해 1980년대부터 대도시 주변에 신도시를 건설하는 등 도시에 집중된 인구와 기능을 분산하고 있습니다.

06 우리나라는 도시 발달의 지역차가 큽니다. 특히 수도권(경기도)에 도시가 많이 생겨났으며, 인구 100만 명 이상의 대도시가 크게 늘어났습니다.

07 수도권 공업 지역은 편리한 교통, 넓은 소비 시장을 바탕으로 다양한 산업이 발달했습니다.

② 태백산 공업 지역은 동해를 중심으로 시멘트의 주원료인 석회석이 풍부해 시멘트 산업이 발달했습니다.
③ 호남 공업 지역은 광주를 중심으로 자동차 산업이 발달했습니다.
④ 영남 내륙 공업 지역은 대구에서 풍부한 노동력을 바탕으로 섬유와 패션 산업이 성장했습니다.
⑤ 남동 임해 공업 지역은 원료를 수입하고 제품을 수출하기 편리한 해안 지역에 입지하여 조선, 물류 산업이 발달했습니다.

08 과거에는 제품을 만드는 데 필요한 재료를 쉽게 얻을

수 있는 원료 산지에서 산업이 발달했습니다. 1960년대 이후 생활에 필요한 물건을 공장에서 대량으로 만들기 시작하면서 생산에 필요한 원료를 배로 수입하거나 완성된 제품을 수출하기 편리한 남동쪽 해안가에 중화학 공업 단지가 형성되었습니다.

09 오늘날에는 다양한 교통 시설이 국토 구석구석을 그물망처럼 연결하여 사람과 물자의 이동이 더욱 활발해지고 지역 간 이동 시간이 줄어들었습니다.

교통이 발달하였다는 내용이나 교통의 발달로 지역 간 거리가 점점 가깝게 느껴지게 되었다는 내용으로 썼으면 정답으로 합니다.

10 교통이 발달하면서 항구나 공항 수가 늘어나고 고속 국도와 철도가 그물망처럼 연결되었습니다. 또한 고속 철도와 같이 새로운 교통 시설이 등장하면서 지역 간의 이동 시간이 줄어들었습니다.

16~19쪽

학교 시험 만점왕 ❶회 1. 국토와 우리 생활

01 ③ 02 ② 03 ④ 04 ⑤ 05 ② 06 ⑤ 07 ⑤
08 ① 9 ⑤ 10 ①, ② 11 ⑤ 12 ③ 13 ② 14 ⑤ 15
② 16 ② 17 ③ 18 ④ 19 ② 20 ①, ⑤

01 우리나라는 중위도에 위치하며 아시아 대륙의 동쪽에 위치합니다. 주변에 일본, 중국, 러시아, 몽골 등의 나라가 있으며 삼면이 바다로 둘러싸여 바다로 나가기 좋습니다.

02 영해는 우리나라의 주권이 미치는 바다입니다.

① 동해안은 썰물일 때의 해안선을 기준으로 하며, 서해안과 남해안은 섬이 많아 가장 바깥에 위치한 섬들을 직선으로 그은 선을 기준으로 합니다.
③ 한반도와 한반도에 속한 여러 섬은 나라의 주권이 미치는 땅의 범위로 영토라고 합니다.

④ 우리나라의 주권이 미치는 범위인 영역은 영토, 영해, 영공으로 이루어집니다.

⑤ 우리나라 영역에는 우리 주권이 미치므로 다른 나라의 배가 함부로 들어올 수 없습니다.

03 국토를 사랑하는 마음을 표현하고 실천하기 위해서는 국토에 관한 문제를 전문가에게만 맡기기보다는 국토에 대한 관심을 가지고 국토에 대한 지식을 쌓으며 다른 사람들이 우리 국토에 관심을 갖도록 합니다.

04 도로는 자연환경이 아니라 인문환경입니다.

05 한반도 중부의 동쪽에 자리 잡은 지역은 강원특별자치도입니다. 강원특별자치도의 많은 산은 태백산맥에 걸쳐 있습니다.

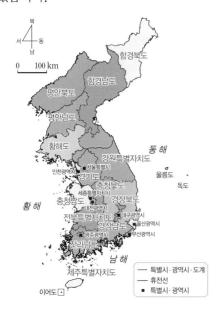

06 특별시, 특별자치시, 광역시에는 시청이 있고, 도와 특별자치도에는 도청이 있습니다. 강원특별자치도는 전통적인 지역 구분에 따를 때 관동 지방에 해당합니다.

07 산지는 높이 솟은 산들이 모여 이룬 지형이며, 섬은 바다로 둘러싸인 땅입니다. 해안은 바다와 맞닿은 육지 부분을 말하며 평야는 하천 주변의 넓고 평평한 땅입니다.

08 우리나라 국토의 약 70%가 산지로 이루어졌으며, 대체로 동쪽이 높고 서쪽이 낮은 지형이기 때문에 큰 하천도 대부분 동쪽에서 서쪽으로 흐릅니다.

09 휴양림, 스키장과 같은 시설은 산지에서 볼 수 있습니

다. 하천의 상류에서는 다목적 댐을, 하천의 중류와 하류 주변에서는 평야를 볼 수 있습니다.

10 제시된 그림은 우리나라의 사계절 중 여름에 해당합니다. 여름에는 덥고 비가 많이 오며 남동쪽에서 덥고 습한 바람이 불어옵니다.

11 우리나라는 남북으로 길게 뻗어 있어 남쪽 지방과 북쪽 지방의 기온 차이가 큽니다.

오답 피하기

① 겨울에 가장 따뜻한 곳은 서귀포입니다.
② 겨울에 가장 추운 곳은 중강진입니다.
③ 같은 위도라면 서쪽보다 동쪽이 더 따뜻합니다.
④ 대체로 해안 지역이 내륙 지역보다 겨울에 더 따뜻합니다.

12 우리나라는 겨울에 북서쪽에서 차갑고 건조한 바람이 불어오며, 태백산맥이 이 바람을 막아줍니다. 또한 수심이 깊으면 여름에 데워진 물이 식는 데 오래 걸리기 때문에 동해안이 서해안보다 더 따뜻합니다.

13 연평균 강수량 지도를 보고 어느 계절에 강수량이 집중되는지 알 수 없습니다. 대체로 남부 지방이 강수량이 많은 편이며, 연평균 강수량이 1,200mm 이상인 지역은 제주도와 남해안 지역 등이 있음을 알 수 있습니다.

14 저수지는 가뭄에 대비하기 위한 것입니다. 우데기는 눈이 많이 오는 울릉도에서 눈이 집으로 들어오는 것을 막기 위해 설치한 외벽입니다. 눈이 많이 내리는 지역에서는 눈에 빠지거나 미끄러지지 않기 위해 설피를 신기도 하였습니다.

15 지진은 땅이 흔들리고 갈라지는 현상으로 건물, 도로, 시설물 등이 부서지면서 사람이 다칠 수 있으므로 손이나 가방 등으로 머리를 보호하며 위험물로부터 몸을 보호해야 합니다.

16 전국 초등학교의 학급당 학생 수가 점점 줄어들고 있는 것으로 보아 유소년층의 인구 비율이 줄어들고 있음을 알 수 있습니다.

17 1960년대 이후 공업이 발달하면서 사람들이 일자리를 찾아 도시로 이동했습니다. 도시에 인구가 집중되면서 교통 혼잡, 주택 부족, 환경 오염 등의 문제가 나타나자 1980년대부터 경기도 등 대도시 주변에 신도시를 건설해 인구와 기능을 분산하였습니다.

18 1960년대 이전 우리나라에는 농업, 어업, 임업이 발달하였으나 1960년대 이후 공업과 경공업, 중화학 공업이 발달하기 시작했고, 1970년대부터 서비스업이 꾸준히 발달하여 산업의 큰 부분을 차지하고 있습니다.

19 제시된 일기에 등장한 가족은 고속 철도와 비행기를 이용하여 지역을 오가며 지역 간 거리를 가깝게 느끼고 있습니다.

20 교통의 발달로 인해 사람과 물자의 이동이 더욱 활발해졌으며 사람들의 생활권이 넓어져 더 짧은 시간에 먼 곳으로 이동이 가능해졌습니다.

20~23쪽

학교 시험 만점왕 ❷회 　1. 국토와 우리 생활

01 ② 　02 ④ 　03 ① 　04 ③ 　05 ①, ④ 　06 ④ 　07 ②
08 ① 　09 ③ 　10 ① 　11 ① 　12 ③ 　13 ① 　14 ⑤ 　15
② 　16 ① 　17 ③ 　18 ⑤ 　19 ④ 　20 ②

01 우리 국토는 북위 33°~43°, 동경 124°~132° 사이에 위치해 있으며 우리나라 주변에는 일본, 중국, 러시아, 몽골 등의 나라가 있습니다. 우리나라는 북쪽으로 육지와 연결되어 있기 때문에 통일이 된다면 육지와 연결된 북쪽으로 기차 여행을 할 수 있습니다.

02 영토는 주권이 미치는 땅의 범위이고, 영해는 영토 주변의 바다이며, 영토와 영해 위의 하늘을 영공이라고 합니다.

03 우리나라 영역의 동쪽 끝에는 독도가 있습니다.

04 남북으로 긴 우리나라는 큰 산맥과 하천을 중심으로 북부, 중부, 남부 지방으로 구분할 수 있습니다. 북부 지방은 지금의 북한 지역이며, 남부 지방은 중부 지방의 남쪽 지역입니다. 중부 지방은 휴전선 남쪽부터 소백산맥과 금강 하류를 잇는 선의 북쪽 지역입니다.

05 특별시, 특별자치시, 광역시에는 시청이 있고, 도와 특별자치도에는 도청이 있습니다.

오답 피하기
② 세종특별자치시에는 시청이 있습니다.
③ 제주특별자치도에는 도청이 있습니다.
⑤ 특별시는 서울특별시 1곳입니다.

06 섬은 바다로 둘러싸인 땅을 말하며, 해안은 바다와 맞닿은 육지 부분입니다. 산지는 높이 솟은 산들이 모여 이룬 지형을 말합니다.

07 높고 험한 산은 대부분 우리나라의 북쪽과 동쪽에 많습니다. ㉠, ㉢은 평야, ㉣은 섬, ㉤은 해안 지형입니다.

08 ㉢은 평야 지형으로 논농사를 짓기 적합합니다.

오답 피하기
② 해수욕은 해안에서 즐길 수 있습니다.
③ 산지에서 스키장과 휴양 시설을 볼 수 있습니다.
④ 댐은 하천 상류에서 볼 수 있습니다.
⑤ 남해안에서는 양식장을 이용해 굴이나 전복 등 해산물을 기르는 것을 볼 수 있습니다.

09 우리나라는 대체로 동쪽이 높고 서쪽이 낮은 지형이기 때문에 큰 하천은 대부분 동쪽에서 서쪽으로 흘러갑니다.

10 우리나라 해안은 모습과 특징이 서로 다릅니다. ㉠은 갯벌이 발달한 서해안입니다. ㉡은 모래사장이 넓게 펼쳐진 동해안입니다.

11 봄보다 기간이 긴 계절은 여름 혹은 겨울입니다. 그리고 남동쪽에서 덥고 습한 바람이 불어오는 계절은 여름입니다. 반면 겨울에는 북서쪽에서 차갑고 건조한 바람이 불어옵니다.

12 제시된 계절은 여름이므로 덥고 습한 기후로 인해 에어

컨과 선풍기를 사용합니다.

① 눈이 내리는 계절은 겨울입니다.

② 단풍을 구경하는 계절은 가을입니다.

④ 황사에 대비한 마스크를 준비하는 계절은 봄입니다.

⑤ 두꺼운 옷을 입고 따뜻한 음식을 먹는 계절은 겨울입니다.

13 제시된 지역의 강수 분포를 살펴보면 7~8월인 여름에 강수량이 집중된다는 것을 알 수 있습니다.

14 저수지는 계절에 따라 강수량의 차이가 커 가뭄에 대비하고자 만든 것입니다. 터돋움집은 여름철 비가 많이 오는 지역의 집이 물에 잠기는 것을 막으려고 집터를 주변보다 높인 것입니다. 우데기는 눈이 많이 내리는 울릉도에서 눈이 집으로 들어오는 것을 막기 위해 설치한 외벽입니다.

15 한파는 겨울철에 기온이 갑자기 내려가면서 발생하는 추위를 말합니다.

① 가방으로 머리를 보호하는 것은 지진이 발생했을 때입니다.

③ 폭설일 때 고드름이 있는 곳에 접근하면 안 됩니다.

④ 홍수일 때 고립될 수 있는 상황이면 높은 곳으로 대피하여 구조를 기다려야 합니다.

⑤ 창문과 창틀이 분리되지 않도록 단단히 고정해야 하는 자연재해는 태풍입니다.

16 그래프에서 2000년의 65세 이상의 인구는 7.2%입니다. 65세 이상 인구가 전체 인구의 7%를 넘는 사회를 고령화 사회라고 합니다.

17 우리나라는 도시로 인구가 집중되면서 이로 인해 생긴 여러 가지 문제를 해결하고자 대도시 주변에 신도시를 건설했습니다. 또한 국토를 균형적으로 발전시키기 위해 수도권에 집중된 공공 기관 등을 지방으로 옮겨 그 주변이 발전하도록 하고 있습니다.

18 산업이 점차 다양하게 발달하면서 그 지역의 모습도 과거와 다르게 변화하기도 합니다.

① 산업이 발달하는 지역은 일자리와 인구가 증가합니다.

② 염전이었던 곳이 산업 단지로 바뀌면 공장이나 건물 등의 시설이 늘어납니다.

③ 산업의 발달로 공장이나 건물 등의 여러 시설이 늘어나면 일자리가 늘어나 인구가 증가하고 도시가 성장합니다.

④ 과거에는 주로 자연에서 얻는 산업이 발달했으나 오늘날에는 공장에서 제품을 만들거나 생활에 편리함을 주는 산업들이 주로 발달합니다.

19 산업이 발달하는 지역은 일자리를 찾아온 사람들이 많아 산업에 필요한 노동력을 확보하기 좋습니다.

20 교통의 발달로 사람들의 생활권이 넓어지고 사람과 물자의 이동이 더욱 활발해졌습니다. 고속 국도가 완공되면서 전 국토가 1일 생활권으로 연결되었고, 2004년에 고속 철도가 개통되면서 반나절 생활권이 가능해졌습니다.

1단원 서술형 평가

01 예 우리나라는 아시아 대륙의 동쪽에 위치한다. **02** 예 대륙과 해양으로 진출하기에 유리하다. **03** 예 북쪽으로 갈수록 기온이 낮아지고 남쪽으로 갈수록 기온이 높아진다. **04** 예 태백산맥이 북서쪽에서 불어오는 차가운 바람을 막아 주기 때문이다. / 태백산맥이 차가운 바람을 막아 주고 동해가 서해보다 수온이 높기 때문이다. 등 **05** 예 자연재해가 언제 발생하는지 미리 알고 피해를 줄일 수 있기 때문이다. 등 **06** (1) ⓒ (2) 예 울릉도는 겨울에도 강수량이 많기 때문이다. / 1~2월에도 강수량이 많은 그래프는 ⓒ이다. 등 **07** 예 지역에 따라 그 지역의 기후를 반영한 생활 모습이 나타난다. / 강수량에 따라 생활 모습이 다르다. / 기후나 강수량에 따라 사용하는 생활 도구가 다르다. 등 **08** 예 산업과 교통은 서로 밀접한 관련을 맺고 있다. / 산업이 발달한 지역을 중심으로 교통이 발달하고, 교통의 발달로 산업이 더욱 발달한다. 등 **09** 예 산업이 발달한 지역에 인구가 증가한다. / 인구가 증가하면 산업에 필요한 노동력을 확보하기 좋다. 등 **10** 예 인구가 많은 지역은 산업과 교통이 발달하며 도시가 성장하고, 인구도 더욱 증가한다. 등

01 우리나라는 아시아 대륙의 동쪽에 위치하며, 태평양과 접해 있어 세계 곳곳으로 뻗어 나갈 수 있습니다.

채점 기준

아시아 대륙의 동쪽에 있다는 내용으로 썼으면 정답으로 합니다.

02 우리 국토는 북쪽으로는 육지와 연결되어 있으며, 삼면이 바다로 둘러싸여 대륙과 바다로 나아가기에 유리합니다.

채점 기준

여러 나라와 교류하기 좋은 위치에 있다는 내용으로 썼다면 정답으로 합니다.

03 1월 평균 기온은 북쪽으로 갈수록 기온이 낮아지고 남쪽으로 갈수록 높아집니다.

채점 기준

북쪽으로 갈수록 기온이 낮아진다거나 남쪽으로 갈수록 기온이 높이진다는 의미로 썼으면 정답으로 합니다.

04 우리나라는 겨울철 동해안의 평균 기온이 서해안의 평균 기온보다 높게 나타납니다. 이는 태백산맥이 북서쪽에서 불어오는 차가운 바람을 막아 주며, 동해의 수심이 황해보다 깊고 수온이 더 높기 때문입니다.

채점 기준

태백산맥이 차가운 바람을 막아주고 동해의 수심이 깊어서라는 의미로 썼으면 정답으로 합니다.

05 우리나라는 다양한 자연재해가 발생하고 있기 때문에 자연재해 정보를 빠르게 알려 주는 경보 체계를 마련하여 피해를 줄이기 위해 노력하고 있습니다.

채점 기준

자연재해가 언제 발생하는지 미리 알고 피해를 줄일 수 있다는 내용으로 썼으면 정답으로 합니다.

06 울릉도는 겨울에 눈이 많이 오는 지역이라 우데기가 설치된 전통 가옥을 볼 수 있습니다. 따라서 1~2월의 강수량이 많은 그래프 ⓒ이 울릉도의 강수 분포를 나타내는 그래프입니다.

채점 기준

그래프 중 겨울에 강수량이 많은 그래프가 울릉도의 강수 분포 그래프라는 의미로 표현했다면 정답으로 합니다.

07 강수량에 따라 우데기 외에 터돋움집, 저수지, 설피 등 독특한 생활 양식이 나타났습니다.

채점 기준

기후나 강수량이 생활 모습에 영향을 미친다는 표현을 썼다면 정답으로 합니다.

08 산업의 발달은 교통 발달의 필요성을 더욱 높이고, 교통의 발달은 산업을 더욱 발달시키는 등 서로 밀접한 관련을 맺고 있습니다.

채점 기준

산업(공업 지역의 발달)과 교통이 서로 밀접한 관련이 있다는 내용으로 썼으면 정답으로 합니다.

09 산업이 발달하면 일자리가 많기 때문에 인구가 증가하고, 인구가 증가하면 산업에 필요한 노동력을 확보하기 좋아서 산업이 더욱 발달합니다.

채점 기준

산업과 인구가 서로 밀접한 관련이 있다는 내용으로 썼으면 정답으로 합니다.

10 인구가 많은 지역은 산업뿐만 아니라 교통도 발달하며 도시가 발달하고 도시 수도 늘어나며, 이로 인해 인구는 더욱 증가합니다.

채점 기준

인구와 도시가 밀접한 관련이 있다는 내용으로 썼으면 정답으로 합니다.

2단원 (1) 중단원 쪽지 시험

01 인권 **02** 어린이날 **03** 허균 **04** 삼복 제도(삼복제)
05 신문고 **06** 성별 **07** 몸이 불편한 사람 **08** 인권 **09** 존중 **10** 국가 인권 위원회

중단원 확인 평가   2 (1) 인권을 존중하는 삶

01 ① **02** ④ **03** 로자 파크스 **04** 예 억울하게 벌을 받는 일이 없게 하기 위해서이다. **05** ③ **06** ② **07** 예 기계를 사용하는 방법을 알려드린다. / 주문을 대신해 드린다. 등 **08** ③, ④ **09** 휠체어 리프트 **10** ③

01 인권은 사람이 태어나면서부터 가지게 되는 권리, 누구나 상관없이 당연히 누려야 하는 권리입니다.

02 인권은 누구라도 함부로 뺏거나 무시할 수 없습니다. 따라서 인권을 보장하기 위해 나의 권리만큼 다른 사람의 권리도 존중해야 합니다.

03 로자 파크스는 미국에서 흑인은 버스 뒤쪽 의자에만 앉아야 하는 차별을 비판하고, 흑인 인권 신장을 위해 노력하였습니다.

04 옛날에는 사형과 같은 무거운 형벌을 내릴 때 재판을 세 번 하여 억울한 일이 없도록 하였습니다. 이를 삼복 제도(삼복제)라고 합니다.

채점 기준
억울한 일이 없도록 재판을 세 번 했다는 의미로 썼으면 정답으로 합니다.

05 시각 장애인들이 사회에서 일할 수 있게 한 기관은 명통시입니다.

06 남자들끼리만 축구를 하는 경우, 친구를 욕하거나 때리는 경우, 친구 가방을 몰래 보는 경우, 놀이 기구가 망가져 탈 수 없는 경우 등은 학교에서 학생들이 경험할 수 있는 인권 침해 사례입니다.

07 제시된 그림은 생활 주변에서 인권이 침해된 사례로, 노인이 무인 기계를 다루지 못해서 음식을 주문하거나 결제하기 어려운 상황입니다. 개인의 경우 노인에게 기계 사용하는 방법을 알려드리거나 주문을 대신해 드리는 도움을 줄 수 있습니다.

채점 기준
개인이 할 수 있는 일로, 노인을 배려하거나 돕는다는 의미로 썼으면 정답으로 합니다.

08 인권이 침해되면 피해를 받은 사람은 상처받고, 인간다운 삶을 살기 어렵습니다.

09 제시된 사진은 몸이 불편한 사람들을 위한 휠체어 리프트입니다.

10 친구 배려하기, 장애인을 위한 인권 포스터 그리기, 어린이 인권 존중 편지 쓰기, 인권 보호 캠페인에 참여하기 등은 인권 보장을 위해 개인이 할 수 있는 일입니다.

오답 피하기
③ 사회 보장 제도를 만들고 실시하는 것은 지방 자치 단체 또는 국가가 할 수 있는 노력입니다.

2단원 (2) 중단원 쪽지 시험

01 최고 **02** 의무, 권리 **03** (1) ○ (2) × **04** 헌법재판소 **05** 표현 **06** 참정권 **07** 청구권 **08** 납세 **09** 환경 보전 **10** 보장

중단원 확인 평가   2 (2) 헌법과 인권 보장

01 헌법 **02** 재경 **03** ④ **04** 예 국가가 개인의 인권을 함부로 침해할 수 없도록 하기 위해서이다. / 국민의 인간다운 삶을 보장하기 위해서이다. 등 **05** ①, ② **06** ② **07** (1)-ⓒ (2)-ⓔ (3)-ⓐ (4)-ⓓ (5)-ⓑ **08** ② **09** ④ **10** 예 개인의 권리를 주장하면서 의무도 실천해야 한다. / 권리와 의무를 조화롭게 실천해야 한다. 등

01 우리나라 모든 법의 기본이 되는 최고 법으로, 국민의 자유와 권리를 보장하고 민주적인 국가를 운영하기 위해 만든 법을 헌법이라고 합니다.

02 헌법은 국민이 자유롭고 평등하게 살 수 있도록 국민의 자유와 권리를 보장합니다.

오답 피하기

재경: 국민 투표를 통해서 헌법의 내용을 고치거나 새로 정할 수 있습니다.

03 헌법은 국민으로서 지켜야 할 의무, 국민이 누려야 할 기본적인 권리, 국가를 이루고 운영하는 기본 원칙, 국민이 존중받고 행복하게 사는 데 필요한 내용을 담고 있습니다.

오답 피하기

헌법은 국민이 누려야 할 기본적인 권리를 나타내고 있기 때문에 국가가 개인의 인권을 함부로 침해할 수 없습니다.

04 국민의 기본권을 헌법에 나타낸 이유는 국가가 개인의 인권을 함부로 침해하지 못하게 하여 국민의 인간다운 삶을 보장하기 위해서입니다.

채점 기준

인권을 보장하거나 인간다운 삶을 보장하기 위해 헌법에 기본권을 나타냈다는 의미로 썼으면 정답으로 합니다.

05 학원 심야 수업 제한이 없어져서 학원 수업을 늦은 밤까지 하게 되면 학생들의 건강을 해칠 수 있습니다. 또한 밤늦게 귀가하면 안전사고나 범죄에 노출될 가능성도 커집니다.

06 법의 내용이 인권을 침해한다고 결정되면, 그 법의 내용을 수정하거나 없애야 합니다.

07 모든 국민이 공평하게 법을 적용받고 차별받지 않는 것은 평등권, 자유롭게 생각하고 행동할 수 있는 것은 자유권, 국가나 지방 자치 단체의 의사 결정 과정에 참여할 수 있는 것은 참정권, 인간답게 살기 위해 필요한 것을 국가에 요구할 수 있는 것은 사회권, 권리가 침해되었을 때 이를 해결해 달라고 국가에 요구하는 것은 청구권에 해당합니다.

08 일을 할 의무를 근로의 의무라고 합니다.

09 사람마다 처한 상황과 입장이 다르기 때문에 권리와 의무가 충돌할 수 있습니다.

오답 피하기

①, ② 권리와 의무 모두 중요합니다.

③ 모두가 행복한 사회를 이루기 위해서는 권리와 의무의 조화가 필요합니다.

⑤ 헌법에는 국민의 기본권과 의무가 모두 정해져 있습니다.

10 권리와 의무가 부딪힐 때 개인의 권리를 주장하면서 의무도 실천해야 합니다.

채점 기준

권리와 의무를 조화롭게 실천한다는 의미로 썼으면 정답으로 합니다.

2단원 (3)   중단원 쪽지 시험   35쪽

01 법 02 도덕 03 (2) ○ 04 (1) ○ (2) × 05 어린이 놀이 시설 안전 관리법 06 소비자 기본법 07 권리, 유지 08 사고와 범죄 예방 09 피해 10 기준

36~37쪽

중단원 확인 평가   2 (3) 법의 의미와 역할

01 ④ 02 예 법의 내용이 사회 변화에 맞지 않는 경우나 인권을 침해하는 경우에 법을 고치거나 새로 만든다. 03 ④ 04 ⑤ 05 ⑤ 06 도로 교통법 07 ① 08 ④ 09 ②, ③ 10 예 나의 권리와 다른 사람의 권리를 모두 존중한다. / 스스로 법을 지키기 위해 다 같이 노력해야 한다. 등

01 법은 국가가 헌법에 근거하여 만든 강제성 있는 규칙, 사람들이 함께 생활하면서 지켜야 할 행동 기준입니다.

오답 피하기

① 법은 국가가 헌법에 근거하여 만든 사회 규범입니다.

②, ③ 양심에 맡겨서 각자 스스로 지켜야 하는 것, 사람이라면 마땅히 지켜야 하는 도리는 도덕입니다.

⑤ 법을 지키지 않으면 처벌받거나 제재받습니다.

02 법의 내용이 사회 변화에 맞지 않거나 인권을 침해하는 경우에 법을 고치거나 새롭게 만들기도 합니다.

채점 기준

사회 변화나 인권 침해 시 법을 고치거나 새롭게 만든다는 의미로 썼으면 정답으로 합니다.

03 식당에서 밥을 먹고 돈을 내지 않은 경우, 자동차를 탈 때 안전 벨트를 착용하지 않는 경우, 학교 주변에서 어린이에게 불량 식품을 파는 경우는 법이 적용되는 상황입니다.

오답 피하기

㉠ 이웃 돕기 봉사 활동을 하거나 ㉣ 지하철에서 웃어른께 자리 양보를 하는 것은 도덕과 같이 양심상 지켜야 하는 사회 규범으로, 법의 적용을 받지 않습니다.

04 누구나 태어나면서부터 법의 보호를 받으며, 법은 우리 주변에서 언제 어디에서나 적용됩니다.

05 아이가 태어나면 정해진 기간 안에 출생 신고를 해야 하는 것은 「가족 관계의 등록 등에 관한 법률」에 규정되어 있기 때문입니다.

06 자동차를 탈 때 안전띠를 착용하지 않으면 과태료를 부과하는 것은 「도로 교통법」에 해당합니다.

07 인터넷에서 검색한 자료를 누리집에 올릴 때 출처를 밝혀야 하는 것은 「저작권법」에 해당합니다.

오답 피하기

② 「개인 정보 보호법」은 개인의 자유와 권리를 보호하기 위해 만든 법으로, 개인의 성명, 주민등록번호, 휴대 전화 번호 등을 개인 정보라고 합니다.

08 법은 개인 정보 보호, 평등과 자유 보장, 생명과 재산 보호, 권리 침해 시 피해 보상 방법 안내, 문제 해결 시 옳고 그름을 판단하는 기준, 사고와 범죄 예방, 환경 파괴와 오염 예방, 질병 및 감염병 확산 예방, 쾌적한 환경 조성 및 유지 등의 역할을 합니다.

09 법을 어기면 다른 사람에게 피해를 주고, 다른 사람의 권리를 침해합니다. 또한 사회 질서가 무너지고 혼란스러워집니다. 사람들 간의 다툼이나 갈등을 유발할 수도 있습니다.

10 나의 권리와 다른 사람의 권리를 모두 존중하며 스스로 법을 지키기 위해 다 같이 노력해야 합니다.

채점 기준

나와 다른 사람의 권리를 존중하거나 스스로 법을 지키기 위해 함께 노력해야 한다는 의미로 썼으면 정답으로 합니다.

학교 시험 만점왕 ❶회   2. 인권 존중과 정의로운 사회

01 ② 02 ② 03 ⑤ 04 ③ 05 ③ 06 ③ 07 ④
08 ③ 09 ② 10 ⑤ 11 ①, ③ 12 ④ 13 ⑤ 14 ④
15 ③ 16 ① 17 ⑤ 18 ④ 19 ① 20 ④

01 인권은 사람이 태어나면서부터 가지게 되는 권리로서, 인종, 종교, 성별, 나이, 신체적 특징, 지역 등에 상관없이 모든 사람이 당연히 누려야 하는 권리입니다.

02 방정환은 나이가 어려서 존중받지 못하는 어린이의 인권 신장을 위해 노력했습니다. 허균은 신분이 낮다는 이유로 차별하는 제도를 비판하였습니다. 로자 파크스는 흑인의 인권 신장을 위해 노력하였습니다.

03 옛날에 가난한 백성들이 무료로 치료받도록 지원했던 기관은 활인서입니다.

오답 피하기

① 상언은 억울한 일이 생기면 글로 써서 임금에게 알리는 제도입니다.
② 격쟁은 임금이 행차할 때 꽹과리를 쳐서 억울한 일을 임금에게 알리는 제도입니다.
③ 명통시는 시각 장애인도 사회 활동을 할 수 있도록 만든 기관입니다.
④ 신문고는 억울한 일이 생기면 북을 쳐서 임금에게 알리는 제도입니다.

04 옛날에는 명통시라는 기관을 만들어 시각 장애인이 일하도록 해 주었으며, 장애인과 장애인을 돌보는 사람의

36 만점왕 사회 5-1

세금이나 부역을 면제해 주었습니다. 이를 통해 장애인들의 생활을 돕고, 장애인의 인권 신장을 위해 노력하였음을 알 수 있습니다.

05 친구 휴대 전화를 몰래 보는 것은 사생활 침해입니다.

06 인권이 침해되면 피해를 받은 사람은 상처받고, 인간다운 삶을 살기 어렵습니다.

07 인권을 보장하기 위해서 국가는 국가 인권 위원회 같은 인권 보호 기관을 운영하고 장애인과 노인을 위한 공공 편의 시설을 만듭니다. 또한 인권 관련 법이나 정책, 사회 보장 제도를 만들고 실시합니다.

> **오답 피하기**
> ④ 인권 포스터 그리기 대회에 참여하는 것은 개인이 인권 보장을 위해 할 수 있는 일입니다.

08 헌법은 우리나라의 법 중에 가장 기본이 되는 최고의 법으로 국민의 자유와 권리를 보장하고, 민주적인 국가를 운영하기 위해 만들었습니다.

09 헌법의 내용을 고치거나 새로 정하고자 할 때는 국민 투표를 통해서 결정해야 합니다.

10 국가가 개인의 인권을 함부로 침해하지 못하게 하고, 국민의 인간다운 삶을 보장하기 위해서 평등권, 자유권, 참정권, 청구권, 사회권 등 국민의 기본적인 권리를 헌법에 나타냈습니다.

11 기본권은 국가의 안전 보장, 공공의 이익, 사회 질서 유지 등을 위해 필요한 경우에 한하여 법률에 따라 제한할 수 있습니다. 단, 제한하는 경우라도 국민의 자유와 권리의 본질적인 내용은 침해할 수 없습니다.

12 헌법은 국민의 권리를 보장하고 국민으로서 지켜야 하는 의무도 정해 놓았습니다. 권리를 주장하면서도 의무를 성실하게 실천하여, 국민의 권리와 의무가 조화되면 나라가 안정되고 발전할 것입니다.

13 일기를 쓴 친구는 바닷가 쓰레기를 주우면서 환경 보호를 실천하고 있습니다.

14 마을 사람들은 쓰레기로 인한 환경 오염으로 불편을 겪었으므로 쾌적하게 살 권리를 침해받았습니다.

15 권리와 의무가 부딪히면 개인의 권리를 주장하면서 의무도 실천해야 합니다.

> **오답 피하기**
> ① 각자의 권리만 주장하면 다툼이 생깁니다.
> ② 각자 처한 상황만 생각하면 나의 권리만 주장하게 됩니다.
> ④ 의무를 다하면서도 나의 권리를 주장해야 합니다.
> ⑤ 문제를 합리적으로 해결하기 위해 노력해야 합니다.

16 법은 국가가 헌법에 근거하여 만든 강제성 있는 규칙으로, 사람들이 함께 생활하면서 지켜야 할 행동 기준입니다. 도덕은 사람이 마땅히 지켜야 하는 도리로서, 양심에 따라 스스로 지켜야 합니다.

17 아이가 웃어른께 인사하지 않는 경우, 친구와 만나기로 한 약속 시간에 늦는 경우, 학교에서 친구에게 과자를 나눠 주지 않는 경우는 도덕을 따르지 않은 것입니다. 따라서 처벌이나 제재를 받지 않습니다.

18 쓰레기를 기준에 따라 분리배출해야 하는 것은 「자원 절약과 재활용 촉진에 관한 법률」에 해당합니다.

> **오답 피하기**
> ① 학교 급식을 안전하고 위생적으로 하도록 관리해야 하는 것은 「학교 급식법」, ② 아이가 태어나면 정해진 기간 안에 출생 신고를 하는 것은 「가족 관계의 등록 등에 관한 법률」, ③ 어린이 놀이 시설을 안전하게 만들고 정기적으로 관리해야 하는 것은 「어린이 놀이 시설 안전 관리법」, ⑤ 일정한 나이가 되면 학교에 입학해서 교육을 받아야 하는 것은 「초·중등 교육법」에 해당합니다.

19 누구나 태어나면서부터 법의 보호를 받으며 우리 주변에서 언제 어디에서나 법이 적용됩니다. 국민을 위한 정책, 제도는 법에 따라 만들어집니다. 법을 어기면 다른 사람에게 피해를 주기 때문에 처벌하거나 제재를 합니다.

20 법을 어기면 다른 사람에게 피해를 주고 다른 사람의 권리를 침해합니다. 또한 사회 질서가 무너지고 혼란스러워져서 사람들 간의 다툼이나 갈등이 생깁니다.

학교 시험 만점왕 ②회 2. 인권 존중과 정의로운 사회

01 ⑤ 02 ① 03 ② 04 ⑤ 05 ② 06 ② 07 ③, ⑤
08 ⑤ 09 ① 10 ③ 11 ④ 12 ② 13 ⑤ 14 ④ 15
④ 16 ① 17 ① 18 ⑤ 19 ④ 20 ⑤

01 ①~④는 생활 속에서 인권이 보장되는 모습입니다.

02 방정환은 어린이의 인권을 무시하는 사람들의 생각을 바꾸고자 노력했으며, 어린이는 모두가 보호하고 존중해야 할 존재임을 알리기 위해 '어린이날'을 만들었습니다.

오답 피하기
① 박두성은 한글 점자인 '훈맹정음'을 만드는 등 시각 장애인의 인권 신장을 위해 노력하였습니다.

03 옛날에는 인권 신장을 위해 억울한 일이 생기면 북을 치거나(신문고), 글로 쓰거나(상언), 징이나 꽹과리를 쳐서(격쟁) 임금에게 알렸습니다.

04 개인의 성명, 주민등록번호, 휴대 전화 번호 등의 개인 정보를 허락 없이 다른 사람에게 유출하는 것은 상대방의 인권을 침해하는 것입니다.

05 나와 피부색이 다른 사람을 놀리는 경우, 외국인 근로자에게만 월급을 적게 주는 경우, 건물 입구에 경사로는 없고 계단만 있는 경우, 화장실에 어른 키에 맞는 세면대만 설치한 경우는 생활 주변에서 볼 수 있는 인권 침해 사례입니다.

오답 피하기
② 무인 기계를 사용하는 방법을 안내하는 것은 인권을 보장한 사례입니다.

06 인권을 보장하기 위해서 개인이 할 수 있는 일은 상대방을 존중하고 배려하기, 인권 보호 캠페인에 참여하기, 장애인을 위한 인권 포스터 그리기, 어린이의 인권 존중을 위해 편지 쓰기 등이 있습니다.

오답 피하기
① 국가 인권 위원회 운영하기, ③ 사회 보장 제도 만들고 실시하기, ④ 인권을 보장할 수 있는 법 만들기, ⑤ 인권 보호 정책 만들어 실시하기는 국가가 할 수 있는 일입니다.

07 나와 다른 사람의 인권이 모두 소중하며, 서로의 인권을 존중해야 합니다. 서로 존중하고 배려하는 태도가 필요합니다.

08 헌법은 우리나라 모든 법의 기본이 되는 최고법입니다. 국민의 자유와 권리를 보장하고 민주적인 국가를 운영하기 위해 만들었습니다.

오답 피하기
① 헌법의 내용을 고치거나 새로 정할 수 있습니다.
② 헌법을 바탕으로 법이 만들어집니다.

09 법이 인권을 침해한다고 결정하면 그 법을 수정하거나 없앨 수 있습니다.

10 헌법재판소는 헌법 내용을 기준으로 국가가 국민의 권리를 침해하는지 살펴보고 판단합니다.

11 평등권, 자유권, 참정권, 사회권, 청구권 등 인간다운 삶을 위해 반드시 보장받아야 하는 권리를 기본권이라고 합니다.

12 모든 국민이 공평하게 법을 적용받고 차별받지 않는 것은 평등권, 자유롭게 생각하고 행동할 수 있는 것은 자유권, 국가의 정치 의사 형성 과정에 참여할 수 있는 것은 참정권, 인간답게 살기 위해 필요한 것을 국가에 요구할 수 있는 것은 사회권, 권리가 침해되었을 때 이를 해결해 달라고 국가에 요구하는 것은 청구권이라고 합니다.

13 자녀가 잘 성장하도록 교육을 받게 해야 하는 것은 교육의 의무입니다.

오답 피하기
① 일해야 하는 것은 근로의 의무입니다.
② 안전을 위해 나라를 지켜야 하는 것은 국방의 의무입니다.
③ 환경을 보전하기 위해 노력해야 하는 것은 환경 보전의 의무입니다.
④ 나라의 살림을 위해 세금을 내야 하는 것은 납세의 의무입니다.

14 안전을 위해 나라를 지켜야 하는 것은 국방의 의무입니다.

오답 피하기

국민은 나라의 안전을 위해 재난 훈련에 참여하거나 신체적으로 특별한 이상이 없는 남성은 일정 기간 군에 입대하여 복무해야 합니다.

15 국민의 권리와 의무가 충돌하면 사회가 혼란스러워지며 여러 문제가 발생하고 나와 다른 사람의 권리를 모두 보장할 수 없습니다.

16 국가가 헌법에 근거하여 만든 강제성 있는 규칙을 법이라고 합니다.

17 법은 강제성이 있으므로 이를 어기면 제재를 받습니다.

18 법의 내용이 사회 변화에 맞지 않거나 인권을 침해하는 경우 법을 고치거나 새롭게 만들 수 있습니다.

19 학교 폭력을 예방하기 위해 교육을 하고 피해가 발생하면 해결해야 하는 것은 「학교 폭력 예방 및 대책에 관한 법률」에 해당합니다.

20 법은 사고와 범죄 예방, 환경 파괴와 오염 예방, 질병 및 감염병 확산 예방, 쾌적한 환경 조성 및 유지 등의 역할을 합니다.

---

01 예 키가 작은 사람을 위해서 설치했다. / 키가 작은 어린이는 높은 세면대를 사용하기 어려워서 낮은 세면대를 설치했다. 등 **02** 예 나의 권리만큼이나 다른 사람의 권리를 존중한다. / 나를 포함한 모두의 권리를 존중한다. 등 **03** 예 몸이 불편한 사람들을 위해 편의 시설을 만든다. / 차별이 일어나지 않도록 관련 법이나 정책을 만든다. 등 **04** 예 법이 국민의 기본적 권리를 침해했는지, 침해하지 않았는지 판단하여 결정한다. / 법이 헌법에 어긋나는지 아닌지를 판단한다. 등 **05** 예 국가의 안전, 사회 질서 유지를 위해 꼭 필요한 경우에 법률에 따라 제한할 수 있다. **06** 예 환경이 오염된다. / 다른 사람의 권리를 침해한다. / 사람들 사이에 다툼이 일어난다. 등 **07** (1) 환경 보전의 의무 (2) 국민은 환경을 보전하기 위해 노력해야 한다. **08** 예 음식물 쓰레기를 아무 곳에나 버리는 것 / 자동차를 탈 때 안전띠를 착용하지 않는 것 / 식당에서 밥을 먹고 돈을 내지 않은 것 / 학교 주변에서 어린이에게 불량 식품을 파는 것 등 **09** 예 국민을 위한 정책, 제도는 법에 따라 만들어진다. **10** 예 개인의 권리를 보장하기 위해 법을 지켜야 한다. / 사회 질서를 유지하기 위해 법을 지켜야 한다. / 평등하고 정의로운 사회를 만들기 위해 법을 지켜야 한다. / 안전한 사회를 만들기 위해 법을 지켜야 한다. 등

---

01 키가 작은 사람, 특히 어린이를 위해 높이가 낮은 세면대를 설치하였습니다.

채점 기준

키가 작은 사람이나 키가 작은 어린이를 위해 세면대 높이를 다르게 하여 설치했다는 의미로 썼으면 정답으로 합니다.

02 인권을 보장하기 위해 나의 권리와 다른 사람의 권리를 모두 존중하는 태도가 필요합니다.

채점 기준

나와 다른 사람, 모두의 권리를 존중하고 배려해야 한다는 의미로 썼으면 정답으로 합니다.

03 국가와 지방 자치 단체가 인권 보장을 위해 할 수 있는 일은 장애인과 노인을 위한 공공 편의 시설 만들기, 사

회 보장 제도, 인권 관련 법이나 정책 만들기, 국가 인권 위원회와 같은 인권 보호 기관 운영하기 등이 있습니다.

채점 기준

국가가 인권 보장을 위해 할 수 있는 일을 썼으면 정답으로 합니다.

04 헌법재판소는 법이 개인의 인권을 침해하고 있는지, 국가가 국민의 기본적 권리를 침해하였는지 등을 판단합니다.

채점 기준

법이 국민의 인권을 보장하는지, 헌법을 근거로 만들었는지에 대해 헌법재판소가 판단한다고 썼으면 정답으로 합니다.

05 기본권은 국가의 안전 보장, 공공의 이익, 사회 질서 유지를 위하여 필요한 경우 법률에 따라 제한할 수 있습니다.

채점 기준

국가의 안전 보장, 공공의 이익, 사회 질서 유지에 대해 썼으면 정답으로 합니다.

06 쓰레기를 아무 데나 버리고 분리배출을 하지 않으면 환경이 오염되고 다른 사람에게 피해를 줄 수 있습니다. 권리를 침해받은 사람과 권리를 침해한 사람 사이에 갈등이 생길 수 있습니다.

채점 기준

환경 오염, 다른 사람의 권리 침해, 다툼이나 갈등 발생에 대해 썼으면 정답으로 합니다.

07 정해진 곳에 쓰레기를 버리고 분리배출을 하는 것은 환경 오염을 예방하기 위한 노력입니다. 환경을 보전하기 위해 노력해야 하는 것은 환경 보전의 의무입니다.

채점 기준

(1) 환경 보전의 의무라고 정확히 써야 정답으로 합니다.
(2) 환경 보전, 환경 오염 예방과 비슷한 의미로 썼으면 정답으로 합니다.

08 음식물 쓰레기를 아무 곳에나 버리기, 자동차를 탈 때 안전띠를 착용하지 않기, 식당에서 밥을 먹고 돈을 내지 않기, 학교 주변에서 어린이에게 불량 식품을 팔기 등은 법이 적용되어 처벌이나 제재를 받을 수 있습니다.

채점 기준

법을 지키지 않았을 때 처벌이나 제재를 받는 상황을 썼으면 정답으로 합니다.

09 국민을 위한 정책, 제도는 법에 근거하여 만들어지고 시행합니다.

채점 기준

제도가 법에 근거하여 만들어진다는 의미로 썼으면 정답으로 합니다.

10 법을 지키면 모두의 권리를 보장할 수 있고, 사회 질서를 유지할 수 있습니다. 또한 평등하고 정의로운 사회, 안전한 사회를 만들 수 있습니다.

채점 기준

예시 답안과 비슷한 내용으로 썼으면 정답으로 합니다.

[인용 사진 출처]

ⓒ **한국관광공사_김지호** 하천 개념책 18쪽
ⓒ **한국관광공사_김지호** 섬 개념책 18쪽
ⓒ **문화재청** 우데기(울릉도 투막집 전경) 개념책 21쪽
ⓒ **뉴스뱅크** 폭염 개념책 27쪽
ⓒ **뉴스뱅크** 황사 개념책 27쪽
ⓒ **뉴스뱅크** 한파 개념책 27쪽
ⓒ **한국관광공사_라이브스튜디오 김학리** 일산 개념책 33쪽
ⓒ **한국관광공사** 산지 마을(추어마을) 개념책 43쪽
ⓒ **위키** 로자 파크스 개념책 53쪽
ⓒ **국립한글박물관** 박두성 개념책 53쪽
ⓒ **진해 기적의 도서관** 이효재 선생 개념책 53쪽
ⓒ **강릉시청** 허균 초상 개념책 53쪽
ⓒ **전태일재단** 전태일 개념책 53쪽
ⓒ **국립중앙박물관** 경국대전 개념책 53쪽
ⓒ **국립한글박물관** 훈맹정음 개념책 53쪽
ⓒ **한국방송광고진흥공사** 살색 크레파스 개념책 80쪽
ⓒ **한국관광공사** 해수욕장(송정해수욕장) 실전책 21쪽
ⓒ **연합뉴스** 옛날 인천의 모습 실전책 23쪽
ⓒ **연합뉴스** 오늘날 인천 실전책 23쪽